The Enneagram of Eating : How the 9 Personality Types
Influence Your Food, Diet, and Exercise Choices

식탁 위로 올라온 에니어그램

성격유형에 따라
식습관, 운동습관, 다이어트 방법은 어떻게 다를까?

Ann Gadd 저

윤운성, 가경신, 김새한별, 박진윤,
백현옥, 윤여진, 조주영, 허선희, 황임란 공역

한국에니어그램교육연구소
Korean Enneagram Education Center
www.kenneagram.com

THE ENNEAGRAM OF EATING

Copyright ⓒ 2018 by Dorothy Ann Gadd
All rights reserved.

Korean translation copyright ⓒ 2022 by Korean Enneagram Education Center Published
by arrangement with Findhorn Press, an imprint of Inner Traditions through EYA (Eric Yang Agency).

이 책의 한국어판 저작권은 EYA (Eric Yang Agency)를 통해
Findhorn Press, an imprint of Inner Traditions사와 독점계약한 '한국에니어그램교육연구소'에 있습니다.

저작권법에 의하여 한국 내에서 보호를 받는 저작물이므로 무단전재 및 복제를 금합니다.

헌 정

베풀어 주신 것에 비해 너무 부족하지만
저를 이끌어 주신 분들께 이 책을 바칩니다.

체중 증가와 감소 사이에서 험난한 길을 걸어온 사람들이
이 책을 통해 자신의 길을 찾기를 희망합니다. 이들에게 진심으로 감사드립니다.

나의 배움에 영감을 주신 모든 선생님들, 특히 더 많은 사람이
혜택을 받을 수 있도록 통찰과 지혜를 세상과 공유할 용기를 주신
몇몇 선생님들께 깊은 감사를 드립니다.
그리고 무엇보다 에니어그램에 감사합니다.

저는 수년 전 리소와 허드슨의 에니어그램에 대해 처음 들었을 때
한 대 얻어맞은 것 같았습니다.
그때는 얼마나 위대하고 흥미진진한 여정이 나를 기다리고 있을지,
그리고 나와 타인에 대한 이해가 얼마나 깊어질지 미처 몰랐습니다.
온갖 워크숍 중독자였던 저는 에니어그램을 통해 마침내 길을 찾았습니다.
당신도 이 책과 함께 그 길을 찾을 수 있기를 바랍니다.

역자 서언

요즘처럼 코로나19로 방역이 중시되는 사회에서 건강은 최대의 화두이다. 국가적인 차원에서도 나라의 위기를 극복하기 위한 방역지침을 마련하고 국민의 건강과 삶에 직간접적으로 관여하고 있다. 아마도 지구촌 시대의 유행병은 곧 우리의 건강과 연결되어 있다. 최근 아프리카에서의 오미크론 변종으로 인해 또다시 세계가 출렁이고 있다.

우리는 어떻게 하면 우리가 가지고 타고 난 역량을 최대한 발휘하면서 행복한 삶을 영위할 수 있을까? 질문에 대한 정답은 없지만 우리는 모두 무병장수하면서 행복하게 살고 싶다. 행복의 근원은 물론 심신의 건강이다. 또한 심신의 건강은 우리가 사는 사회문화적 환경과 밀접하다. 그중에서도 효율적인 식습관은 비만을 예방하고 건강수명을 연장한다. 물론 적절한 운동습관을 통해 건강수명과 기대수명도 연장된다. 식습관은 타고 난 성격과도 밀접한 상관성이 있다. 균형 있는 의식적인 식습관과 운동을 통해 다이어트를 하면 내 마음도 행복해지고 삶도 윤택해질 것이다.

에니어그램은 우리의 습관적인 행동을 자가하고 이해하여 균형 있고 통합적인 삶으로 안내하는 훌륭한 도구이다. 이는 곧 아름다운 미덕과 열린 가슴으로 자신의 왜곡과 편견에서 벗어나 심신이 이완되고 통합됨으로써 건강한 행동과 실천에 도달하게끔 한다. 즉 서로 다르게 타고난 성격을 가진 사람들이 서로 다른 식습관을 깨닫고 서로 다른 운동습관과 다이어트 방법으로 심신의 건강을 회복할 것이다.

"식탁으로 올라온 에니어그램: 성격유형에 따른 식습관, 운동습관, 다이어트 방법은 어떻게 다를까?"의 책의 제목에 나타났듯이, 성격유형에 따라 다르게 처방된 삶의 습관들이 더욱 건강하고 행복한 삶으로 다가가길 바라는 마음이다(더욱 정확한 성격유형은 한국에니어그램교육연구소의 한국형에니어그램성격유형검사(KEPTI)을 통해 확인할 수 있다.). 에니어그램의 지혜로 우리가 더욱 본질에 접근하면 우리의 영혼이 맑아지고 삶은 더욱 활기찰 것이다. 에니어그램의 지혜는 거룩한 생각과 마음으로, 이 순간 식습관 및 다이어트의 올바른 태도를 통해 우리의 삶을 재발견하게끔 하게 할 것이다.

그동안 바쁜 일정에서도 원서를 번역해주신 박진윤 교수님, 백현옥 교수님, 윤여진 교수님, 조주영 교수님, 허선희 교수님, 황임란 교수님 모두에게 감사드립니다. 또한 전체적인 용어정리 및 각주를 통해 더욱 문화적인 의미전달에 이바지한 김새한별 국장님, 그리고 최종적으로 탈고되기까지 원서를 확인하며 헌신한 가경신 교장께도 감사함을 전합니다. 여전히 미진하고 부족한 부분들은 우리 역자들의 책임이지만 독자들의 명철한 탐독으로 에니어그램의 지혜가 전달되길 기원하면서 마무리하고자 한다.
에니어그램의 지혜 안에서 모두의 건강과 행복을 기원합니다.
감사합니다.

2022년 1월
한국에니어그램학회장 & 한국에니어그램교육연구소장
역자 대표 윤 운 성

목차

서론 8
에니어그램에 대해서 11

1유형 개혁가 독선적인 죄인 또는 공의로운 성인 26
2유형 조력가 제멋대로 폭식가 또는 겸손한 조력가 50
3유형 성취자 빠르게 먹는 사람 또는 먹기 챔피언 67
4유형 예술가 감정적 대식가 또는 창의적인 감식가 88
5유형 사색가 태만한 군것질쟁이 또는 심사숙고하는 미식가 109
6유형 충성가 싸우는 연회의 손님 또는 용기 있는 요리사 129
7유형 낙천가 맛집을 탐방하는 미식가 또는 안목 있는 외식가 152
8유형 지도자 폭식하는 불량배 또는 너그러운 연회의 손님 184
9유형 중재자 게으른 폭식자 또는 평온한 건강 추구자 202

결론 227
간편 에니어그램 문항 229
참고 문헌 238
저자 및 역자 소개 247

◈ 서 론 ◈

나는 태어날 때부터 마른 아이였다. 가슴보다 갈비뼈가 더 툭 튀어나왔을 정도로 말랐었다. 갈비뼈 둘레가 34C였다면, 가슴은 34A에 불과할 정도로 볼품이 없었다. 나는 보통 여자들처럼 내 마른 몸이 싫었다. 빈약한 가슴만큼이나 자존감도 바닥이었다.

첫아이가 태어날 때까지 나는 늘 54킬로 정도를 유지했는데, 아이가 태어난 후 모든 게 바뀌었다. 출산 후 55킬로가 되더니, 30년 동안 꾸준히 살이 쪄서 결국 100킬로에 육박하게 되었다.

살을 빼기 위해 수많은 책을 섭렵했다. 운동은 거의 안 하면서 책만 많이 샀다.

- "단백질만 먹는" 다이어트
- "혈액형에 맞게 먹는" 다이어트
- "프랑스인처럼 먹는" 다이어트
- "글루텐을 안 먹는" 다이어트
- "식욕을 억제하는 음악을 듣는" 다이어트
- 영양사가 만드는 "합리적인 식단" ('다이어트'라는 단어를 절대 쓰지 말 것)
- "지방을 금지하는" 다이어트
- "먹고 싶은 대로 지방을 먹는" 다이어트 (탄수화물과 당은 최대한 억제)
- "칼로리를 세면서 먹는" 다이어트
- 양배추 수프 다이어트
- 커피 다이어트 (개인적으로 가장 좋아하는 다이어트)
- 단백질 셰이크

- 살이 빠지는 음료
- 식욕을 억제하는 약
- 녹차
- 허브차
- 마테 차 (맛이 없기는 하지만)
- 살을 같이 빼는 그룹
- 유행하는 운동
- 살이 빠지는 약
- 개인 트레이너
- 각종 운동법
- 매일 수영하기
- 일주일에 50킬로씩 걷기
- 윈드서핑 (진짜 효과가 있었는데, 일과 육아에 파묻혀서 하지 못하게 되니 살이 배로 쪘다)

살과의 전쟁은 계속되었다. 새로운 아이디어와 유행방식을 시도할 때마다 얻은 것은 매년 꾸준하게 증가한 1~2킬로의 살이었다.

책장에는 수많은 전문가의 조언이 가득했다. 저자들은 자신들의 새로운 다이어트법이나 "식단"이 유일한 방법이라고 주장했다. 대부분 책에는 자극적인 '전후' 사진들이 수록되어 있었다. 물론 책이 하라는 대로 따라 한 후에도 내 몸은 늘 '이전'의 상태였다. 간혹 살이 살짝 빠지는 때도 있었지만, 몇 달이 지나지 않아서 다시 원상 복귀되었다.

10년 전에 그토록 싫어했던 마른 몸무게는 어느새 나의 인생 목표가 되었다. 나는 친구들이 여러 다이어트를 시도하면서 살을 급속도로 빼는 것을 지켜봤다. 하지만 다이어트 쉐이크를 중단하거나, 양배추 수프를 먹지 않거나, 약을 끊거나, 계속 유료 식단을 실행하지 않으면 요요 현상으로 살이 더 찌는 것 또한 보아왔다.

한 연구에 의하면 대개의 다이어트는 장기적으로 실패하며, 83% 이상의 경우에 1년 이내에 다이어트 시작 당시보다 살이 더 찐다고 한다[1]. 나 역시도 예외는 아니었다. 이런 반복이 계속되다 보니 많은 사람이 그러하듯 나 또한 포기했다.

결과적으로 나는 "나를 있는 그대로 사랑해야 한다"라는 뉴에이지식(New Age: 20세기 이후 나타난 영적인 운동, 기존 '서구'의 가치와 문화를 재검토하려는 움직임) 가치관을 배울 수밖에 없었다. 하지만 거울을 볼 때마다 보이는 거대한 몸이 거슬리는 것은 어쩔 수 없었다. 체중 이외에 성취한 것들이 많았지만 다 의미가 없었다. 더욱이 인생의 반을 '마른' 사람으로 살아왔기 때문에, 뚱뚱한 몸은 자존감을 매일 갉아 먹었다.

---

[1] American Psychologist 2007년 4월호. UCLA의 Traci Mann 심리학 교수는 이 연구에서 "우리는 이 연구에 참여한 대부분 사람이 요요 현상을 겪고, 기존 체중으로 돌아왔거나 더 증가했다는 것을 발견했다. 지속적인 체중 감소는 아주 적은 수의 사람들에게서만 발견되었다. 대부분 기존 체중으로 복귀했다. 다이어트는 많은 사람에게 체중 감소 혹은 건강에 이득이 없다."

"2년 안에 추적을 한 사람 중 23%는 감소한 체중보다 더 증가했다. 2년 이상 추적한 사람 중에는 83%가 감소한 체중보다 더 증가했다. 한 연구에서는 50%의 사람들이 다이어트를 시작한 이후 5년 이내에 11파운드 더 늘었다고 밝혔다."

에니어그램에 대해서

어느 날 라디오를 듣다가 어떤 여자가 불평을 늘어놓는 것을 듣게 되었다. 당을 안 먹고, 단백질을 많이 섭취하고, 탄수화물을 최대한 제한하는 다이어트를 하는 중이라고 말했다. 하지만 그녀의 직장 동료는 감자튀김에다 케첩과 머스타드를 듬뿍 바른 핫도그를 마음껏 먹으면서도 마른 몸을 가졌다고 울분을 토했다. 그 여자는 다이어트를 아무리 해도 살이 안 빠진다며 울먹였다.

나는 이 책을 통해서 이러한 현상을 쉽게 설명하려 한다. 다이어트는 단순히 덜 먹는 것의 문제가 아니다. 의식은 살을 빼려는 노력을 하고 있지만, 무의식은 살 빼는 것을 거부하는 경우가 많다. 다이어트는 에니어그램 성격유형을 아는 것으로부터 시작된다.

에니어그램은 나와 타인을 더 깊게 이해할 수 있는 방식이다. 에니어그램을 통해서 진정한 나를 이해할 수 있으며, 나에게 맞는 방식과 맞지 않는 방식을 구분할 수 있다.

에니어그램 성격유형을 통해 나와 음식과의 관계를 알면 건강한 식습관과 바른 식단을 유지 할 수 있는 방법을 알게 될 것이다.

인터넷에 "다이어트 책"이라고 검색하면 1억 5천 개의 구글 검색 결과가 나타난다. 아마존에서는 5만 3천 권 이상의 다이어트 책을 구매할 수 있다. 수많은 책이 있지만 모든 사람에게 장기적인 성공을 보장하는 책은 단 한 권도 없다(그런 책이 있다면 우리는 모두 날씬할 테니까).

많은 제약 회사들과 식품회사들은 다이어트 관련 제품들로 막대한 수익을 창출한다. 다이어트 쉐이크, 약, 저지방 음식, 운동 기구, 책, CD, 날씬해 보이는 옷 등 목록은 끝도 없다. 하지만 이러한 제품의 홍수 속에도 많은 사람이 여전히 과체중이다. 전 세계적으로 사람들은 더 뚱뚱해지고 있으며, 다이어트 관련된 제품을 만드는 기업들만 막대한 부를 창출하고 있다.

미국에서만 70%가[2] 넘는 인구가 과체중이며 이들 중 30%는 비만이다. 살이 많이 찌는 것은 미관상 안 좋을 뿐 아니라 건강을 해친다. 이 와중에도 다이어트약을 판매하는 많은 제약 회사들은 비만인 사람들에게 당뇨약, 콜레스테롤약까지 팔아서 돈을 더 번다. 그럼에도 비만은 점점 증가하고 있다. 15~20살 사이의 청소년들에게도 심각한 수준이다.

호주에서도 비만은 '감염병'이라고 할 정도로 무섭게 번지고 있다. 호주 의학 저널에 의하면 2003년 이전과 비교해서 비만은 2배 이상 증가했다. 현재는 성인 인구의 2/3가 과체중이고 25%가 비만이다[3].

수많은 연구와 다이어트 제품, 정보, 음식이 계속 출시되고 있지만, 매번 실패를 거듭하고 있다. 음식은 우리를 서서히 죽이고 있지만, 먹는 것을 멈춘다는 것은 거의 불가능하다. 물론 살이 찌는 이유는 호르몬 불균형, 낮은 기초대사량, 스트레스 등 다양하지만, 무엇보다 분명한 것은 잘못된 식습관이다. 하지만 왜 다이어트 프로그램이 어떤 사람들에게는 효과가 있고 어떤 사람들에게는 전혀 효과가 없을까?

에니어그램 성격유형 입문

나는 14년 전부터 에니어그램 성격유형을 연구하기 시작했다. 에니어그램을 접하고 8년 후부터는 에니어그램을 여기저기 전파하는 사람이 되었다.

그러던 어느날 다이어트 책이나 식단을 만드는 사람들이 자신의 성격유형이나 스트레

---

2) 2013-2014 NHANES 설문, National Centre for Health Statistics (NCHS)
3) 2011-12, 호주에서는 60%의 성인들이 과체중 혹은 비만으로 분류되었으며 이 중 25% 이상이 비만이다. (ABS, 2012). 2007에는 2-16세인 아이 중 25%가 과체중이거나 비만이었으며 이 중 6%는 비만이다(DoHA 2008). OECD(Organization for Economic Co-operation and Development)의 2009년 보고서에 따르면 앞으로 10년간 호주의 과체중과 비만은 전 연령에 걸쳐 증가할 것으로 예측했다. 66%의 인구가 과체중 혹은 비만으로 분류될 것이다(Sassi 등, 2009).

스 수준에 따라 다른 정보를 주장하고 있다는 것을 깨닫게 되었다. 따라서 저자와 성격 유형이나 스트레스 수준, 비만 수준이 같지 않다면 아무리 똑같이 따라 한다고 해도 성공하기는 불가능하다.

에니어그램 성격유형에 대해 더 깊이 알수록 사람마다 자기 인식의 방식이 다양하다는 것을 알게 되었고, 음식을 대하는 방식도 각기 다르다는 것을 깨달았다. 특정한 다이어트 방법은 특정한 사람들에게만 효과적일 수밖에 없었다.

책장에 꽂혀 있는 모든 다이어트 책을 읽으면서 패턴을 찾으려고 노력했다. 다른 성격 유형들은 각기 다른 이유로 살이 찐다. 반대로, 살을 빼는 것 또한 각기 다른 정서적 원인을 알면 더 쉽게 접근할 수 있다.

어떤 책에서는 살이 찌는 이유를 "투쟁-도피(fight-or-flight)반응" 때문이라고 한다. 즉, 사람들이 적과의 투쟁에서 우위를 차지하기 위해 살을 찌워 덩치를 키우거나 재빠르게 도망가기 위해서(도피) 살을 뺀다고 믿었다. 이러한 방식은 "공포"를 주로 느끼는 사람들에게는 맞을지 모르지만 "수치나 죄책감"을 느끼는 사람들에게는 맞지 않는다. 그러므로 그의 책은 특정한 성격을 가진 사람들에게 효과적이지만 그렇지 않은 사람에게는 효과가 없다.

많은 책을 읽으면서 모든 사람이 각기 다른 이유로 살이 찐다는 것을 알게 되었고, 그 이유에 대한 깊은 이해 없이는 문제를 해결할 수 없다는 것을 깨달았다. 나의 에니어그램 선생님인 로잘린 브류에르(Rosaylin Bruyere)가 말했듯 넘쳐나는 다이어트 정보들은 "쓰레기 더미 위의 생크림"일 뿐이었다. 단기적으로는 성공한 것처럼 보여도 장기적으로는 효과가 없을 수밖에 없었다. 사람들이 단기적으로 살을 뺀다하더라도 살이 찌는 정서적 원인이 남아있으면 요요 현상이 일어난다. 불안한 사람에게 약을 주면 잠시 동안 불안감이 해소될 수 있을지는 몰라도 장기적으로는 불안을 해결할 수 없는 것과 마찬가지다.

나는 많은 다이어트 전문가들과 다이어트 프로그램을 만드는 사람들에게 정신과 몸의 연결에 관해 물었지만 대부분 크게 관심을 두지 않았다. 그들이 알고 있는 지식 수준을 벗어나기 때문일 것이다.

에니어그램의 저술가이자 스승인 허드슨(Russ Hudson)은 에니어그램을 "힘으로 가는 길[4]"이라고 표현했다. 에니어그램은 사람들을 특정한 성격유형으로 분류하는 것 이상이다. 에니어그램은 우리를 하나의 영적인 존재로 만들어 주는 길이다. 에니어그램의 9가지 성격유형은 27가지로 세분할 수 있지만, 이 책에서는 9가지 기본 성격유형에 대해서만 다룰 것이다.

나는 내 서재에 있는 다이어트 책을 쓴 저자들을 성격유형별로 분류하기 시작했다. 어떤 경우에는 몇 장만 읽어도 알 수 있었고, 어떤 경우는 조금 어려웠다. 하지만 책을 읽으면 읽을수록 모든 저자가 본인의 성격유형에 초점을 맞춰 책을 썼다는 확신이 들었다. 다시 말하면, 에니어그램 성격유형을 통해 무의식을 이해하면 건강할 때 혹은 스트레스를 받을 때 어떤 음식을 먹는지 더 잘 이해할 수 있을 것이다. 특정 다이어트 책이나 CD가 효과가 있었다면 저자와 독자의 에니어그램 성격유형이 같아서라고 가정할 수 있다.

내가 가진 에니어그램 지식으로 9개의 성격유형의 식욕과 식습관을 분류하기 시작했다. 그 후 각 성격유형이 왜 살이 찌고 어떻게 하면 살을 뺄 수 있는지에 대해 연구하기 시작했다.

1유형에게 효과적인 방법이 7유형에게는 효과가 전혀 없을 수 있다. 에니어그램 성격유형만 알면 정보의 홍수 속에서 본인에게 딱 맞는 정보만을 선택해서 적용하면 되는 것이다. 성격을 고려해서 다이어트를 한다면 본능을 억지로 이겨내지 않아도 된다.

아는 것은 힘이다. 에니어그램 성격유형을 알면 식습관, 운동 습관, 잠재적 중독, 그리고 다양한 패턴의 행동들을 깊게 이해할 수 있게 된다. 왜 음식을 먹고 싶은지, 왜 살이 찌는지 알게 될 것이고 이러한 정보를 이용해서 성격에 맞게 살을 빼는 방법을 찾아낼 수 있다.

---

4) 러스 허드슨 워크숍, 케이프타운, 2014.

고통 없는 성취는 없다

이 책은 초콜릿 대신 야채를 먹으라고 권하는 그런 종류의 책이 아니다. 하지만 자신을 알고 과체중의 원인을 깨닫는 과정은 절대 쉽지 않을 것이다. 우리의 정서적 내면을 들여다보는 일은 고통스러울 수 있다. 자신을 성찰해 보면 좋은 점뿐 아니라 나쁜 점들도 함께 보게 된다. 그럼에도 본인의 성격을 있는 그대로 받아들인다면 자신이 어떤 사람인지 의식하게 될 것이고 무의식적인 행동의 뿌리를 찾을 수 있게 된다.

내면을 살피는 일은 용기가 필요하다. 내 성격 중 싫은 면을 발견하면 부정하고 싶기 때문이다. 우리의 자아가 자신을 보호하는 방식이다. 이 책을 읽으면서 많은 감정을 느낄 것이다. 그 감정들을 부정하고 싶어지면 잠시 자신의 인생을 돌아보고 깊이 생각해 보라.

나의 에니어그램 성격유형을 찾아서 기본 특징들을 읽어보면 대부분 나와 딱 맞는 것 같아 놀라기도 한다. 하지만 더 깊이 들여다볼수록 다른 성격유형들의 특징이 보이기도 하고 공존하는 많은 성격 사이에서 혼란을 느낄 수 있다.

'9유형인 줄 알았는데, 6유형 같기도 하고 7유형일 가능성이 있어. 어떻게 이럴 수가 있지? 모든 성격유형을 다 가지고 있는 건가?'

이런 생각이 드는 이유는 사람에 따라 특정 성격유형이 있기는 하지만, 우리는 기본적으로 모든 성격유형과 연결되어 있다는 것이다.

예를 들어, 6유형인 케이트를 생각해 보자. 6유형에 대해서는 다음에 더 자세히 살펴볼 테지만, 6유형은 공포에 기반한 성격유형이며 사고 중심이다. 6유형들은 충성스럽고, 책임감이 강하고, 공감 능력이 뛰어나고, 근면하지만, 우유부단하고, 불안해하며, 타인이나 자신을 쉽게 믿지 못한다. 이들은 다른 사람들과 잘 지내며 유머 감각이 뛰어나고, 문제를 인식하는 능력이 뛰어나고, 기본적으로 공포심이 많은 성격이지만 필요할 때는 매우 용감해지기도 한다.

케이트가 가진 에니어그램 성격유형 때문에 케이트는 공포에 집착하고 질서를 유지하기 위해 반복적 행동을 선호한다. 이러한 행동은 1유형의 완벽을 통한 질서 유지와 유사해 보일 수 있지만, 6유형은 혼란에 대한 '공포를 줄이기 위해'서 질서를 유지하려고 노력하는 것이고, 1유형은 질서를 유지하는 것이 "옳은 일"이기 때문에 그렇게 하는 것이다.

많은 6유형이 그렇듯, 케이트도 가끔 우울해진다. 이러한 우울함은 4유형과 유사하게 느껴질 수 있다.

동기부여가 안 된 6유형은 9유형의 덜 건강한 모습처럼 느껴질 수도 있다. 이를 극복하기 위해서 케이트는 3유형처럼 여러 가지 일을 벌이려고 할 것이다 (완성하지 못하면 수치심을 느끼기도 한다. 수치심은 3유형이 주로 느끼는 감정이다.)

통합의 방향일 때 케이티는 2유형처럼 타인을 향한 공감과 동정심이 가득할 것이다.

공포심이 일어나면 케이트는 걱정을 뒤로한 채 7유형처럼 모험을 즐기려 할지도 모른다. 7유형의 날개를 쓰는 것이다.

너무 무서워지면 모든 감정으로부터 후퇴하고 5유형이 하듯 본인의 내면으로 숨어 들어갈 것이다.

케이트의 예를 보면 알 수 있듯, 다른 성격유형의 특징들이 가끔 발현되어도 6유형의 집착과 동기는 늘 그대로다.

이 책을 통해서 에니어그램의 전체 시스템에 대해서 깊게 설명하지는 않을 것이다. 에니어그램에 대해서 깊이 있게 다루는 책은 매우 많고, 이 책의 마지막에도 목록을 첨부

했다(한국에니어그램교육연구소 홈페이지(www.kenneagram.com)를 방문해 보기를 권한다). 그러나 에니어그램 성격유형을 처음 접해본다면 이 부분을 주의 깊게 읽었으면 한다. 에니어그램은 에고(ego)에 집착하는 자신을 본질로 이끌어 주는 길이다. 또 에니어그램은 자기 자각을 위한 특별한 도구며, 개인적 성장을 위한 특별한 지침서라고 할 수 있다.

　내가 에니어그램의 시스템을 가르칠 때 많은 학생들이 "나를 틀 안에 가두고 싶지 않아요."라고 말한다. 이것이 핵심이다. 인간은 아무리 부정한다 해도 이미 본인의 성격이라는 특정한 틀 안에 있다. 우리의 믿음, 공포, 집착으로 인해 발현되는 모습은 진짜 내가 아니다. 우리의 잠재적 성격이 왜곡되게 표현된 것뿐이다. 에니어그램은 이러한 틀에서 자유로워지는 방법이다. 규범을 벗어나 생각하는 것뿐 아니라, 규범 밖에서 사는 법을 배우는 것이다.

　에니어그램을 배우면서 빠지게 되는 가장 큰 오류는 본인의 성격유형과 사랑에 빠지는 것이다. 이렇게 되면 다른 성격유형에 관심을 두지 않게 된다. 나는 많은 사람이 "나는 9유형이에요!"라고 자랑스럽게 이야기하는 것을 목격했다. 하지만 에니어그램의 궁극적인 목적은 본인의 성격유형을 찾는 것이 아니라, 탐색을 통해 나의 성격유형으로 인한 집착과 약점들을 극복하는 것이다. 이렇게 하기 위해서는 많은 내면 훈련이 필요하다. 인간은 본래 자신의 약점에 의식적으로 집중하는 것을 어려워하기 때문이다.

　성장을 위해서는 스스로 실패라고 느끼는 감정들과 타인에게 성공적으로 보이고 싶은 욕구를 동시에 받아들여야 한다. 성공과 실패에 대한 완전한 이해만이 우리를 자유롭게 한다. 그렇게 되면 실패를 숨기고 성공을 자랑하고자 하는 욕구로부터 자유로워진다.

　자신의 성격유형을 잘못 알거나 다른 사람이 잘못 알고 있는 경우는 매우 많다. 나 역시 1유형인 줄 알았지만, 아니라는 것을 알게 되었다. 진정한 나의 성격유형을 찾기까지 많은 고민과 탐구가 있었다. 하지만 그 시간 동안 다른 성격유형들에 관해 더 깊이 탐구하면서 오히려 더 큰 깨달음을 얻었다. 내 성격유형만이 아니라 에니어그램 전체에 대해 더 폭넓게 알게 된 것이다. 확실하지 않다면 지금 끌리는 것이 본인의 성격유형이라고 생각해도 좋다.

에니어그램의 기본

에니어그램은 9개의 기본 성격유형으로 구성된다. 이러한 9가지 성격유형은 더 세분된 많은 성격유형으로 구분된다. 에니어그램 도형에서 보는 9개의 꼭짓점은 각 기본 성격유형을 표현한다. 인간은 모두 하나의 성격유형을 가지고 태어나고 이는 평생 바뀌지 않는다.

이러한 성격유형은 세상을 어떻게 살아갈지에 대한 지침을 제공한다. 우리의 어린 시절이 성격유형을 만드는 것이 아니라, 성격유형으로 인해 어린 시절의 경험이 달라진다. 똑같은 성격유형을 가진 아이들은 비슷한 경험을 한다. 표현 방식은 다르지만 내면의 감정은 유사하다.

기본 성격유형은 성별, 인종, 그리고 다른 여러 가지 요소들과 무관하다. 아프리카 부족의 6유형 남성은 미국에 사는 6유형 여성과 감정적/정신적으로 비슷하다. 에니어그램의 매력은 여기에 있다. 어느 대륙에 있든 같은 '에니어그램 언어'를 사용할 수 있다.

에니어그램에는 수직 관계가 없다. 다시 말해, 1유형이 다른 유형보다 낫지 않다. 우리는 모두 강점과 약점이 있지만 다른 모습으로 발현될 뿐이다. 모든 성격유형에는 극복해야 할 장애물들이 있고 배움을 통해 개선해야 할 것들이 존재한다.

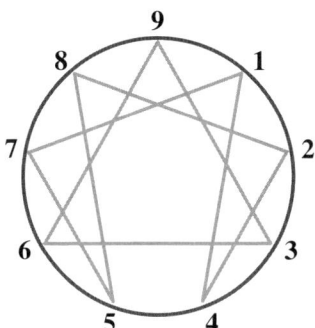

에니어그램 도형은 원, 삼각형, 그리고 헥사드로 구성된다. 점들이 연결되는 방식은 에니어그램 이론에서 굉장히 중요하지만, 이 책에서는 다루지 않을 것이다. 예를 들어, 4유형을 보면 선을 통해 1유형과 2유형으로 연결된다. 4유형은 1유형과 2유형의 특징을 가지고 있다는 뜻이다. 또 3유형의 경우 9유형과 6유형과 연결되어 있다.

이러한 선들은 "통합과 분열의 방향"이라고 알려져 있다(러스 허드슨과 돈 리소). iEQ9[5]에서는 "해방 혹은 왜곡의 여정(Journey of stretch or release)"이라고 명명한다. 다른 학파들은 다른 이름으로 표현하지만 뜻은 같다. 선으로 연결된 다른 유형들은 서로에게 영향을 미치거나 잠재적인 영향이 있다. 즉, 에니어그램 성격유형은 정적인 것이 아니며 에니어그램 도형을 통해 움직이는 동적인 것이다.

iEQ9에서 사용하는 용어를 빌리자면 3유형에게 "해방"은 6유형이고, "왜곡"은 9유형이다. 4유형에게는 2유형이 "왜곡"이고 1유형이 "해방"이다. "해방" 유형으로 나아가는 것은 변화를 불러일으키지만 쉽지 않고, "왜곡" 유형으로 나아가는 것은 스트레스를 일으킨다. 이러한 역동적 움직임은 에니어그램을 통해 자기를 발견할 수 있는 하나의 방법이다.

---

5) Integrated 9 Enneagram Solutions(iEQ9), www.integrative9.com

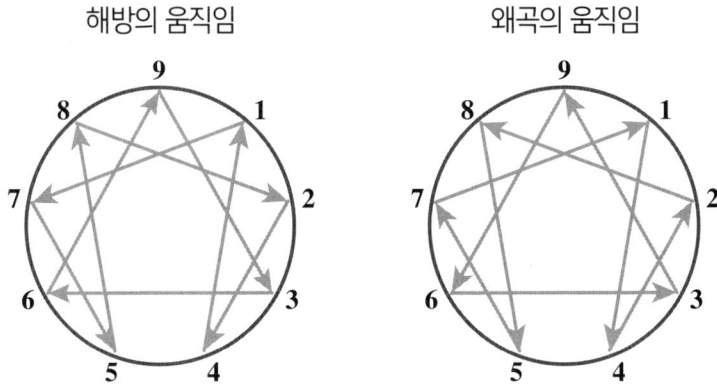

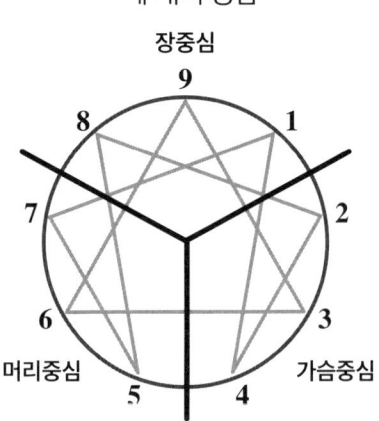

에니어그램은 크게 3가지의 중심으로 나뉜다. 본능/장, 감정/가슴, 그리고 사고/머리 중심이다. 가슴 중심은 분노가 없고, 사고 중심은 감정이 없다는 것이 아니다. 이 영역에 대해서 특히 민감하다는 것이다. 발현되는 강점과 약점은 개인의 감정적/정신적 건강에 의해 결정된다.

본능 중심인 사람들은 분노, 가슴 중심인 사람들은 수치심, 그리고 사고 중심인 사람들은 공포에 취약하다. 이러한 집착은 각 성격유형이 성격 혹은 에고에 집중했을 때 드러나는 가장 큰 장애물이다.

에니어그램은 대체로 '3의 법칙[6]'에 기반한다. 능동적 표출, 수동적 표출, 그리고 두 표현 사이의 중립적/양립적/균형적인 표출이다. 또한 '7의 법칙[7]'이 존재한다. 이는 에니어그램에서 주목할 만한 법칙이며, 더 깊게 알아보기를 추천한다.

날개 – 기본 성격유형의 양쪽에 있는 성격유형

이 책에서는 날개에 대해서도 다룰 것이다. 기본 성격유형의 날개는 다이어트와 운동과 관련성이 높다.

그렇다면 날개란 무엇인가? 날개는 에니어그램 기본 성격유형의 양옆에 있는 성격유형들을 말한다(예를 들어 6유형이라면 5유형과 7유형, 9유형이면 1유형과 8유형의 날개를 갖는다). 날개는 기본 성격유형에 영향을 미친다. 색에 비유해보자면 색조와 유사하다. 노랑에 빨강을 더하면 빨강은 더 따뜻하고 주황빛이 도는 색조가 된다. 노랑에 초록을 더하면 더 차갑고 연둣빛이 도는 색조가 된다. 그러나 기본적인 색상은 여전히 노랑이다. 예를 들어, 9유형이 8유형의 날개를 쓰면 살이 더 찔 확률이 높아지고 1유형의 날개를 쓰면 더 날씬할 수 있다.

---

[6] 구르지예프는 '3의 법칙'에 대해서 "범우주적인 두 번째 법칙"이라고 설명했다. 이 법칙은 세상의 모든 현상이 세 개의 구성 요소로 이뤄졌다고 주장한다. 적극적, 소극적, 그리고 조화로운 혹은 중립적. 이 법칙은 인류와 세계는 물론이고 구조와 과정에 영향을 미친다. 구르지예프가 이야기한 3개의 중심은, 사고 중심, 감정 중심, 그리고 본능 중심이다. 구르지예프는 인간의 에너지를 변화시키는 데 있어서 3의 법칙이 필수적이라고 설파했다. 변화는 인정, 부정, 그리고 통합적 이해의 세 가지 행동으로 이뤄진다. https://en.wikipedia.org/wiki/Fourth_Way#Basis_of_teachings

[7] 구르지예프가 주장하는 에니어그램의 7의 법칙과 3의 법칙은 에니어그램 도형에서 잘 드러난다. 러시아 수학자이자 초기 에니어그램에 막대한 영향을 미친 페테르 우스펜스키(P. D. Ouspensky)에 의하면 "3의 법칙은 진동의 특징과 본질을 표현하고, 7의 법칙은 그 진동이 어떻게 발달하고, 상호 작용하고, 바뀌는지 표현한다. 옥타브는 반복적 행동이다. 지속되는 파도는 계속해서 커질 수도 있고 작아질 수도 있으며, 이는 커지거나 작아지는 옥타브를 구성한다. 각각의 파도는 비슷하지만 다르다. 7의 법칙은 또한 증가하거나 감소하는 진동이 서서히 멈춰지는 곳을 표기해준다. https://www.ouspenskytoday.org/wp/about-teaching-today/the-law-of-seven/

어떤 사람은 두 개의 날개를 모두 쓰지만, 하나의 날개가 더 우세한 것이 더 보편적이다. 5유형 날개를 쓰는 4유형과 3유형의 날개를 쓰는 4유형은 다르다. 날개와 상대적 강점은 살면서 바뀔 수 있다. 기본 성격유형을 알면 더 쉽게 날개를 알 수 있다.

본능적 변이(하위유형) – 각 기본 유형에 존재하는 3개의 본능유형

각각의 에니어그램 기본 성격유형에는 3개의 하위유형이 존재한다. 자기 보존적, 사회적, 그리고 성적인 하위유형[8]이다. 이 세 가지 하위유형에 따라서 기본 성격유형이 다르게 발현되며 가장 약한 하위유형은 잠재적으로 성장을 해야 하는 영역이다. 이러한 하위유형은 우리의 기본적 본능과 관련되며 유년기의 환경에 따라 달라질 수 있다[9].

하위유형은 우리의 동물적 본능이며 욕구다. 매슬로우의 욕구 이론에서 하위 3단계와 유사하다. 1) 생리적 욕구 – 생계에 필요한 것들, 집, 음식 등(자기 보존적 – 자신을 보호하려는 욕구) 2) 안정과 안전의 욕구(사회적 – 개인의 안전을 보장해주기에 집단의 구성원이 되려는 욕구) 3) 소속감 욕구(성적 – 일대일 관계와 친밀감에 대한 욕구)

에니어그램에서 자기 보존적 하위유형은 생존적 욕구와 일반적인 정신 건강에 집중한다(생리적 그리고 안전). 사회적 하위유형은 타인 그리고 집단과 관계를 맺는 방식으로 나타난다. 성적 하위유형은 일대일 관계나 친밀감에 대한 동기가 강하다.

가장 높은 하위유형은 우리가 지나치게 많은 에너지를 쏟는 영역이고, 가장 낮은 하위유형은 가장 많이 신경을 쓰지 않는 영역이다. 하위유형은 에니어그램 기본 유형의 집착과 두려움에 따라서 다르게 표현된다.

같은 하위유형을 가지고 있으면 서로를 이해하고 관계를 맺기 더 수월하다. 한 사람이

---

8) "자기 보존적", "사회적", "성적"이라는 용어는 클라우디오 나란조에 의해 만들어졌다. 나는 '에니어그램의 지혜 (Don Richard Riso 그리고 Russ Hudson, Bantam Books, 1999)'에서 이 용어들을 처음 봤다.
9) 돈 리처드 리소 그리고 러스 허드슨. 에니어그램의 지혜. (Bantam Books, 1999), p. 70.

일하고 돈을 버는 것에 집중(자기 보존적)하는 반면, 다른 사람은 친밀한 관계를 맺고 싶어 하면(성적) 서로 노력하지 않으면 관계 유지가 어렵다.

자기보존적 하위유형 : 기본적인 신체 욕구에 집중한다. 돈을 벌고, 음식을 사고, 편안하고 안전한 집을 중시한다. 대체로 자기를 보존하는 것들에 관심이 높다(진화론적인 입장에서 사냥하고, 채집하고, 적과 싸우는 것을 중시하는 것이다).

사회적 하위유형 : 사회 집단이나 부족을 통해 안전을 지키고 집단을 생존시키는 데 집중한다. 많은 동물에게 집단에 소속되는 것은 곧 생명과 직결된다. 엄청나게 '사회적'이라는 의미는 아니다. 오히려 집단에서의 상호작용에 신경을 많이 쓰고 가치 있게 생각한다는 것이다. 구성원으로서 일하는 것을 즐기고 사회적 책임이 중요한 그룹이나 회의도 즐긴다. 사람이 많으면 많을수록 더 안전하니까!

성적 하위유형 : 성적(sexual)으로 활발하다는 뜻이 아니라 다른 사람들과의 친밀한 관계를 중시한다는 것이다(이는 집단의 미래를 보장한다). 꼭 성적인 관계가 아니라 하더라도 새로운 사람과 관계를 맺는 것에서 오는 자극이나 쾌락을 즐기는 것이라고 볼 수도 있다. 다른 사람과의 관계에서 발생하는 흥분과 에너지를 즐긴다. 성적 하위유형들은 더 자극적이고, 열정적이고, 쉽게 흥분한다.

건강의 정도 - 감정적/정신적 건강

각 성격유형이 스트레스를 받을수록 감정적으로 덜 건강해진다. 신체적 건강도 영향을 받을 확률이 높다. 스트레스는 만병의 근원이기 때문이다. 또한 덜 건강할수록 바르지 못한 선택을 하게 된다. 무의식적으로 이런 대접을 받을 만하다고 스스로 믿게 되기 때문이다. 리소/허드슨이 쓰는 용어에 따르면 건강, 보통 그리고 불건강이다[10].

"성격유형[11]" 이라는 책에 따르면 9개의 발달수준이 있다. 이 책에서는 세 가지의 수준에 관해서만 이야기하기로 한다. 발달수준은 통합과 분열의 방향에 따라 매일, 매년, 바뀔 수 있다.

본인이 여러 개의 유형이라는 생각이 드는 것

에니어그램은 매우 복잡한 시스템이다. 이 책에서는 에니어그램의 모든 것을 다루지 않을 것이다. 이 책의 목적은 에니어그램과 식욕, 음식과의 관계, 식습관, 다이어트 그리고 운동에 대해서 밝히는 것이기 때문이다.

우리는 하나의 기본 성격유형을 가지지만 에니어그램 시스템 내에서는 다른 성격유형의 특징들도 갖게 된다. 결과적으로 식욕에 대한 접근에는 여러 가지 성격유형의 특징들이 나타날 것이다.

기본 성격유형이 바뀌나요?

기본 성격유형은 바뀌지 않는다. 살면서 통합과 분열의 방향으로 움직이는 것은 가능하지만 기본 성격유형은 변하지 않는다.

---

10) 리소/허드슨은 내면의 비판자 워크숍 (케이프타운, 2013)에서 발달 단계를 "건강," "보통," 그리고 "불건강"이라고 명명했다. 또한 '에니어그램의 지혜 (돈 리처드 리소 & 러스 허드슨)' 106페이지에도 같은 표현이 명시되어 있다.
11) Don Richard Riso, Russ Hudson(1996). Personality Types: Using the Enneagram for Self-Discovery Revised. Mariner Books. 윤운성 외 역(2005). 에니어그램 성격유형. 학지사.

성격유형의 이름[12]

이 책에서는 내가 만든 에니어그램 성격유형 별명들을 썼다. 많이 쓰이는 명칭에 대한 반발은 아니고, 다이어트, 식욕, 그리고 운동과 밀접하게 관련된 별명을 사용하고 싶었기 때문이다. 더 보편적인 이름들보다 이 책의 취지에 맞는 별명들이다.

별명에는 통합과 분열의 수준이 모두 반영되어 있다. 예를 들어서 1유형의 별명을 보면 '독선적인 죄인' 혹은 '공의로운 성인'이라고 되어 있다. 죄인은 분열 방향의 1유형을 가리키고, 성인은 통합 방향의 1유형을 가리킨다.

우리는 살면서 여러 수준의 발달과 행동 양상을 보인다. 어떤 날은 성인처럼 몸에 좋은 음식만 먹다가, 스트레스를 받으면 와인과 안주를 게걸스럽게 먹는다.

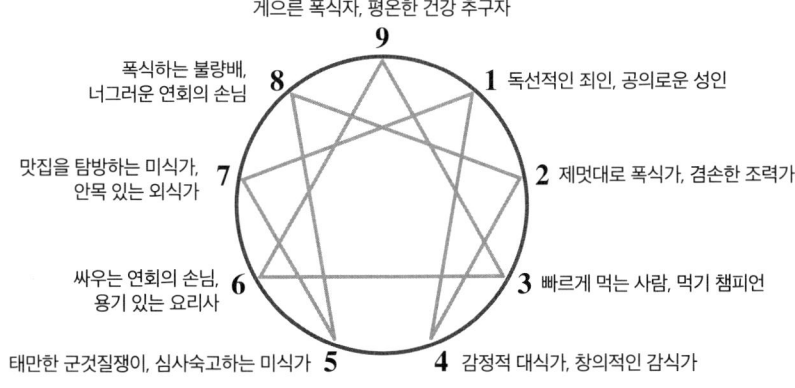

---

12) 원저자는 이 책의 목적을 위해 자신의 유형 별칭을 추가했다. 이 별칭은 다른 맥락에서 사용하기 위한 것이 아니다. 참고로 한국형에니어그램의 9가지 명칭(윤운성, 2001)은 문화적 타당도와 건강 수준을 고려하여 각 유형의 건강한 의식의 수준에서 표기하고 있다(윤운성, 2001b). 1번 유형(개혁가), 2번 유형(조력가), 3번 유형(성취자), 4번 유형(예술가), 5번 유형(사색가), 6번 유형(충성가), 7번 유형(낙천가), 8번 유형(지도자), 9번 유형(중재자)이다. 이러한 명칭은 각 유형에 따른 타당도는 물론 각 유형 내에 존재하는 심리적 건강의 발달수준을 같은 수준으로 표기했으며 2001년부터 사용되고 있다.

◎ 1유형 개혁가 ◎

독선적인 죄인 또는 공의로운 성인

주요 사항

1유형은 자기 조절, 최적의 신체 기능 유지, 윤리적·환경적으로 올바른 식사를 위해 노력하지만 완벽해야 된다는 압박이 너무 심해지면 오히려 반대의 결과를 낳는다. 이러한 과정은 엄격한(신성한) 완벽주의를 위해 식욕을 억제하고, 그러다가 몰래 폭식하게 되고, 결과적으로 격렬한 후회와 더 강렬한 자기 수양에 대한 욕구가 뒤따른다.

1유형의 개요

1유형은 대체로 과체중이 아닐 가능성이 많다. 그러나 1유형은 자신이 완벽하기를 원하기 때문에 주위 사람들이 아무리 날씬하다고 말해도 정작 본인은 그렇지 않다고 생각할 수 있다. 완벽주의적 사고가 일상생활에서도 발현된다면, 자신 혹은 다른 사람이 위생적이지 않은 장소에서 아무렇게나 식사를 하거나 대충 먹는 것을 못마땅해 한다. 어떤 성격유형은 "이 순간을 살자"는 태도를 보이는 반면에, 1유형은 제멋대로 행동했을 때 나타날 결과를 걱정한다. 또 식습관, 음주, 소비, 운동 등 대부분의 일들을 자신이 옳다고 믿는 대로 하려고 한다.

그들은 완벽해야 한다고 생각하기 때문에 강한 도덕적 주장과 확신 그리고 높은 개인적 기준을 가지고 있다. 다른 성격유형들은 자신의 몸이 만족하지 않아도 그런대로 견디지만, 1유형은 완벽주의적 사고가 그들의 삶을 지배하기 때문에 자신을 있는 그대로 받아들이지 못함으로써 몸과 마음을 모두 해칠 수 있다. 그들은 신뢰할 수 있고, 합리적이고, 책임감 있고, 공정하며, 자기 자신뿐만 아니라 다른 사람과 세상을 좋은 방향으로 바꾸고 싶어한다.

만약 1유형이 오랜 크루즈 여행으로 체중이 몇 킬로 늘었다면, 그들은 즉시 살을 빼기 위한 엄격한 훈련 체제에 돌입할 것이다. 1유형들은 일반적으로 자신에게 엄격해서 자신이 세운 이상적인(일반적으로 매우 높음) 기준에 부합하지 못한다고 생각되면 자신을 채찍질하는 경향이 있다. 그들은 어떤 형태로든 '과한 것'은 불편하다. 긴장을 완화하기 위해 몰래 폭식하는 경우가 아니라면 통제 가능한 식생활을 더 편하게 느낀다. 이런 성향 때문에 그들은 부적절하고 지나치게 음식을 섭취하는 사람들을 아주 못마땅하게 생각할 수도 있다.

1유형들은 착하고 옳은 일을 하려 하고, 사회에서 본보기가 되고 싶어한다. 어렸을 때 "칭찬 스티커"를 받았던 것처럼 어른이 되어서도 누군가가 인정해주고 칭찬해 주기를 바란다. 문제는 옳고 착함에 대한 관점이 사람마다 문화마다 다르다는 것이다. 사실 살면서 모든 사람들에게 인정받는다는 것은 불가능하다. 그럴 필요도 없다. 그런데 1유형은 다람쥐가 쳇바퀴를 돌듯 끊임없이 주변을 돌며 자신이 옳은 일을 하고 있다는 것을 입증하기 위해 애를 쓴다. 그러면서도 끊임없이 자신은 인정받지 못하고 있다고 느낀다. 어쩌면 1유형들은 위대한 사람, 예를 들어 세상을 의미 있게 변화시킬 수 있는 대통령이 되려는 욕망을 마음속에 품고 있는지도 모른다.

1유형은 "고장 나지 않았으면 고치지 말라."는 말로 표현되듯이 좀처럼 변화하려 하지 않는다. 그들은 많은 프로젝트를 시작하지만 끝내지 못할지도 모른다. 무언가를 끝내려면 완벽하게 끝내야 한다고 생각하기 때문에 완벽하게 끝내지 못할 바에 미리 그만두는 것이 낫다고 생각하는 것이다. 그래서 1유형들은 경박하다는 소리를 듣기도 하지만, 사실 깊이 들여다보면 경박하다기보다는 절제한다.

때때로 그들의 본성을 억제하려는 마음이 너무 지나치면 본인도 예상하지 못한 통제 불능 상태에 빠질 수 있다. 덜 건강한 1유형은 융통성이 없고 남을 판단하려 하며 자신이 생각하는 '올바른 길 또는 진실'이 불변의 진리고 정도라고 확신한다. 어떤 형태의 비판도 받아들이지 않으려는 완고한 마음에서 갑자기 분노가 폭발한다. 그들은 다른 사람들의 생각이나 생활방식에 비판적이고 편협한 세계관을 가질 수 있다.

만약 1유형들이 자신이 분열 방향으로 가고 있다는 것을 깨달을 수 있다면, 현명하고 친절하며 온건하고 수용적인 사람이 되기 위해 의식적으로 노력할 수 있다. 이것이 그들의 잠재 능력이다.

직업 선택

1유형은 조직화와 세부적인 작업에 능하므로 회계사, 회계 담당자, 사무행정직, 학부모회 대표, 교사, 자선 행사 기획자 등의 역할을 하는 사람들에서 흔하게 볼 수 있다. 또 목사, 전도사, 녹색평화운동가, 법조인 등 옳고 그름을 명확하게 규정하는 일에 끌린다. 그들은 양심적이고 열심히 일하는 사람들이다.

식욕 유발 원인

1유형이 건강하지 못하다는 경고 신호는 섭식장애, 강박장애, 경직된 식생활이 나타나는 것이다. 예를 들면 이런 식이다. "캠핑장이 마을에서 멀리 떨어져 있어서 유기농 식재료를 사오기 힘들다는 것 저도 알아요. 하지만 인스턴트 음식을 먹느니 차라리 굶는 게 낫겠어요. 당신은 괜찮다니 인스턴트 음식 먹으세요."

1유형은 다른 사람들의 선택에 대해서도 편협함과 도덕적 우월성이 혼재되어 있다. 강박적으로 청결에 집착하거나, 건강에 좋다며 도저히 먹기 어려운 역겨운 맛의 야채 주스를 억지로 마시는 등 자신을 괴롭히는 행동을 할 수 있다.

　　1유형들이 어떤 식으로든 "나빠졌다"라고 느낄 때, 자신이 좋은 사람으로 보일 가치가 없다고 생각하고 '모 아니면 도'식의 극단적인 접근으로 폭식의 늪에 빠지게 된다. 그것은 또한 옳은 일을 해야 한다는 내면의 압박감 때문에 만들어진 심리적 긴장의 결과이기도 하다. 이러한 내면의 화는 무언가를 행하거나 혹은 반대 행동을 함으로써 해소된다. 만약 그들이 올바른 일을 하지 못했다고 느낀다면, 그들은 상황을 더 나쁘게 만드는 반대 행동을 함으로써 자신에게 저항하려 할 수도 있다.

음식에 접근하는 방법

　　식이 요법과 식사 훈련은 1유형의 음식에 접근하는 방식을 설명하는 핵심 단어다. 1유형들은 그들이 16세기 화가 루벤스의 모델이거나, 뚱뚱함을 미덕으로 하는 에스키모인이 아니라면 "뚱뚱함 = 틀림", "날씬함 = 옳음"이라는 매우 명확한 생각을 가지고 있다.

　　대부분의 1유형은 엄격한 행동 규범과 도덕 강령에 따라 살아가며 늘 비판적으로 스스로를 채근한다. "음식에 욕심을 부리는 것은 잘못된 것이야. 한 그릇이면 족하지. 자제력은 고귀해. 많이 가져오지 않으면 버릴 것도 없어."

　　그들은 쿠키가 올라간 아이스크림 한 통을 다 먹고 싶은 유혹을 느낄 때도 있지만, 스스로 엄격한 비평가가 되어 그런 행동을 하려는 자신에게 벌을 주려 할 것이다. 이런 음식들을 냉장고에서 완전히 없애버리거나, 아예 식단에서 빼 버리는 방법을 선택할 수 있다(수 세기 전에 유행했던 수도사들의 자학적인 훈련을 상상하면 좋다). 즐거움을 주는 모든 음식을 멀리하거나, 식이요법, 단식 혹은 즐거움을 주는 모든 음식을 멀리하는 것은

1유형이 먹는 기쁨을 탐하는 자신에게 주는 벌이다. 다이어트 약, 거식, 구토, 관장, 간을 전혀 하지 않은 역겨운 음식을 선택하는 것도 이런 이유다.

보통 수준의 1유형들은 대체로 인생은 내 뜻대로 되지 않는다고 생각하고 남들 역시 크게 다르지 않다고 생각한다. 1유형들이 정서적으로 더 건강해지면 더 밝고, 자기 자신에게 덜 엄격하고, 자신이나 타인에게 비판적으로 대하지 않게 된다.

외식법

만약 1유형이 밖에서 식사 약속을 했다면 가장 먼저 도착할 가능성이 크다. 왜냐면 제시간에 도착하는 것이 옳은 일이기 때문이다. 이렇다 보니 종종 늦게 도착한 다른 사람들에게 짜증을 낸다. "5분 일찍 도착해야 정시에 식사를 시작할 수 있는데, 시간을 딱 맞춰 오면 결국 제시간에 먹질 못하잖아?" 라고 페이스북에 올린다. 나와 같은 사람들이 1유형을 초대했다는 상상만으로도 끔찍하다. 대체로 우리 같은 유형은 초대 시간 5분쯤 전에 국에 간을 하고, 갈비찜의 마지막 고명을 얹고, 고양이 토사물을 치우면서 거실을 정리하고, 깨끗한 옷을 갈아입는 경우가 많기 때문이다.

또 뷔페 식당에 갈 경우 대부분의 1유형은 먹고 싶은 것이 아니라 "먹어야" 할 음식을 담아온다. 그들은 음식 선택을 완벽함(거룩함)으로 가는 길이라고 생각하고 도덕적으로나 건강상으로 "올바르게" 되기 위해 엄격한 채식주의자 혹은 부분 채식주의자의 길을 선택하기도 한다.

그들은 양념을 듬뿍 얹은 순살 치킨을 먹고 싶어도, 그들의 내부 비평가(종종 부모의 목소리처럼 들림)는 그들에게 "동물성 지방에 흰 밀가루 그리고 비좁은 사육장에서 자란 닭고기로 만든 거야. 병아리콩과 새싹 샐러드가 훨씬 더 건강하고 품위 있잖아?." 라고 말한다.

만약 그들이 건강한 음식이라고 생각하고 무언가를 주문하려는데, 다른 사람이 먼저 그 메뉴를 주문하면 1유형은 짜증을 낸다. 왜냐면 그들은 그 테이블에서 가장 건강한 음식을 주문하는 사람으로 보이고 싶기 때문이다. 실제로 1유형들이 메뉴판에서 가장 거룩한(?) 음식을 주문하지 않았다는 것을 느꼈을 때 주문을 바꾸는 것을 보았다.

1유형인 내 친구가 어느 날 그녀가 먹고 있는 피자의 사진을 SNS에 올렸는데, 이 피자는 '글루텐이 없는 밀가루에, 치즈 대신 꽃양배추로 토핑한 피자'라는 설명글을 서둘러 추가하는 것을 보았다. 다른 사람들이 자신이 피자를 먹는 것을 "나쁘다"고 할지 모른다고 생각하기 때문이다.

또한 1유형은 여럿이 음식을 먹을 때 개인 접시에 음식을 쌓아놓고 먹지 않을 가능성이 많다. 1유형에게 자제는 일상적인 일이다. 자신의 기준으로 볼 때 지나치게 많은 음식을 쌓아놓은 사람에게 부정적인 의견을 말할 권리가 있다고 느낄 수도 있다. 그들과 다른 사람들 모두 식사 예절을 지키는 것은 중요하다.

1유형들은 그들이 먹는 음식의 조리과정에 대해 극도로 까다로울 수 있다. "현지에서 생산된 유기농 채소죠? 확실한가요? 너무 익히지 말아 주세요. 소금도 넣지 말고요. 닭요리는 튀김만 있나요? 내건 튀기지 말고 오븐에 구웠으면 좋겠는데요. 고등어는 구워서 나오는 거 맞나요?" 그렇게 해 놓고도 그들은 뜨거운 커피에 넣을 우유인데 뜨겁지가 않다거나, 생선이 별로 신선하지 않다고 투덜거린다.

나는 1유형과 식당에서 식사한 적이 있다. 내가 보기에도 그 식당의 음식이 형편없어 보이긴 했지만, 그는 주문 전에 세 종류의 요리를 요리조리 따져보고 심지어 일부는 시식을 한 후에 최종적으로 한 가지를 주문했다. 형편없는 음식이나 서비스에 대해 아무 말 하지 않는 것이 옳다는 것은 아니다. 그렇지만 1유형은 요리사가 음식을 준비하는 과정에 대해 지나치게 까다롭고, 많은 것을 요구하고, 조리법에 대한 자신만의 독특한 의견을 가지는 경우가 많다.

1유형들은 잘못 행동한 사람들을 부르는 것을 두려워하지 않는다. 만약 웨이터가 할 일을 못 하거나 음식이 형편없이 준비되었다면, 아마도 가장 어려운 감독관은 1유형이 될 것이다. 아니면 "음식을 이렇게 엉망으로 하지 마세요."라고 즉석에서 말로 표현하는 8유형일지도 모른다. 이 두 유형이 에니어그램 유형 중에서 음식을 주방으로 되돌려 보낼 가능성이 가장 큰 유형들이다.

깨끗한 요리 과정을 통제할 수 있는 자기 집이 아닌 식당이나 다른 집에 초대받아서 식사하는 경우 음식의 위생 상태나 청결도에 대해 더 예민할 수 있다. 심지어 불결하다고 생각이 들면 음식을 먹지 않겠다고 결정할 수 있다. 초대받은 집에 가서도 속으로 이렇게 말할 수 있다. "현관 상태를 보니 주방이 깨끗할 것 같지 않아. 조리과정이 위생적인지도 미심쩍고. 세균이 오염되었을지 모르니 사온 음식이나 조금 먹고 말아야 겠네."

1유형은 돈을 쓰는 데도 인색하다고 할 정도로 신중하다. 그들의 마음에 꼭 들 정도로 꼼꼼하게 서비스한다면 팁을 남길 수 있지만, 그렇다고 많이 주지는 않을 것이다.

집으로 식사 초대

1유형은 손님들이 오후 7시까지 오기로 했어도 오후 3시부터 이미 테이블이 세팅되어 있다. 테이블 세팅을 고풍스러운 "파란색- 파란색 식기 매트, 파란색 손잡이의 포크, 나이프, 수저 세트..., 파란색 냅킨, 파란색 무늬가 있는 흰 도자기 시기 또는 붓꽃과 파란 양초-" 으로 할지 또는 더 감각적인 "붉은색 계열" (마찬가지로 장미와 붉은 계열 식기만으로)로 할지를 결정하는 데 오랜 시간을 보낸다. 그러나 마음속으로는 무엇으로 할지 이미 정했을 가능성이 크다. 주방은 평상시에도 모든 것이 잘 정돈되어 있고, 접시는 용도에 따라 라벨이 붙어있는 경우가 많다. 그 밖의 테이블 장식들도 깔끔하고 실용적이며 잘 관리되어 있다.

그러나 이렇게 완벽한 상태에서도 1유형은 계속 무언가를 자책하며 꼬투리를 잡는다.

예를 들어, "지난번에 스미스 부부를 초대했을 때 무슨 요리를 했는지 적어 놓았어야 했어. 그랬으면 이번에는 확실히 다른 것을 만들어 줄 수 있을 텐데. 아차, 중대한 실수! 왓슨 가족을 초대했어야 했는데. 아니야. 식기 세트가 부족해서 다음에 초대해야겠어.", "테이블 냅킨이 너무 촌스러운가?", "아이들 장난감은 치웠나?" 이때쯤 되면 테이블을 원하는 대로 세팅해 놓지 않은 남편에게 화가 올라오기 시작한다.

사실, 1유형들은 요리를 그다지 즐기지 않는다. 오히려 그들은 손님들에게 완벽한 식사를 대접하기 위한 과정을 즐긴다고 해야 맞다. 레시피에 따라 재료를 정확하게 측정하고 무게를 재는 긴장감을 즐긴다. 아마도 그들은 초대한 사람들이 완벽한 저녁 식사를 할 수 있도록 예행연습을 할 수도 있다. 준비하는 음식의 양은 먹을 만큼은 되겠지만, 다른 유형들이 준비하는 정도의 풍성한 양은 아니다.

비록 요리하는 것을 그다지 즐기지는 않더라도, 1유형들은 훌륭한 제빵사나 케이크 장식가들이 많다. 두 직업에 필요한 정밀도는 1유형의 성격에 맞는다. 재료들을 대충 넣고도 최상의 결과를 만들어 내는 제빵사는 흔하지 않다. 어느 제빵사가 언제나 최상의 맛을 유지하고 있다면 그것은 모든 재료들의 무게나 양을 신중하게 재서 정량을 넣기 때문일 것이다(이것이 내가 훌륭한 제빵사가 될 수 없는 이유다!).

1유형은 잘 정돈된 완벽한 식사준비를 하는 동안에도 자신이 세워놓은 기준에 미치지 못한다고 동동거리며 자기검열을 한다. 대부분의 사람들이 저녁식사를 즐기고 있다 해도 '내가 더 잘했어야 했다.'고 자책하며 저녁 시간을 보낼 수도 있다. '테이블보는 그릇과 어울리지 않고, 스테이크는 그나마 낫지만, 와플은 바삭하지 않아.'라고 자책한다. 불완전 한것만 보고 걱정을 하다 보니 과정에 대한 노력은 무시된다.

이런 압박감을 이해한다면 1유형이 왜 그렇게 모든 일에 지나칠 정도로 많은 노력을 기울이는 지를 알 수 있다.

음식이 남으면 1유형들은 그것들을 냉장고에 보관했다가 나중에 먹으려 할 것이다. 그들은 음식을 버리는 것을 좋아하지 않는다. 굶주리는 사람들도 많은데 음식을 버리는 것은 죄악이라고 생각한다. 그래서 그들은 음식을 버리지 못하고 냉장고에 보관하고 있거나, 어떤 경우에는 유통기한이 지난 음식을 먹을 수도 있다.

우리 아빠는 1유형이었다. 그는 빵을 새로 사왔을 때도, 먹다 남은 냄새나는 굳은 빵을 다 먹고 나서 새 빵을 먹겠다고 고집을 부리곤 하셨다. 이 습관은 제2차 세계 대전 이후 악화된 식량 사정으로 생긴 버릇이지만, 수십 년이 지나 사정이 좋아진 후에도 변하지 않았다. 그가 가장 좋아하는 음식은 남은 야채를 몽땅 쓸어 넣고 튀겨 먹는 것이었다.

1유형들은 청결에 집착할 수 있는데, 이것은 식재료나 그릇이 깨끗한지 민감하게 살핀다거나, 주방 청소 상태에 예민하게 반응하는 것으로 나타날 수 있다. 언젠가 아주 멋진 1유형과 우리집에서 저녁 식사를 한 적이 있는데, 그녀는 나에게 고양이가 식탁에 뛰어오르는 집에서는 밥을 먹고 싶지 않다고 말했다. 그때 맛있는 양고기 구이를 먹고 있었는데, 마침 우리집 고양이가 그녀의 등 뒤에서 끊임없이 주방 싱크대 위로 뛰어오르고 있었다. 나는 그녀가 뒤를 돌아볼까 봐 전전긍긍하며 겨우 밥을 먹은 적이 있다. 어떤 것은 말하지 않는 게 상책이다.

음식 선택

1유형은 "올바른" 음식과 "잘못된" 음식에 대한 많은 정보를 가지고 있는 경우가 많다. 문제는 방송, 유튜브, 제조업체, 언론, 음식 판매자들이 음식의 좋은 점과 나쁜 점에 대해 거의 매일 새로운 주장을 쏟아내고 있다는 것이다.

1유형들은 그들이 원하는 것보다는 "올바른 것"을 선택하려 한다. "버섯 소스를 곁들인 햄버거가 먹고 싶지만, 건강에 좋은 호박을 주재료로 한 렌틸콩 버거를 먹을래. 나는 좋은 것을 선택하기로 한 나의 결정에 자부심을 느껴". 이런 선택은 결국 음식을 즐기는 것이 아니라, "나쁜" 음식이 아닌 "좋은" 음식 선택을 즐기는 것이다. 1유형은 맛이 없어도 건강에 좋은 음식을 즐긴다. 왜냐하면 1유형에게 먹는 즐거움은 감각적인 것이 아니라 정신적인 것이기 때문이다.

1유형의 입장에서 맛없는 음식을 선택하는 것은 자신을 벌주는 것이기도 하지만, 동시에 자신들이 본능적인 욕구를 참을 수 있다는 증거이기도 하다. 이것은 음식을 선택하는 행동이면서 동시에 도덕적 선택이라는 점에서 1유형에게는 중요하다. 방목해서 키운 육류, 유기농 농산물, 국내산 식품, 그리고 자연친화적 경작법으로 생산한 채소 등은 1유형의 음식 선택에 강한 영향을 미칠 것이다.

채식주의자가 되면 동물 학대, 탄소 배출, 삼림 벌채 등 육류 섭취와 관련된 어떤 죄책감을 가지지 않아도 된다는 점에서 정신적으로나 신체적으로 완벽해질 수 있다고 생각한다. 그래도 고기를 먹을 때보다 콩을 먹을 때 불가피한 내적 갈등이 일어난다. 미국에서는 대부분 유전자 조작된 비유기농 콩(옥수수)이 재배되기 때문이다. 따라서 '유기농'이나 '비 GMO'라는 라벨의 음식에 강박적으로 집착한다 *(고기와 콩 중에서 과연 무엇을 선택해야 옳은가?)*.

그들은 자신의 몸이 필요로 하는 것에 대해 의심하기 때문에 어떤 음식이 먹고 싶어도 그 음식 자체가 주는 즐거움을 믿지 않으려 한다.

식재료를 쇼핑할 때 건강하지 못한 것들을 사게 될까 봐 쇼핑리스트를 작성해서 간다. 일주일 동안의 식단표를 미리 짜서 장을 보는 것이 일반적이다. 그들은 절약하는 편이라 비록 계획된 식단을 만들기 위해 필요한 것이라 해도 너무 비싸면 사지 않으려 한다. 그들은 같은 브랜드나 품목을 고수하는 경향이 있다. 계산대에 서 있는 1유형들은 다른 사람들이 자신의 카트를 보고 자신을 평가하고 있다고 느낄 수도 있고, 자신들이 다른 사람들의 카트의 내용물을 평가할 수도 있다 *(사탕, 초콜릿, 냉동 파이? 아이구! 저 사람들은 언제 건강에 좋은 것을 알게 되려나?)*.

'틀림'과 '옳음'에 대한 엄격한 정의는 '1유형들이 먹기를 선택한 음식'에도 적용된다. 어떤 식이요법, 어떤 종교, 혹은 어떤 음식 전문가를 따르느냐에 따라 1유형들은 쉽게 특정 음식과 음료를 "나쁘다"고 제쳐두는 덫에 빠질 수 있다. 나는 그들의 건강이 나빠질수록 그들이 먹는 음식이 점점 더 기괴해진다는 것을 알고 있다. 그들은 맛있고 좋은 음식들을 피하는 것에서 즐거움을 느낄 것이고 그렇게 함으로써 스스로에게 만족할 것이다.

당신이 볼 수 없는 것

모든 1유형 안에는 자유와 탈출, 재미와 향락을 추구하는 7유형(맛집을 탐방하는 미식가 또는 안목 있는 외식가)이 있다. 덜 건강한 1유형은 더 감정적이 되고, 더 가혹하게 자신을 판단함으로써 7유형의 건강하지 못한 성향이 더 많이 나타날 수 있다. 그래서 1유형들이 특히 휴일에 심하게 풀어지거나 터무니없는 행동을 할 수 있다. 은밀하게 혼자 과음을 하거나, 하룻밤의 방탕함을 즐기는 것은 덜 건강한 1유형이 내면의 긴장을 완화하는 방법이 될 수 있다. 직장 생활과 가정생활 모두 모범적이었던 한 친구가 생각난다. 그의 아내는 그와 전혀 달랐는데 그는 그녀의 방탕한 행동을 참을성과 냉정함으로 참아 넘기곤 했다. 그러던 어느 날 밤, 집에서 멀리 떨어진 다른 곳에 나와 갑자기 아무렇게나 옷을 벗어 던지고 광란의 춤을 추었다. 20대가 이런 행동을 했다면 맥주가 과했다고 이해할 수 있지만, 그가 이렇게 행동한다는 것은 놀라운 일이었다. 그가 완전히 다른 사람이 되었거나, 아니면 우리가 지금까지 살펴본 대로 옳고 좋은 행동을 해야 한다는 압박감이 극에 도달해 폭발한 것일 수 있다.

1유형의 내면적 욕망은 술을 거절하거나 더블 초콜릿의 기쁨을 거부하고 싶지 않다는 것이다. 사실 1유형들은 파티에 가면 와인, 보드카, 제공되는 모든 칵테일을 맛보고, 더블 치즈버거와 감자튀김 등 억압된 내면이 원하는 것은 무엇이든 먹어보고 싶어 한다. 그러나 현실 속의 대부분의 1유형은 그들의 내면이 원하는 것에 접근하지 않으려 할 뿐 아니라 인정도 하지 않으려 한다.

조앤 해리스(Joanne Harris)의 책 "초콜릿"에 나오는 경건한 인물인 "르 콩프테 폴 드 레이노"를 기억하는가? 그는 비엔(Vianne)이 만든 부활절 초콜릿의 특별한 맛이 사람들이 가지고 있는 신에 대한 믿음을 무너뜨릴 것이라고 생각하고, 그녀가 만든 부활절 케이크를 망치려고 제과점에 몰래 들어간다. 그런 그가 그야말로 "실수로" 입술에 떨어진 초콜릿 한 조각을 맛본 후 그 맛에 빠져 초콜릿을 게걸스럽게 모두 먹게 된다. 그런 뒤 그는 수치스러움과 동시에 기쁨의 눈물을 흘리며 무너진다. 이것은 성자가 내면의 죄인에게 희생되는 고전적인 예이다.

단순히 음식만이 아니라, 불법적인 성관계, 마약, 절도, 사기, 술, 또는 그 밖의 도덕적으로 나쁜 행동들 역시 1유형을 몰락시킬 수 있다는 점을 분명히 알아야 한다.

자신의 몸을 보는 관점

완벽함을 추구하는 1유형들은 무슨 수를 써서라도 자신의 몸을 완벽하게 보이고 싶어 한다. 이를 위해서 어떤 1유형들은 "내 몸은 내 신전"이라고 여기면서 신성하게 대할 수도 있고, 어떤 1유형들은 탄탄한 몸매를 유지하려 노력하고, 셀룰라이트 없는 날씬한 몸매를 유지하려 하기도 하고, 때에 따라서는 음식에 대한 종교적인 믿음을 엄격하게 고수할 수도 있다.

덜 통합적인 1유형들은 육체는 기본적으로 충동과 욕망을 품고 있기 때문에 훈련을 통해 평정되어야 한다고 믿는다. 육체는 억누를 필요가 있는 적(敵)으로 간주한다. 1유형이 원하는 건강/체질을 얻기 위해서는 고통이 있어야 한다. 그것은 "육신의 죄들"에 대한 구약의 복음주의적인 관점이다. 만약 1유형이 그들의 몸을 극도로 불완전하다고 본다면, 그들은 "불완전한" 모습이 노출되는 수영장이나 체육관을 피할 수 있다.

1유형은 그들의 모습에 대한 다른 사람의 비판이 필요하지 않다. 그들은 자신을 잘 알고 있다. 너무 뚱뚱하다. 너무 말랐다. 가슴이 너무 작거나 크거나 처졌다. 엉덩이가 너무 크다. 허벅지가 너무 얇다.... 등등. 어떻게든 자신의 부족함을 발견해 자신의 몸을 가혹하게 평가한다. 그들은 다른 사람의 몸이나 먹는 것에 대해서도 비판할 수 있지만, 일반적으로 자신에 대해 훨씬 더 비판적이다.

이쯤에서 1유형과 관계된 본능 유형들을 다룰 필요가 있다. 자기보존 하위유형들은 자신에게 완벽을 요구하고, 사회적인 하위유형들은 자신이 다른 사람의 롤모델이 되려 하며, 성적 하위유형들은 완벽주의에 대한 열정을 타인에게(역공포증) 집중시켜 다른 사람들을 완벽하게 만들고 싶어한다. 그들은 자신의 나쁜 식습관, 과체중 또는 운동 부족을 의식하지 않으면서도 다른 사람들의 실패는 찾아 파고든다[13]. 그렇게 되면 당연히 그들은 과체중이 될 수 있는데, 그것을 인정하려 하지 않는다.

중독

1유형은 보통 스스로를 잘 조절하고, 옳지 않은 일을 하고 싶어 하지 않기 때문에 지나친 방종에 빠지는 경우는 흔하지 않다. 그들은 분별력이 있고 절제력이 있다. 그러나 예외도 있다. 술 한 방울도 마시지 않는 것에 자부심을 느끼는 1유형을 만난 적이 있다. 그러나 자신이 과체중을 유발하는 좋지 않은 음식에 중독되어 있다는 것은 잊은 듯 했다.

1유형이 분열될 때, 그들은 쾌락주의적인 방향으로 흘러 폭음을 하거나, 병적으로 다이어트를 반복하거나, 다이어트 약에 중독될 수 있다[14]. 그들은 체중 감량에 대한 강박관념에 사로잡혀 온갖 약이나 처방을 할 수 있다.

---

13) Beatrice Chestnut. The Complete Enneagram. (She Writes Press, 2013), p. 403.
14) Don Richard Riso and Russ Hudson. The Wisdom of the Enneagrams. (Bantam Books, 1999), P. 351.

그럼에도 그들은 자신의 중독을 부정한다. 금주해야 할 사람이 알코올 성분이 든 감기약을 습관적으로 마신다고 상상해 보라. 내가 만난 어떤 여자도 알코올로 만든 치료 약을 중독적으로 먹다가 일찍 사망한 경우가 있다. '좋은' 것과 '옳은 일'을 한다는 긴장감을 풀기 위해 스포츠나 술을 선택할 수도 있다.

알코올 중독자 프로그램에 참가한다면 1유형들은 정해진 규칙을 오히려 편하게 느낄 것이다. 그러면서 자신처럼 규칙을 잘 지키지 않는 다른 사람들에게 짜증을 낼지도 모른다. 그들이 진정한 치유를 위한 내면의 감정적 치유를 하지 않는 한 화가 잔뜩 난 채로 독선적인 방법을 개발할 수도 있다. 이것은 삶을 즐기지 못하고 삶의 재미를 느끼지 못하는 방법이다. 이러한 경직성으로 인해 결국 중독의 문을 다시 열수 있다.

어린 시절

1유형들은 어린 시절에 원하는 것을 희생하고 착하고 옳은 일을 해야 칭찬 스티커를 받을 수 있다는 것을 배웠다. 그들은 생일 파티에서 사탕과 초콜릿 케이크 대신 과일을 먹는 어린이다. 과일을 좋아한다기보다 그렇게 해야 부모에게 칭찬받는다는 것을 알기 때문이다.

어렸을 때 이들은 착한 어린이가 아니라든지, 어떤 면에서 완벽하지 못하다는 메시지를 직간접적으로 들으며 자랐을지 모른다. 특히 생리적 필요에 의한 것들에서 그렇다. 아마도 유아나 아동기의 자연스런 욕구를 죄악이라고 판단하는 엄격한 종교적인 부모의 양육 태도가 영향을 미쳤을 수 있다. 부모가 지나치게 엄격하게 보호했거나 반대로 보호와 지지가 부족했을 수 있다. 그래서 이들은 아동기의 경험보다 더 엄격한 자신만의 원칙을 만들어서 적용한다[15]. 어떤 1유형은 어린 시절 규칙을 제대로 익히지 못했기 때문에

---

15) Riso, Hudson. The Wisdom of the Enneagrams(Bantam Books, 1999), p. 101.

이에 대한 보상으로 원칙이나 일정한 규칙을 만들려 하기도 한다.

만약 그들이 자랄 때 지속적으로 받은 메시지가 술을 마시는 것이 나쁘다는 것이었다면, 1유형은 심지어 비난의 여지를 아예 없애기 위해 술을 전혀 마시지 않겠다고 작정하기도 한다. 만약 집안 분위기가 고기를 덜 먹는 것이었다면, 채식주의자가 되는 것은 그들의 개인적 판단 순위의 상위에 놓일 것이다. 그러면서 그들은 주변 사람들의 식습관을 "개선해야 한다"라고 느낄지도 모른다(바비큐 파티에서 고결한 척하며 야채만 먹는 사람을 떠올려 보라!).

다이어트 방법

예외가 있을 수 있지만 1유형이 과체중일 가능성은 거의 없다. 그래서 겉으로 보기에는 그들이 건강해 보일지 모르지만, 잘 들여다보면 건강하지 않은 식습관을 가지고 있을 가능성이 있다.

1유형들이 감량하는 방식은 규칙과 규율을 사용하는 것이다. 음식의 정확한 계량, 체중 측정, 그리고 엄격한 다이어트 프로그램과 같은 것을 선호한다. 훈련과 결단이 그들의 강점이다. 제 때 꾸준히 먹어야 하는 다이어트 약도 매력적인 선택이다.

금식 또는 해독요법도 훈련의 범주에 넣을 수 있다. 1유형들은 자신의 욕망을 절제하는 것에 자부심을 느끼기 때문에 케이크를 참고 먹지 않는 자신한테 기분이 좋아진다. 그들은 살을 빼는 것이 중요한 것이 아니라 보상이 중요하다. 그들은 자신의 자제력을 자랑스러워하고 다른 사람들의 자제력 부족을 이해할 수 없어 한다. 이것은 1유형에게 금식이 왜 자기 정화와 금욕에 대한 궁극적인 보상이 되는지 알 수 있게 한다.

정신적으로 건강한 수준일 때 금식은 다른 유형에서와 마찬가지로 몸을 깨끗이 하고 활력을 불어넣기 위한 영적 수행이 될 수 있다. 그러나 스트레스 상태에서의 단식이나 원 푸드 다이어트 등은 실패했다고 느끼는 순간 자신에 대해 가혹한 벌과 통제를 가하려 한다. 커피에 설탕 반 스푼을 넣는 것과 같은 사소한 방종조차도 공황 상태, 통제 불능의 느낌, 지속적인 자기비판을 유발할 수 있으며 이런 것들이 자존감을 갉아 먹는 원인이 된다.

1유형들은 더 나은 사람이 되기 위해서는 어쩔 수 없다고 믿고 형편없거나 단조로운 식사를 하려 한다. 엄격한 식단을 지키려고 애쓰기 때문에 먹는 즐거움은 불안의 근원이 된다. 이것은 남이 보는 데서는 매우 건강하게 먹고 혼자 있을 때는 심하게 폭식을 하는 결과를 초래할 수 있다. 이런 후에 엄청난 자기 비난과 후회를 하고, 더 엄격한 제약을 가하고, 이는 또다시 파괴적인 식사와 긴장감 유지라는 악순환의 고리가 된다.

1유형들은 먹는 것은 세계 어디서나 다 다르고 올바른 식습관에 대한 관점도 다 다르다는 것을 알고 자신들의 방법만이 유일하다는 생각을 버려야 한다. 이것을 이해하게 되면 자신의 식단에 여유가 필요하다는 것을 알게 된다. 그들은 80/20 원칙 즉, 80%는 자신의 계획적인 식단에 따르고, 20%는 자기검열 없이 편하게 식사하기를 권한다. 이것이 1유형이 건강을 유지하는 접근 방식이 될 것이다.

만약 1유형이 이런 여유를 통해 그들이 원하는 완벽함에 더 가까이 갈 수 있다는 것을 이해하기만 한다면, 아무리 어려워도 식생활을 바꾸려 할 것이다.

그래서 만약 당신이 1유형을 돌보는 영양사, 의사, 치료사 혹은 배우자라면 아래 사항들을 알아두는 것이 좋다. 어떤 유형이든 누군가가 무의식 속에 있는 자신의 약점을 건드렸다고 느꼈을 때 자아는 저항하고 방어기제로 상대방을 멀리하게 된다. 이런 것을 잘 모르면 별 생각 없이 한 행동이 당신의 환자나 배우자를 더 이상 도울 수 없게 한다.

1유형들은 완벽함에 대한 갈망으로 타인의 비판을 받아들이려 하지 않는다[16]. 완벽주의에 대한 강한 집착 때문에 본인의 잘못으로 생긴 일들을 감추려 하고, 문제가 발생했을 때 문제는 문제일 뿐 자신의 잘못이 아니라고 장황하게 설명하거나 주장하면서 문제

---

16) Sandra Maitri. The Spiritual Dimension of the Enneagram. (Penguin Putnam Inc., 2001), P. 117.

를 피하려 하다가 더 큰 문제에 부딪힌다. 만약 당신이 1유형을 치료하는 사람일 때 그들의 장황한 이야기나 변명을 곧이곧대로 듣고 잘못 빠져들면 제대로 된 치료가 어려울 수 있다[17].

운동

1유형들이 일정한 운동 루틴을 엄격하게 지킨다는 것은 놀라운 일도 아니다. 만약 그러한 규칙적인 일상이 깨지고 자기 질책이 시작되면, 그들은 순식간에 영웅에서 무기력자로 변해 "모든 것을 정해진 규칙대로 할 수 없다면, 차라리 아무것도 하지 않을 것이다."라고 생각할 수 있다. 1유형들은 규율과 규칙을 즐기기 때문에 운동이나 훈련을 개인 트레이너나 강사와 함께 정기적으로 하려 한다. 그러면서도 다른 사람들의 충고나 지도를 비판으로 생각해서 잘 받아들이지 않으려 한다.

1유형들은 운동을 "고통이 없으면 얻는 것도 없다."라는 생각으로 접근하기 때문에 운동에서 재미를 느끼기는 어렵다. 사실 그들은 운동을 하찮은 것으로 여겨 더 "진지한" 것을 찾으려 하면서 운동을 피할 수도 있다. 운동을 목표 달성의 수단으로 여기는데, 종종 비현실적으로 높은 목표를 설정하고는 제대로 달성하지 못했다고 자책한다.

결론적으로 어떤 1유형이든 사람들과 상호작용하는 비정형적 운동은 주의가 산만해서 좋아하지 않고 규칙적이고 반복적인 것을 선호한다. 식습관과 마찬가지로 운동은 단조롭거나 반복적이거나 심지어 고통스러운 것들을 선택한다는 의미다. 예를 들어 요가는 개인적인 상호작용이 거의 없고, 개인 수련이나 반복적인 활동, 그리고 개인이 완벽해 지는 것을 목표로 하기때문에 1유형에게 인기가 있다. 그러나 만약 강사가 허용된 루틴에서 벗

---

17) Keys to facilitating Enneagram Transformations for coaches, therapists, and change agents-lecture by Ben Saltzman from the 2017 Enneagram Summit Global Lectures.

어나면 1유형들은 짜증을 내며 싫어한다("이 강사는 요가를 제대로 가르치지 않네!").

팀 스포츠에서 그들은 다른 팀원들을 점검하고 확인하는 사람일 가능성이 있다. 그들은 자신이 팀을 저하시켰다고 생각이 들면 당황한다. 그리고는 제대로 하지 못했다고 생각하는 다른 사람들에게도 똑같이 가혹하게 굴 수 있다. 결과적으로 그들은 마라톤이나 수영같이 다른 사람에게 피해를 주지도 않고 다른 사람이 나에게 피해를 주지도 않는 혼자 하는 운동을 더 좋아하는 경향이 있다.

그들은 자신이 자신의 기대에 부응하지 못했다고 생각이 들면 매우 힘들어 한다. 1유형인 마이크는 나에게 이런 말을 했다. "체육관에 가겠다고 말하고 안 가면 온종일 걱정이 돼요."

1유형들은 자신에 대한 이상주의적 욕망을 가질 수 있는데, 스포츠에서는 어떤 식으로든 자신의 흔적을 남기고 싶은 욕망으로 나타날 수 있다. 다른 사람들이 우러러보는 스포츠맨이 되는 것, 그렇게 됨으로써 다른 사람들을 개혁하고, 영감을 주고, 향상할 수 있도록 도움을 주려 한다. 정서적/정신적으로 얼마나 건강한지를 나타내는 9수준의 발달 수준(1수준은 가장 건강하며 9수준은 가장 건강하지 않음) 중 3수준에서 사용되는 용어는 '사회적 역할' 수준이다.[18]

이 수준에서의 '1유형'은 교사처럼 군다. 그들은 스포츠나 운동의 좋은 점이나 방법을 자신이 배우는 것은 물론 타인에게도 전파하려 한다. 처음에는 자신의 건강을 위해 배우는 수련생이었다가, 건강을 찾게 되면 그 방법을 다른 사람들에게 알려주고 싶어 요가 강사가 된 사람들을 생각해 보라. 1유형은 규칙적이어서 정해진 운동시간을 딱딱 맞출 수 있다. 그들은 운동을 '즐기는 것'이라기보다 '해야 하는' 것으로 받아들인다. "대단해, 드디어 내가 자전거를 탈 수 있군." 그들은 자신을 강하게 밀어붙이면서 약해지는 것을 허용하지 않는다.

---

18) Riso, Hudson. Understanding the Enneagram. p. 157.

식사와 마찬가지로, 80%는 운동루틴을 고수하고 20%의 휴식이나 한가한 시간을 갖는 것이 건강한 선택이 될 것이다. 선택한 운동에 여유를 더하면 더 많은 즐거움을 누릴 수 있다.

영감을 주는 방법

1유형들에게 건강을 유지하는 중요한 열쇠는 다이어트나 운동을 규칙적으로 하는 것이다. 그렇게 하지 않으면 점점 나쁜 습관으로 빠져들게 된다. 그렇다면 어떻게 자신에게 동기 부여를 할 것인가? 간단하다. 자신이 무엇을 위해 노력하는지를 알면 된다. 대부분의 1유형은 세상을 바꾸고 싶어 하고, 더 나은 곳으로 만들고 싶어 한다. 1유형들은 만약 자신의 행동이 다른 사람들에게 영감을 줄 수 있다면 성취감을 느낄 것이다. 자신의 식생활과 운동습관이 변화한다면 더 완전해지고 더 나아질 수 있다는 것을 깨달아라. 그리고 사람들의 롤모델이 되어 더 나은 세상을 만드는 데 기여할 수 있다는 것을 기억하라. 당신은 자신이 말한 대로 실천하는 사람이다. 만약 동기를 잃었다면, 이런 생각들을 되살리면서, 무엇이 자신을 위해 옳은 일인지를 천천히 음미하라.

건강 수준

▶ 건강한 수준

1유형인 우리 아버지는 90대까지 사셨고 항상 깔끔했고 건강하셨다. 그는 평생 건강한 식생활을 하셨고 규칙적으로 수영을 했다. 90세가 넘었을 때도 수영을 하기 위해 아침 6시에 일어나셨다. 나는 지금도 아침마다 우리와 함께 수영하기 위해 기다리고 계시던 아버지를 기억한다.

그는 또한 이러한 원칙을 음식 선택에도 적용했다. 그는 가끔 맛있는 케이크 한 조각과 포도주 한두 잔을 즐기셨지만, 나는 아버지가 음식이나 술을 탐닉하는 것을 본 적이 없다. 그는 왜 다른 사람들이 그렇게 과식을 하고 인스턴트 음식을 즐기는지 이해하지 못했다. 사실 나는 그가 평생 패스트푸드를 먹지 않았을 거라고 단언한다. 아마도 그런 것들은 그에게 별로 끌리는 음식도 아니고 자신을 드러내기에 적절한 음식도 아니었을 것이다.

건강한 1유형은 자신과 다른 사람에게 훨씬 덜 비판적이다. 그들에게는 고귀함과 순수함이 있다. 그들은 진심을 다해 옳은 일을 하려 한다. 함께 달리다 넘어진 다른 경쟁자를 위해 경기를 중단하는 운동선수를 생각해 보라. 언젠가 카이트 보딩 대회에서 경기를 준비하고 있던 1유형의 선수가 보드가 바다에 떠내려간 경쟁자에게 자신의 여분의 보드를 빌려주는 것을 본 적이 있다. 그들은 스포츠맨 정신을 보여주고, 고귀하고 흠잡을 데 없는 태도를 보인다. 그들은 다른 사람에 대한 가혹한 비판이 사실상 자신의 억압된 욕망을 진정시키려는 것임을 안다. 칼 융(C. G. Jung)이 이런 기제를 '기억, 꿈, 회상(Memories, Dreams, Reflections)'에서 간결하게 표현했다.

> "내 안에 있는 사람이 만약 거지 중에 가장 가난한 거지,
> 범죄자 중에 최악의 범죄자이며,
> 친절과 사랑을 베풀어야 하는 사람이라면?
> 그것이 바로 나 자신이라는 것을 깨달았다면 그런 다음엔 어쩌지?"

건강한 1유형은 자기-비판 없이도 삶을 즐기고 즐겁게 지낼 수 있다.

▶ 보통 수준

1유형들이 정서적으로 건강하지 않게 되면 자기 자신이나 다른 사람들의 식습관에 대한 비판은 더욱 심해진다. 또 먹는 것에 대해서도 점점 더 까탈스러워진다. 그들의 식생활에 관한 도덕적 우월성은 물론 일시적으로 유행하는 식습관을 보일 수도 있다. 함께 자신들의 식단이 영적 깨달음을 준다고 믿고 채식을 하지 않는 사람들을 경멸의 눈으로 바라보는 채식주의자와 함께 식사한 적이 있는가?

언젠가 존경받는 구루가 서구의 추종자들을 방문하여 가르쳤을 때 일어난 에피소드를 들은 적이 있다. 추종자들은 모두 철저한 채식주의자였는데 그들이 구루에게 가르침을 받고 있을 때 양고기 삶는 냄새가 사원을 뒤덮었다. 농작물이 거의 자라지 않는 히말라야 산맥에서 자란 구루의 주식은 양고기였다. 그럼에도 구루가 채식을 하지 않고 양고기를 먹는다는 이유로 그의 훌륭한 가르침은 먹히지 않았다.

채식주의가 건강한 삶의 방식이 아니라는 것은 아니다. 단지 1유형들이 채식주의에 덧씌운 도덕적 우월감 혹은 몇 가지 특별한 식습관 때문에 오히려 열린 마음으로 식생활을 유지하는 다른 사람들과 문제를 일으킬 수 있다는 점을 지적한 것이다. 앞에서 말했듯이 1유형들은 분열되면서 강박적으로 음식을 "좋은" 또는 "나쁜"이라는 범주로 나누어 자신의 식생활에 적용하고 이에 따르는 높은 도덕적 기준을 즐긴다. 심지어 어떤 사람이 작은 초콜릿 하나를 들고 있는 것을 보고 한심하다는 듯 한숨 쉬는 1유형을 본 적이 있다.

건강하게 먹으려고 노력하는 1유형들은 자신이 먹고 있는 싱거운 음식이 지방이나 칼로리 덩어리일 수도 있다는 것을 간과한다. 예를 들면 설탕을 넣은 홍차보다는 생강차가 건강한 선택이라고 생각하지만, 실제로는 생강차는 설탕보다 칼로리가 더높은 꿀로 달인 것이라는 사실을 깨닫지 못하는 경우다.

1유형들이 정서적으로 덜 건강해짐에 따라 음식뿐만 아니라 일상생활에서도 옳고 그름을 더 광적으로 따지기 시작한다. 1유형의 동료, 친구, 가족들은 먹거나 마시는 것에 대해 1유형에게 자주 잔소리를 듣게 된다.

▶ 불건강한 수준

1유형들이 분열됨에 따라 채식을 더 고집하고 다른 사람에 대해 더욱더 호전적으로 변한다. 이들은 자신의 식습관이 건강을 지키는 가장 좋은 방식이라고 믿고 다른 사람들의 식습관을 비판하고 광적으로 집착한다. 그들이 생각할 때 잘못된 방식으로 먹고 있다고 생각되는 사람들은 누구나 혹평을 받게 될 것이다.

1유형은 완벽을 사랑하고 완벽함에 맞지 않는 것은 받아들이려 하지 않는다. 만약 그들이 채식주의자가 되는 것이 옳고 적절한 일이라고 결정한다면, 스테이크를 행복하게 먹는 파트너, 동료, 친구 누구든지 1유형의 비판을 면하기 어렵다. 만약 다른 사람들이 이런 비판을 받아들이지 않는다면 결국 이러한 좌절과 원망은 분노로 이어질 수 있다.

맛있게 빵을 먹고 있는데 "나는 네가 설탕하고 흰 밀가루를 안 먹으려고 노력하는 줄 알았는데 아니네!"하고 딱 잘라 말하는 것만큼 짜증나는 일은 없다. 1유형 자신은 그것을 건설적인 비판이라고 생각하지만, 당하는 사람은 즐거움을 망치고 상처주려고 하는 행동이라고 생각할 수 있다.

나는 "즐거움=죄"라는 1유형의 생각을 대변하는 '죄스러운 아이스크림(Sinnful Icecream)'이라는 상호의 아이스크림 가게를 기억한다. 1유형들은 이러한 먹는 기쁨에 굴복하면 그들의 본능적 또는 동물적 본성이 자신을 지배할까 봐 두려워한다.

아내와 성관계를 통한 성적 욕구 충족은 도덕적으로 온당치 않다고 거부하면서 포르노 잡지는 읽는 스웨덴 영화 '천국에 있는 것처럼'의 스티그 장관을 기억하는가?

1유형이 분열되거나 건강하지 않게 되면서 발생하는 음식 선택의 경직성을 생각하면 왜 그렇게 많은 거식증 환자가 1유형인지 이해할 수 있다. 이것은 식습관 관련 질병으로 고통 받거나 거식증을 앓는 모든 사람이 1유형이라는 것을 의미하지는 않지만 그런 경향성은 다분하다.

거식증 환자들은 완벽한 몸매를 추구하면서 자신은 식욕이나 음식(야채를 깨작이며 먹는 모델처럼)에는 관심이 없다고 스스로 최면을 걸거나, 체중을 줄이기 위해서는 먹은 음식을 모두 토해낼 필요가 있다고 믿는다(폭식 후 구토). 거식증을 앓는 사람들은 식욕이 없어서가 아니라 오히려 살이 찌는 것에 대한 비이성적인 두려움 때문에 음식 섭취를 거부한다.

1유형의 성격을 생각해 보면 거식증을 앓고 있는 사람들은 완벽주의자일 가능성이 많다. 자신이 정한 목표(음식만이 아닌, 그리고 비현실적인)를 이루지 못했을 때, 그들은 자신들의 통제력 부족을 자책하면서 반대급부로 통제 가능한 것을 찾게 되는데 이것이 체중조절과 음식 거부다.

1유형이 흑백을 가르려 하지 않고 타인을 판단하지 않으려 하면, 그들은 자신이 하는 '이상한 탐닉'을 비난하지 않고 허용할 수 있다. 식사와 음주를 적절히 절제하는 것(욕심이 적을수록 너는 더 좋아진다.)은 권장할 만하지만, 지나친 과식만 아니라면 맛있는 음식이 주는 기쁨도 감사할 일이다.

요약

건강하고 현명한 1유형들은 사람들의 선함을 있는 그대로 보고 세상을 고귀하게 만든다. 그리고 그들은 자신의 몸을 '잘못된 것'("육체의 죄"라는 생각) '교정이나 벌이 필요한 것'이라는 생각을 날려버리고 육체에서 오는 기쁨을 경험하고 즐긴다.

1유형들은 자신을 포함한 주변의 모든 사람들을 완벽하게 만들어야 한다는 생각에서 벗어나야 한다. 그리고 신성한 완전함을 넘어서는 존재 자체에 대한 수용이 필요하다.

최고급 와인을 음미하고, 맛있는 스테이크나 갓 구워진 버터 크루아상의 즐거움에 빠져들어도 된다. 가끔 즐기는 것은 건강에 해가 되지 않을 뿐만 아니라 삶에 정신적 여유를 준다. 즐거움은 완벽함에서 나오는 것이 아니라 있는 그대로를 받아들이는 데서 나온다. 즐거운 일들과 감각적인 경험에 가치를 둘 필요가 있다. 다른 사람들의 음식에 대한 관점을 비판하거나 고치려 들지 말고 그들의 선택을 또 다른 대안으로 받아들이고 흥미를 가져라.

  1유형들은 자신이나 다른 누구도 판단하려 하지 않고, 삶에 대해 진실로 공정한 견해를 가지고 있다. 이것이 그들이 추구하는 진정한 완전함이다.

◈ 2유형 조력가 ◈

제멋대로 폭식가 또는 겸손한 조력가

주요 사항

2유형은 친밀해지고 싶은 마음을 음식으로 대체한다. 먹는 것은 마음을 채우는 방법이다. 보살핌을 받지 못한다는 불편한 감정을 해소하기 위해 음식을 먹기 때문에 쓰디쓴 인생을 대신할 달콤한 음식에 대한 욕구가 생긴다.

2유형의 개요

조력가[19] 또는 베푸는 사람이라는 용어는 2유형의 따뜻한 성격을 정확하게 묘사한다. 그럼에도 2유형은 자신의 욕구를 드러낼 필요가 있다. 지나치게 도움을 주려 하고, 사랑을 베풀려 함으로써 다른 사람들을 의존적으로 만든다. 따라서 그들은 모든 에니어그램 유형 중에서 가장 관계 지향적이다.

2유형들은 '선물을 크게 한다, 깜짝 놀랄만한 이벤트를 해 준다, 친절하다'는 평가를 자주 듣는다. 그들은 다른 사람들의 생일을 기억했다가 카드를 보내준다. 당신이 가장 좋아하는 요리를 기억했다가 만들어 주고, 당신이 방문할 때 현관 앞에 기다리고 있다가 맞아주는 사람이다. 어르신 봉사나 학교 축제 바자회를 위해 자진해서 운전하겠다고 누

---

[19] 이 명칭은 The Enneagram Institute의 웹사이트(www.enneagraminstitute.com)와 리소와 허드슨의 여러 저서에서 기술되었다.

가 나설까? 바로 2유형이다. 그들의 베푸는 능력은 끝이 없어 보인다.

　2유형이 정신적으로 건강할 때는 자신과 타인을 진심으로 정성스럽게 돌보는 전형적인 모성애를 보인다. 이타적이고 조건 없는 사랑으로 세상을 더 행복하고 편안한 곳으로 만들기 위해 노력한다. 건강할 때 그들은 아무것도 바라지 않고 베푼다. 그들은 겸손하고 따뜻하고 남을 돌보려는 본성을 편안한 마음으로 제공한다. 그들은 타인을 깊이 동정하고, 감정적으로 따뜻하고, 다른 사람의 잘못을 용서한다. 건강한 2유형은 존재만으로도 치유를 준다. 사랑받을 가치가 없다는 생각을 지우기 위해 자신을 북돋을 필요가 없다. 그들은 일반적으로 다른 사람들의 요구를 잘 맞추어 주며 어떤 일이든 훌륭하게 주도하는 사람들이다. 게다가 다정하고 사랑스러워서 다른 사람을 위해 사심 없이 일할 수 있다.

　2유형을 이해하려면 캐롤 킹(Carole King)의 히트곡 "당신에겐 친구가 있어요(You've Got a Friend)"를 생각해 보라. 2유형들은 도움이 필요한 사람들을 도와줄 수 있다는 것에 자부심을 느낀다.

　그러나 건강 상태가 보통 수준과 불건강한 수준일 경우 그들의 친절함이나 관대함 뒤에 숨겨진 동기를 가지고 있다(대체로 자신도 인식하지 못한다.). 그들은 다른 사람과 친해지고, 사랑받기 위해서는 다른 사람을 위해 무언가를 해주어야 한다고 믿는다. 그들이 그토록 중요하게 생각하는 인간관계를 위해서라면 아첨하고, 비위를 맞추고, 유혹하고, 감언이설로 속이고 때에 따라서는 사람을 조종하려 한다.

　누군가에게 필요한 사람이 되기를 원하기 때문에 때로 구원자나 순교자처럼 행동하려 한다. 그러면서 그들은 주변 사람들에게 "내가 없으면 살 수 없다."고 할지도 모른다("내가 아니었다면 그 모임은 벌써 깨졌을 거야."). 이로 인해 그들의 열정 때문에 발생하는 교만의 문제에 부딪히게 된다. 참고로 **에니어그램 성격유형에서 말하는 "열정"은 각 유형이 자신의 집착에 갇혀 가지는 맹점을 말하는 것으로, 일반적 의미의 열정**이 아니다.

　2유형에게서 받아들이기 어려운 것 중에 하나는 그들의 친절한 행동 이면에 "무언가를 얻으려는" 것들이 있다는 것이다. 열심히 노력한 결과로 받는 사랑과 감사는 그들에게 매우 중요하다. 만약 그들이 노력했는데도 다른 사람들이 자신에게 감사하지 않는다면 대단히 화를 낼 수 있다. 또 당신이 그들에게 무언가를 준다는 것은 그들을 고민에 빠지게 하는 것이다. "받았으니 어떻게 갚아야 하나?"를 고민한다. "내가 너한테 어떻게 했는데, 결국...." 또는 "그래! 너는 가서 좀 쉬어. 나는 이 일을 해야겠어....."와 같은 말은 건강하지 않은 2유형들이 사용할 수 있는 일반적인 표현이다.

그들이 불건강해짐에 따라 위선적으로 변할 수 있다. 경계가 무시된다. 그들은 헛소문을 퍼트리면서 자신은 진실한 체한다. "당신은 내가 필요해...." 혹은 "나는 사람을 위해 너무 많은 것을 해."처럼. 그들은 점점 더 다른 사람들이 자신을 의존하게 만들려 하고, 타인을 조종하려 하며, 이상한 이야기를 만들어 다른 사람들을 비난하면서도 그들에게 버림받는 것을 두려워한다.

그러나 분열을 벗어날 준비가 된 2유형은 이타적이고 사랑스러운 양육자(자신과 세상 모두)로서의 정당한 역할을 할 수 있다. 관대하고, 사람들을 도우려 하며, 격려하기를 즐기는 그들은 사회에서 중요한 역할을 한다.

직업 선택

자선단체 직원, 교사, 인사담당자, 세일즈맨, 노인이나 장애인 지원 전문가, 전업주부, 전형적인 유대인 어머니[20], 요리사, 구급대원, 또는 서비스업에서 2유형을 많이 발견할 수 있다.

---

20) Chestnut, The Complete Enneagram. p. 351.

식욕 유발 원인

2유형에서 과식을 유발하는 공통적인 요인은 자기 연민, 외로움, 사랑받지 못한다는 감정이다(내가 다른 사람을 위해 이렇게 헌신하는 데, 아무도 나를 사랑하거나 고마워하지 않는다. 어쩌면 난 사랑 받을 자격이 없는지도 몰라. 쵸코 비스켓 한 봉지를 먹고 나면 기분이 좋아질 거야.). 체중이 증가할수록 사랑받을 가치가 없다는 느낌은 더 커져서 자기 위안을 위해 아무거나 먹게 되고 결국 점점 식습관이 나빠진다.

음식에 접근하는 방법

아기가 가장 사랑받고 있다고 느낄 때는 아마도 엄마 품에서 젖을 먹을 때일 것이다. 2유형의 경우, 사랑이 부족할 때 음식으로 사랑을 채우려는 시도는 매우 현실적인 선택이 된다(사랑에 굶주린 = 육체적으로 굶주린). 키스와 식사는 모두 구강기 경험이다. 그래서 사랑받지 못하고 외롭다는 느낌을 떨쳐버리기 위해 폭식(쑤셔 넣기)하는 것은 그들을 괴롭히는 '자신은 가치 없는 사람'이라는 감정을 먹어 치우는 방법이다. 그들에게 먹는 것은 외롭거나 인정받지 못할 때 정서적 위안이 된다. 정서 상태가 악화될 수록에 점점 폭식하게 된다.

"삶이 달콤하지 않을 때 단것을 먹으면 도움이 된다."라는 무의식적 메시지를 가지고 있다. 결과적으로 그들은 일상적으로 초콜릿, 과자, 케이크, 탄수화물(체내에서 당으로 변하는) 등 단것에 끌리게 된다.

외식법

2유형은 관계지향적이기 때문에 기본적으로 밖에서 사람들과 어울리는 것을 좋아한다. 그들은 좋은 인간관계와 먹는 것을 즐기는 사람들이기 때문에 밥을 먹는 것은 자신과 다른 사람을 돌보는 방법이라고 생각하다. 만약 2유형이 사교적이지 않은 내향적인 유형들과 친한 경우 서로 힘들어할 수도 있다.

즐거움을 주는 2유형의 모습은 전형적인 이탈리아 어머니를 상상하면 된다. 그녀가 즐거운 마음으로 준비한 풍성한 음식과 와인을 가족과 친구들에게 유쾌하게 대접하는 것을 생각해 보라. 그들은 식사를 감각적으로 즐긴다.

만약 당신이 2유형을 집으로 초대했다면 식사가 끝난 후 가장 먼저 설거지를 거들거나 식기세척기에 접시를 넣는다. 그들은 훌륭한 손님이다! 그러나 경계선 때문에 갈등을 겪게 된다. 자신이 마치 주인처럼 부엌을 장악하려 하는데 주인의 성격에 따라 다르게 받아들여진다. 어떤 사람은 일거리를 덜어 준다고 고마워할 수도 있지만, 어떤 사람은 침범 당했다고 불쾌하게 생각할 수도 있기 때문이다. 그들이 당신과 밥을 먹을 때 당신 접시의 음식을 맛보려 하거나 혹은 자기 것을 먹어보라고 하는 것은 놀랄 일도 아니다. 이런 행동은 어떤 사람에게는 큰 문제가 아닐 수 있지만, 어떤 사람에게는 매우 짜증나는 일일 수도 있다.

2유형은 공동체를 염두에 두고 있으므로 교회 바자회나 학교 기금 모금 행사 같은 곳에서 케이크를 만들거나, 학교장과 케이크를 나누어 먹으면서 친숙하게(때로는 지나치게) 이야기를 나누는 사람들이다. 2유형은 음식을 나누는 것을 즐기기 때문에 자신의 취향보다는 파트너가 먹고 싶어 하는 음식을 주문해서 나눠 먹으려 한다.

2유형은 웨이터가 자신의 이름을 기억하는 레스토랑에 가고 싶어 하고, 식당 주인과도 금방 친해진다. 그리고 이왕이면 사랑하는 사람들에게 맛있는 음식을 풍성하게 제공할 수 있는 식당에 가고 싶어 한다.

집으로 식사 초대

2유형은 따뜻한 양육자로서 요리하는 것을 즐긴다. 그것은 자신의 사랑과 보살피는 마음을 보여주는 또 다른 방법이다. 2유형의 집에 놀러 가면 언제든 배불리 먹고 나올 수 있다(심지어 남은 음식들을 싸 가지고 올 수도 있다!). 2유형은 맛있는 치즈 케이크를 한 조각 더 먹으라고 권하거나, 고기를 한 점이라도 더 먹이려 한다. 그들은 시시한 음식을 조금 만들지 않는다. 건더기가 푸짐한 스튜, 넉넉한 캐서롤[21], 그리고 "다이어트는 개나 줘버려!"라는 생각이 들게 하는 디저트를 상상하면 된다. 그들은 모든 사람을 환영한다. 한 명 더 데려가도 되냐고 묻는다면 그는 아마 이렇게 답할 것이다. "내가 모르는 사람이어도 상관없어. 그냥 데리고 와. 숟가락 하나만 더 놓으면 되는데 뭘!" 그들은 음식이 모자라서 아쉬운 것보다는 버리더라도 남는 게 낫다고 생각하고 충분한 양을 준비한다.

우리 부모님은 2유형 친구가 있었다. 몸집이 크고 유쾌한 그녀는 항상 달콤한 것들을 손에 들고 있었고, 우리는 그녀의 집에 가는 것을 좋아했다. 사탕이나 과자는 식탁 위의 큰 유리병에 보관되어 있어 우리를 즐겁게 했다. 직장에서도 비슷하기 때문에 동료들은 2유형의 넉넉함을 좋아한다.

2유형은 사교적이고 따뜻해서 주변 사람들을 즐겁게 하는 것은 그들의 따뜻함과 관대함의 자연스러운 표현이다. 그들은 훌륭한 주인/안주인이고, 다른 사람들의 먹는 것에 진심으로 관심을 가진다. 그래서 다음에 이들을 다시 초대한다면 이들의 호불호를 기억했다가 그것을 만들어 먹이려 할 것이다.

그들의 집은 대체로 다양한 사람들의 모임 장소로 제공되는데, 집은 2유형의 너그럽고 양육적인 천성을 즐길 수 있는 장소가 된다. 1유형의 집처럼 깔끔하지는 않지만 2유형들은 그들의 집을 따뜻한 사랑을 보여주는 곳으로 생각한다. 맛있는 빵 굽는 냄새, 사랑스러운 애완동물, 직접 만든 공예품, 손님들이 좋아하는 와인을 가득 따라 주는 것들은 2유

---

21) 오븐에 넣어서 천천히 익혀 만드는 한국 음식의 찌개나 찜 비슷한 요리

형이 사람들을 보살피는 방법을 보여주는 것이다. 많은 2유형들은 음식을 준비하고 나누는 것을 사랑의 표현으로 여긴다. 그들은 친절을 베풀기 위해 지나칠 정도로 애를 쓴다.

2유형이 음식을 준비할 때 "맛보기"에 대한 유혹이 커서 이것이 체중 감량을 방해할 수 있다. 그들은 자신이 먹고 싶은 것을 만드는 것보다 남편이나 다른 사람들이 즐기는 것을 준비하는 것이 더 중요하다. 배우자(파트너)나 주변 사람들이 고칼로리 음식에 대한 제한이 없다면 2유형들의 다이어트는 험난하다. 2유형은 자신을 위해 건강하게 먹기보다 다른 사람이 잘 먹는 것에 더 많은 에너지를 투자한다(물론 배우자가 건강한 식단을 좋아한다면 2유형도 건강해질 것이다.).

1유형의 날개를 가진 2유형은 전통적인 해석으로 봉사자로 알려져 있으며, 3유형의 날개를 가진 경우 주인/안주인으로 알려져 있다[22]. 미묘한 차이이지만 1유형의 날개는 다른 사람들을 대우해 주고 배려해 주는 것을 즐기는 반면, 3유형의 날개는 주인/안주인으로서 사회적 관계 속에서 본인이 빛을 발하길 좋아한다.

덜 건강한 2유형의 "받기 위해 주는 것"이라는 생각은 접대 상황에서도 나타날 수 있다. "*우리 집에 두 번이나 초대했는데, 그들은 나를 한 번도 초대하지 않았다.*"라고 속으로 생각한다.

음식 선택

2유형은 음식을 사랑이라고 생각한다. 2유형에게 사랑이라고 표현될 수 있는 음식은 무엇일까? 사랑하는 사람과 함께 먹었던 음식, 예를 들어 엄마의 집밥, 가족 축하 행사에서 먹었던 소소하지만 특별한 음식, 사랑하는 사람과 처음 만난 날 함께 먹었던 음식 같은 것들이다. 2유형은 웬만하면 이 모든 것들은 받아들이지만, 단조롭고 지루한 음식

---

22) Riso & Hudson. Personality Types (Houghton Mifflin Company, 1996), p. 90-93.

은 예외일 수 있다. 그들은 폭신폭신한 수플레에서 스며 나오는 초콜릿의 감각적인 편안함, 수제 파스타 소스의 풍부한 버터향 등을 원한다. 그들에게 음식은 사랑이고 그 사랑은 편안함과 친근감이다.

따라서 그들은 실제 필요한 것보다 지나치게 많은 품목을 구매할 수 있으며 냄새와 포장상태에 매료될 수 있다. 2유형의 냉장고가 비어있는 경우는 거의 없다. 그들은 누군가에 선물한다는 핑계로 물건을 사거나, 다른 사람들을 위한 선물을 사면서 자신의 간식도 사들인다.

2유형들은 남을 돌보는 것을 좋아하는 사랑스러운 사람들이기 때문에 어떤 2유형들은 생명이 있는 것을 먹는다는 죄책감을 느끼지 않기 위해 채식주의자가 될 수 있다. 또 도축을 잔인하다고 생각해서 육식을 즐기지 않기도 한다.

당신이 볼 수 없는 것

2유형은 저녁을 준비하느라 온종일 애를 많이 썼다. 가족들은 늦게 도착해서 음식을 맛있게 먹고 TV로 향했다. 가족들이 2유형의 사랑과 친절을 느끼며 휴식하고 있을 때 "아뿔싸!" 일이 터진다. 2유형은 갑자기 다른 사람이 되어 설거지 그릇을 쾅쾅 던지거나 지나치게 예민하게 굴면서 심지어 이유 없이 화를 낸다.

며칠 혹은 아주 오랜 동안 억눌린 감정, 인정받지 못한다는 좌절감, 또는 무시당하고 있다는 느낌들이 쌓이면 파괴적인 행동으로 분출되고, 그것들은 애써 만들어온 인간관계를 망치게 할 수 있다. 대체로 2유형들은 자신의 친절함에 제대로 인정받거나 보답 받지 못했다고 생각이 들면 그것을 오랫동안 마음에 간직하는 경향이 있다.

내가 아는 2유형은 "나는 맨날 퍼주기만 한다."라고 털어놓았다. "이건 내 본성이라 어쩔 수 없지만 그래도 내 노력을 인정해주지 않을 때 화가 나." 2유형에게는 언제든 고마움을 표시해 줘야 하므로, 식사 후에는 감사의 말이나 간단한 메모를 꼭 남기는 것이 좋다.

자신의 몸을 보는 관점

2유형들은 다른 사람들의 요구에 지나치게 관심을 두다보니 정작 자신의 신체적 욕구를 완전히 무시하거나 제쳐두는 경향이 있다. 그들은 건강한 식단을 고수하고 싶어도, 배우자(파트너)가 육식이나 튀긴 음식을 먹고 싶어 하면 거기에 맞춰 요리하려 한다. 그것은 배우자에게 감사 표현을 받기 위해서 혹은 식사하는 동안 배우자와 편하게 상호작용하기 위해서 상대가 원하는 음식을 만들어 먹으려 한다.

또 2유형들은 다른 사람의 욕구가 자신의 욕구보다 더 중요하기 때문에, 자신들의 외모에는 관심을 덜 둘 수 있다. 다른 사람들을 위하는 것이 자신의 외모보다 더 중요하며, 자신들의 신체가 다른 사람들을 돕거나 지지해 주기에 충분하다면 이것으로 만족을 느낀다. 그러나 남들에게 젊게 보이고 친밀감을 얻는 데 도움이 될 수 있다면(연애 중이 아닐지라도)[23] 멋진 외모는 중요하다. 특히 에니어그램의 팜프 파탈인 성적 하위 유형들에게는 더욱 그러하다.[24] 치마 옆선이 길게 터지고 목이 깊게 파인 드레스, 잘 만들어진 복근을 드러내기 위해 오픈 넥 셔츠와 꼭 낀 바지를 입을 수도 있다. 2유형 중에 사회적 하위유형들은 인상적으로 보이기 위해 정장을 즐긴다.

2유형은 종종 부드러운 이목구비와 풍만한 곡선을 가지고 있어 살이 찌면 "넉넉한 어머니"나 "후덕한 맏며느리"처럼 보인다. 그들은 대체로 다른 유형보다 더 젊어 보인다. 이것은 특히 자기보존 하위유형이 해당한다[25].

---

23) Riso, Hudson. The Wisdom of the Enneagrams. p. 133.
24) Chestnut. The Complete Enneagram. p. 363.
25) Chestnut. The Complete Enneagram. p. 368.

중독

덜 건강한 2유형들은 다른 사람들을 위해 한 일들이 자신이 원하는 친밀한 관계를 만들어 내지 못할 때 혹은 자신이 원하는 사랑을 얻지 못할 때 관심을 받기 위한 수단으로 지나치게 건강 문제에 집착할 수 있다. 불건강한 2유형들은 자신이 받지 못한 사랑과 관심을 다른 사람들에게 쏟다가 오히려 병(보통 치료할 수도 없고, 명확한 병명을 알 수 없는 경우가 많음)에 걸릴 수도 있다.

2유형은 실제적인 병이 아닌 마음에서 오는 건강문제를 호소하기 때문에 처방전 없이 살 수 있는 약, 예를 들면 두통약이나 진통제 같은 일반 의약품에 중독될 수 있다[26]. 커피, 설탕이 많이 든 탄산음료, 케이크, 단것 등은 불행한 2유형에게 현실을 이기게 하는 힘이 될 수 있다.

그들은 또한 자신의 "사랑"으로 다른 사람을 구원할 수 있다고 믿고, 중독증상을 보이는 다른 사람들을 돕겠다고 나서지만 결국 그들을 망치게 한다. 만약 그들 자신이 중독자라면 다른 사람을 구한다고 하면서 결국 자신도 벗어나지 못하는 길을 가게 되는 것이다. 2유형들이 한 가지 중독을 극복한다 해도 다른 사람들과의 관계에서 또 다른 중독 문제를 경험할 수도 있다.

어린 시절

어린 시절 2유형은 사랑을 조건 없는 것이 아니라 획득해야 하는 것으로 이해하며 성장했다. 그래서 그들은 보호자/부모를 재평가하기 시작한다(내가 필요한 것을 얻기 위해서 엄마를 위해 내가 무엇을 할 수 있을까?). 자신의 요구는 부모나 보호자의 요구에 비

---

26) Riso, Hudson. The Wisdom of the Enneagrams. p. 351.

해 중요하지 않다고 생각하는 "엄마의 꼬마 도우미" 역할을 하려 한다. 그들은 "내가 다른 사람에게 사랑을 주어야 나도 사랑을 받을 수 있다."고 생각한다. 2유형은 자신의 욕구는 억압하고 제한하면서 다른 사람을 위해서는 헌신하려 한다. 그러나 이렇게 했는데도 원하는 사랑을 얻지 못할 때 분노와 혼란에 빠진다(내가 얼마나 더 해주어야 필요한 것을 얻으려나?).

사랑 표현도 거의 하지 않는 형제나 자매가 자기보다 더 많은 사랑을 받는 것처럼 느낄 때 2유형은 혼란스럽다(내가 이렇게까지 하는데도 저들이 더 사랑을 받네? 그렇다면 내가 무엇을 얼마나 더 해야 사랑을 받을까?). 그들은 점차 부모(그리고 나중에는 다른 사람들이)가 필요로 하는 것에 민감해지기 시작한다(엄마가 피곤해 보이네. 내가 엄마에게 차를 만들어 주어야겠다). 다른 사람의 욕구에 집중하면서 자신의 욕구를 무시하는 습관을 지니기 시작하게 된다. 때에 따라서는 자신의 필요에 집중하는 것을 이기적이라고 생각하게 되어 복잡한 상황을 만든다. 그래서 마지막 남은 한 조각의 케이크가 먹고 싶어도 다른 형제에게 양보함으로써 부모님의 칭찬을 받으려 한다.

다이어트 방법

식이요법을 따르는 2유형의 경우 스트레스를 받는다면, 지금의 식이요법이 자신을 위한 것이 아니라고 우길지 모른다. 오히려 다른 사람에게 더 좋은 것이라는 프레임을 붙인다(내가 건강하다면 내 배우자는 내 걱정할 필요가 없어 좋을 거야. 내가 멋져 보이면 우리 아이들이 자부심을 가질 거야). 다이어트를 위한 식단을 잘 지키는 것이 자신을 위한 이기적인 행동이 아니라 다른 사람들을 배려하는 행동으로 보이길 원한다.

2유형들은 달콤한 간식과 위로가 되는 음식을 갈망할 수 있지만, 바로 뒤따르는 죄책감(2, 3, 4유형은 죄책감과 비난에 문제가 있음) 때문에 폭식증에 걸릴 수 있다(폭식을 하면 죄책감을 느끼기보다는 기분이 좋아집니다. 그렇지만 동시에 부끄럽습니다. 이런 기분을 없애기 위해 설사약, 이뇨제, 관장제를 사용하거나 강제로 구토하거나 극단적으로 운동에 빠져들기도 하지요.). 1유형들은 "완벽"하게 보이기 위해 거식증에 걸릴 가능성이 크지만, 2유형은 폭식을 통해 사랑받지 못하는 감정을 억누르려 한다. 폭식 증상이 있어도 대개 평균 체중(또는 약간 높거나 약간 낮은 체중)을 유지하므로 알아채기가 더 어렵다.

 이러한 폭식증은 대부분은 2유형의 무의식 속에 엄마가 젖을 주지 않는 상황 즉 사랑을 빼앗긴 것 같은 상황에서 발생된다. 이런 경우 건강한 음식만이 아니라 닥치는 대로 폭식하고 싶은 욕구가 생긴다. 대체로 단음식과 고지방 음식[27]을 집중적으로 먹는 것은 흥미롭다. 이런 폭식은 죄의식이 뒤따르고 곧이어 이를 정화하려는 행동(구토, 설사 등)을 한다. 이러한 악순환이 반복될수록 체중 감소에 대한 강박증이 더 심해진다. 그런 행동을 다른 사람들이 알게 될까봐 점점 사람들과 만나는 것을 꺼린다. 그래서 그들이 그토록 원하는 사랑받는 것조차 거부하게 된다. 자해도 발생할 수 있다.

 결과적으로, 극소수의 2유형들이 폭식하게 된다. 그것은 인생이 달콤하지 않을 때 달콤한 것에 대한 잠재적인 욕망의 극단적인 형태일 뿐이다.

 2유형들은 사람들이 자신에게 감사하지 않을 때의 기분과 자신에 대한 보상으로 먹는 달콤한 간식의 따뜻하고 맛있는 느낌 사이의 연관성을 이해한다면 체중 문제를 해결하는 데 도움이 될 것이다. TV에서는 초콜릿이 우리에게 조건 없는 따뜻한 사랑을 줄 수 있다고 광고하지만 절대 그렇지 않다는 것을 알아야 한다.

---

27) "폭식"하는 일반적인 행태는 혼자서 먹는다거나 어떤 식으로든 "금지"된 기름진 음식들을 주로 먹는다. 일반적으로 쿠키, 초콜릿, 감자 칩, 시리얼, 버터를 곁들인 토스트, 감자튀김, 케이크, 통 아이스크림 등이 폭식하는 사람들의 선택이다.
http://eatingdisorders.org.uk/information/bulimia-nervosa-a-contemporary-analysis

운동

운동은 2유형이 다른 사람들을 돕는 시간이 줄어드는 것을 의미하기 때문에 부담감만 커질 수 있다. 운동을 일부러 빼먹는 것일 수도 있지만 다른 사람들에게 봉사하느라 너무 바빠서 자주 잊는다(나는 체육관에 갈 시간이 없어. 주민센터에서 봉사하느라 너무 바빠. 다른 사람들이 나를 이렇게 필요로 하는데 내가 운동한다고 시간을 보내는 것은 이기적이라고 생각해). 2유형은 이런 핑계를 대며 운동을 게을리 한다. 그들을 운동하게 하는 데 가장 좋은 동기 유발책은 팀의 목표를 달성하기 위해서 혹은 다른 사람을 돕기 위해서 운동할 필요가 있다고 느끼게 하는 것이다. 이럴 때 2유형은 운동에 최선을 다한다.

많은 부분이 상대방에 따라 달라진다("당신이 운동하고 싶으면 나도 함께 있어 줄게요."). 자신이 멋있어 보이기를 바라는 것조차도 자기 가치를 높이기 위해서가 아니라 다른 사람을 위해 내 가치를 높여주는 것이라고 생각한다(내가 멋있어 보인다면 팻은 나를 더 사랑할 거야.).

규칙적인 운동이 다른 사람의 삶을 향상시킬 수 있다면 운동을 더 규칙적으로 할 가능성이 훨씬 더 높다(톰을 실망하게 할 수는 없다. 내가 열심히 하는 것이 그가 꾸준히 운동하도록 돕는 길이다.).

영감을 주는 방법

그렇다면 2유형이 운동과 계획적인 식사를 하게끔 동기부여 하는 것은 무엇일까? 다른 사람들을 사랑하려면 먼저 자신을 사랑하고 돌보는 능력을 가져야 한다는 것을 깨닫게 하는 것이다. 자기관리를 통해 자기 자신이 충만해질수록 남에게 더 많은 사랑을 줄 수 있다. 그러면 사랑은 끝이 없이 무한하며 계속해서 넘쳐나는 선물이 된다.

그러나 이것은 앞서 언급했듯이 더 매력적인 '킹카나 퀸카' 혹은 파트너가 된다는 것과 관련된다(*내가 더 멋있어 지면 더 많은 사랑을 받을 것이다*). 이것은 연인관계에서만이 아니라 모든 관계에 적용된다. 만약 내가 나에게 만족하면 나는 나와 교류하는 모든 사람들과 좀더 가까워 질 수 있다. 나는 친구의 생일을 기억할 수 있고, 보이지 않게 친절한 행동을 할 수 있으며, 내주변의 사람들에게 사랑과 관심을 줄 수 있다.

건강 수준

▶ 건강한 수준

따뜻한 마음을 가진 2유형들은 베풀면서도 그것에 대한 보상을 바라지 않는다. 그들은 건강에 해로운 식습관에서 위안을 찾을 필요가 없다. 다른 사람에게 공감한다는 것이 자신을 잃는 것은 아니다. 때로 혼자 있어도 괜찮다. 자신의 욕구가 중요하며 다른 사람들을 생각하기 전에 자신을 먼저 챙긴다. 자신이 사랑스럽다는 것을 증명하기 위해 다른 사람의 인정이 필요하지 않다. 나는 자체로 사랑스러우며 그 사랑은 상황에 따라 바뀌지 않는다. 자신에 대한 좋은 기분은 다른 사람들도 자신과 같은 기분이 들도록 격려하고 고무한다. 그래서 격려와 칭찬이 아첨이 아닌 진심이 되고 교만은 겸손으로 변한다.

▶ 보통 수준

2유형의 건강 수준이 떨어질수록 사랑받기 위해 더 많은 것을 해야 한다고 느낀다. 그래서 학교 바자회를 주선하거나, 가족을 위해 음식을 만들거나, 유기견 등을 데려가는 일을 자원할 것이다. 다른 사람들이 그들을 원하지 않거나 좋아하지 않을까 걱정하면서 더 가까워지기 위해 즐거운 척하고, 아첨하고, 분위기를 띄우려 노력한다. 다른 사람들에 지나치게 술과 음식을 대접하거나, 새로 이사 온 이웃을 위해 케이크를 굽거나, 아픈 사람들을 위해 음식을 만들어 가기도 한다. 이 모든 것은 정말 친절하고 멋지고 훌륭한 모습이다. 다만 이런 일에 대한 불순한 동기를 인식하고 자신에게 정직할 때 그렇다. 그래야만 '세상은 나 없으면 안 돌아가.'라는 교만한 마음 없이 진심으로 넉넉하고 행복하게 일할 수 있다.

그들이 집으로 초대하고, 기꺼이 기다려 주고, 유쾌하고, 자연스럽게 분위기를 이끄는 것은 식사를 통해 친밀감을 형성하려 한다는 것을 의미한다. 2유형은 다른 유형에 비해 음식을 덜 자제하는 편이라 다른 사람들에게 더 가까이 다가갈 수 있다("어디 오늘 제대로 한번 취해볼까? 맛있는 치즈 크래커와 네가 좋아하는 초콜릿도 있는데....").

점점 더 사랑받으려는 욕망이 커짐에 따라, 그들은 결국 그들이 가장 원하는 사랑스러운 것과는 거리가 멀어진다.

▶ 불건강한 수준

불건강한 2유형은 자신이 살 찌거나 마르는 것에 대해 다른 사람들에게 화살을 돌린다("나는 당신을 돌보느라 너무 바빠서 다이어트/운동을 할 수가 없어." 또는 "나는 왜 이렇게 운동할 여유가 없이 바쁜 거지?")[28].

'친구나 파트너'에게 죄책감을 느끼게 하고, '사랑'으로 숨이 막히게 하면 2유형이 원하는 바와는 정반대의 효과가 나타난다. 사람들은 2유형이 하는 "사랑의 보살핌"을 집

---

[28] 비록 비난이 건강하지 못한 2유형의 특성으로 널리 받아들여지고 있지만, 스콧 해링턴 박사는 이것이 어떻게 성과에 영향을 미치는지 강조합니다. "현재 운동을 하지 않는 2유형은 운동하지 않는 이유를 가족, 직장 및 사회적 헌신의 탓으로 돌릴 수 있다."
http://www.dietnosis.com/enneagram-types/enneagram-type-two

착, 의존, 조종하려는 것으로 느끼기 때문에 그의 곁을 떠나기 시작한다. 다이어트 실패의 책임을 자신에게 돌리기보다는 영양사나 의사가 무능하다든지, 다이어트 프로그램 자체가 결함이 있다든지(그동안 수없는 다이어트 프로그램에 실패했음에도) "이런 음식은 도움이 전혀 안 된다."고 하면서 심지어 식품제조업자까지 거의 모든 사람을 비난하려 한다.

내 친구는 새 남자친구를 "참을 수 없다."고 투덜거렸다. "내가 퇴근하고 집에 도착하면 그는 벌써 집에 와서 이것 고치고, 저것 고치고, 저녁을 준비하고, 정원에 물을 주고, 벽에 페인트를 칠하고…. 내가 부탁도 안 했는데 일을 다 해 놓고 감사하기를 기대하니 피곤해 죽겠어. 나는 일 끝나고 집에 가면 편안히 쉬고 싶은데 짜증나. 그는 내가 감지덕지 하기를 바라겠지. 그렇지 않으면 배은망덕하다고 화를 낼거야."

이런 상황에서 순교자와 희생자의 성향이 나타나기 시작한다("됐어. 당신은 편안하게 TV를 봐. 나도 피곤하지만 내가 설거지도 하고 정리도 할게."). 예를 들어, 2유형은 가족들에게 요리를 못하게 함으로써 그들을 의존적인 인물로 만들려 한다. 그들은 가족의 식이요법에 대해 걱정함으로써 자신이 가족에게 관심을 줄 수 있는 확실한 권리가 있다고 믿는다.

2유형이 공황상태에 빠지게 되면, "이기적"이라든가, 책임을 진다든가 하는 것들은 통제할 수 없는 개념이 된다. 2유형은 타인을 비난하고, 비판하고, 자신의 선행을 부풀리거나, 심지어 그들이 원하는 관심을 받기 위해 (정서적으로나 육체적으로) 병에 걸릴 수도 있다.

그들은 외로워하고, 혼란스러워하고, 부끄러워하며 마음을 편안하게 해주는 달콤한 음식에 의지한다!

건강할 때, 2유형들은 음식을 주문할 때 자신이 원하는 것을 고르고, 가족을 위해 멋진 식사를 준비하는 것도 중요하지만 자신이 먹고 싶은 것도 살핀다. 규칙적인 운동에 시간을 할애하고, 달콤함은 설탕에서 나오는 것이 아닌 삶 자체에서 나온다고 생각한다. 그들은 자신들과 다른 사람들의 선택을 소중하게 여기고, 다른 사람들에게 사랑을 주는 것처럼 자기 자신에게도 사랑과 관심을 준다.

요약

2유형은 진정한 친밀감과 무언가를 줌으로써 만들어지는 일시적인 친밀감을 구별할 줄 알아야 한다. 따라서 다른 사람들의 잔을 채워 주기 전에 먼저 자신의 잔을 채울 필요가 있다.

그들이 다른 사람들을 먼저 챙기는 이유에 대해 솔직해질 때 진정한 치유와 자유를 얻을 수 있다. 그들이 다이어트를 하든, 운동을 정기적으로 하든, 치료사를 만나든 또는 세 가지 모두를 하든 자기 자신을 위해 무언가를 함으로써 그들은 진정으로 큰 힘을 발휘할 수 있다.

2유형은 따뜻함과 친근함이 강점이기 때문에 자신과 타인을 목표에 도달할 수 있도록 동기부여 할 수 있다("매주 화요일과 금요일 체육관에서 만나서 1시간 동안 함께 운동하고, 그 후에 차 한잔 합시다."). 이것은 그들 자신과 다른 사람들을 돕고 동기부여를 유지하는 좋은 방법이다.

어쨌든 2유형은 무엇보다도 먼저 자기 자신을 사랑해야 한다. 그러면 그들은 사랑받고 싶은 욕망을 음식으로 대체할 필요가 없어진다. 자신을 더 사랑하면 타인과 더 좋은 관계를 맺을 수 있다는 것을 이해하는 것이 2유형이 변화의 영감을 얻는 방법이다.

3유형 성취자

빠르게 먹는 사람 또는 먹기 챔피언

주요 사항

3유형은 인생이 너무 바쁘다보니 제대로 잘 먹는 것을 고민할 시간이 없다. 이들의 주된 관심은 목표를 이루는 것이어서 신체적 요구를 무시하는 경향이 있다.

하지만, 그들은 자신의 지위를 향상하기 위해 자신의 신체와 외모를 이용하기도 해서 신체 이미지를 중요하게 생각할 수 있다.

3유형의 개요

리소/허드슨이 명명한 성취자 또는 헬렌 팔머가 명명한 연기자인 3유형은 목표 성취, 외부적 이미지, 외형에 집중하는 경쟁 유형이다[29]. 그들은 "실제적인 권력자"가 되거나 그들 자신이 빛나는 스포트라이트를 받으며 성공하기를 좋아한다. 에니어그램의 카멜레온으로 알려진 3유형은 그들이 사는 환경에 맞게 외모와 심지어 말하고 행동하는 방식까지 바꿀 수 있다. 만약 3유형이 가죽 샌들을 파는 사업을 하고 있다면 긴 머리의 히피 룩을 선택할 것이고, 대기업에 근무한다면 유명 브랜드의 정장을 입고 비싼 시계를 찰 것이다.

---

[29] Riso, Hudson. The Wisdom of the Enneagrams, p. 153.; Helen Palmer. The Enneagram in Love & Work, P. 83. 이 책에 사용된 리소/허드슨의 별칭인 Achiever, Helper, Peacemaker의 copyright는 'the Enneagram Institute'에 있다.

3유형은 소위 "느낌"으로 불리는 유형임에도 불구하고 효율적인 매력과 외교적 수단으로 솔직한 감정을 숨긴다. 그들은 다양한 사람들과 편하게 이야기할 수 있다. 그들은 엄청난 추진력과 야망을 품고 있고 예술 비평가에서부터 와인 전문가에 이르기까지 다양한 분야에 관심을 가지고 자신을 발전시키기를 열망한다.

그들은 승리자의 태도를 보이며 계획과 프로젝트에 잘 적응하는 편이다. 그들은 목표를 이루기 위해 열심히 일하기 때문에 추진력이 없는 사람들을 이해하지 못한다. 그들은 어떤 역할에서도 실패자로 보이고 싶지 않기 때문에 필요할 때조차 다른 사람의 지도나 도움을 요청하려 하지 않는다. 건강할 때 그들은 다른 사람들이 성공하도록 격려하며 영감을 주는 롤 모델이 된다.

그러나 덜 건강한 3유형들은 인정받기를 더 원하게 되고 자신의 성과를 스스로 홍보하고 과장하며 실패를 무시하거나 부인할 수 있다. 이것은 그들이 자신이 이룬 성과가 다른 사람들에게 별것 아닌 것으로 보일까 두려워 가식적인 행동을 하려하기 때문이다. 결과적으로 다른 사람들이 자신들이 느끼는 공허함을 알아챌까봐 친밀한 관계에서조차 문제가 생길 수도 있다. 그들은 성공을 위해 번아웃될 때까지 자신을 몰아붙이다가도 다른 사람들이 아무런 관심을 가지지 않으면 멈춘다. 영화 "악마는 프라다를 입는다"의 메릴 스트립이 좋은 예다.

기만이라는 고착에 사로잡혀 있는 불건강한 3유형은, 아무런 문제가 없다고 속이거나, 음모를 꾸미고, 다른 사람들을 방해하고, 누군가 희생양을 만들거나, 자신이 하지 않은 것도 자신이 한 것처럼 주장하고, 자신이 초래한 실패나 부정직한 행동을 감추려고 한다. 반면에 건강한 3유형들은 세상을 위해 일하며, 진실하고, 개방적이며, 사랑스럽고, 겸손하며, 다른 사람들에게 영감을 준다.

직업 선택

3유형들은 매우 효율적이기 때문에 그들은 대기업 CEO의 개인비서, 모델, 잡지편집, 정치, 법률, 연기, 팝 음악, 마케팅, 광고, 패션, 강연, 영화 제작, 인생 코칭, 네트워킹과 관련된 분야에서 능력을 발휘한다. 승진 사다리를 오르는 과정을 즐기기 때문에 좋은 승진 기회를 가진다. 사실, 그들은 자신이 빛날 수 있는 곳, 그들이 갈망하는 인정과 재정적 보상을 받을 수 있는 곳이라면 어디든 성공의 기회를 가지게 될 것이다.

식욕 유발 원인

업무 스트레스, 시간 부족, 그리고 이동하면서 먹어야 하는 상황들은 3유형들에게 좋지 않은 식습관을 유발할 수 있다. 녹초가 되거나, 실패했다고 느끼거나, 수치심을 느끼게 되면 불건강한 9유형처럼 될 수 있다. 그들이 다시 정상 궤도에 오를 수 있는 충분한 자신감을 회복할 때까지 TV 앞에서 설탕이 많은 음식이나, 질 나쁜 탄수화물 음식을 먹으면서 아무 생각 없이 시간을 보낸다.

소진되었다고 느꼈을 때, 다른 사람들이 못마땅할 때, 가까운 사람들에게 화가 나 있을 때, 성공을 위해 열심히 일했지만 속으로는 공허함과 실패했다는 생각으로 감사함을 느낄 수 없을 때 3유형은 스트레스를 받게 된다.

음식에 접근하는 방법

3유형에게는 먹는 것이 성공을 보여줄 수 있는 또 다른 기회가 될 수 있다. 그들은 자신이 우월하다는 것을 보여주기 위해 요리에 대한 지식을 습득하려 한다. 이국적이거나 특별한 음식을 선택하는 것은 교양이 풍부하다는 것을 보여준다고 생각한다. 그것은 자신이 무엇을 '즐겨 먹는지'가 중요한 것이 아니라 다른 사람들에게 무엇을 먹었다고 말하는 것을 즐기기 때문이다. 그것들은 음식 하나하나가 자신의 명예나 지위와 관련이 있다고 생각하기 때문에 이미지를 좋게 하는 것을 주문하거나 구매하려 한다.

성공하기 위해 목표를 정하고 이를 이루는 과정을 보면 그들은 자제력이 있다. 필요하다면 자신은 특정한 음식을 좋아하지 않는다거나, 먹는 것은 목적을 이루기 위한 수단일 뿐 중요하지 않다고 스스로를 설득할 수 있다. 3유형은 음식을 먹을 때 2유형처럼 감정적으로 혹은 자기 위로를 위해 먹지는 않는다. 오히려 3유형들은 실용적이어서 목표를 위해서라면 음식에 대한 욕구를 자제할 수 있다.

외식법

3유형이 선택하는 외식 장소는 최근에 가장 핫하고 새로운 장소가 될 것이다. 돈이 부족해도 동네 식당에서 배불리 먹느니 좋은 파스타 집에서 샐러드 한 접시를 먹는게 폼난다고 생각한다. 왜냐하면 그곳은 남에게 과시할 수 있는 장소이기 때문이다.

자신의 품격을 올리기 위해 3유형은 와인 강좌를 들을 수도 있다. 이는 쉬라즈와 카베르네를 구분하지 못하는 자신에 대해 실망하지 않기 위해서이다. 아니면 그들은 사회적관계 향상을 위해 요리강좌나 여행에 흥미를 느낀다. 그들은 좋은 식당, 최고의 와인, 가장 효과적인 다이어트 또는 돈을 버는 최고의 방법 등을 식탁에서 이야기하는 것을 좋아한다.

그들은 동료들에게 매력적이고 좋은 친구이기도 하고, 내성적이고 수줍음 타는 사람들과도 잘 어울리며, 분위기 메이커라 대체로 인기가 많다. 그들은 나중에 써먹기 위해 다른 사람들의 말을 듣는 것을 즐긴다. 3유형은 "나는 심지어 헬기 조종사가 설명하는 최고의 헬리콥터와 같은 전문적인 이야기도 잘 듣는다. 솔직히 나는 헬리콥터에는 관심이 없지만, 나중에 비행에 관심 있는 사람들과 대화할 때를 대비해 잘 듣는 것이다."라고 설명했다.

그들은 방문하고 싶은 식당들의 목록을 가지고 있을 것이다. 만약 전국에서 상위 10번째쯤 되는 유명한 식당이라면 더 좋다. 3유형들은 돈이 없어도 값비싼 레스토랑에서 식사하고 싶어 한다. 최고급 식당에서 최고급 와인을 먹으며 식사할 수 있다면 한 달 동안 빵과 우유만으로 견디며 그날을 기다릴 3유형을 알고 있다. 나의 또 다른 3유형 친구는 이혼 후에 재정적으로 어려움을 겪고 있었지만, 그녀는 여전히 생일날 시내에서 가장 유명한 식당에서 그것도 친구를 20명이나 초대해서 식사를 하겠다고 고집했다.

그들은 함께 있는 사람들에게 주목받을 만한 메뉴를 선택하려 한다. 만약 채식주의자들과 함께 식사를 한다면, 그들은 그 사람보다 더 엄격한 채식주의자처럼 보이는 음식을 주문할 것이다. 만약 그들이 스테이크를 즐기지 않더라도 사업상 하는 식사자리에서 다른 모든 사람이 스테이크를 주문한다면 스테이크를 주문할 것이다. 그들은 그들이 함께 있는 그룹에 깊은 인상을 주기 위해 가능한 최고의 선택을 하길 원한다.

집에서는 매일 아침 똑같은 "단백질 쉐이크"를 마셔도 괜찮지만, 외식할 때는 같은 식당에서 같은 음식을 주문하려 하지 않는다. 심지어 같은 식당에 두 번 가는 것도 그들을 지루하게 만들 수 있다. "나는 같은 장소에 두 번 가지 않을 만큼 좋은 식당 목록을 많이 가지고 있어. 사람들이 나에게 좋은 식당을 물어봤을 때, 좋은 곳을 알려주려고 많이 다녀 보거든."라고 3유형은 말한다.

3유형에게는 사업상 하는 조찬 모임은 매우 인기가 있을 것이다.

집으로 식사 초대

3유형들은 집으로 초대하는 것보다 유명한 식당에서 접대하는 경향이 있지만, 만약 요리를 잘하는 것을 보여줄 필요가 있다면 다른 사람들에게 깊은 인상을 주는 성공적이고 멋진 저녁시간을 만들기 위해 최선을 다할 것이다. 사람들에게 감동을 주기 위해 예산은 생각하지 않고 맛이 아무리 좋아도 평범한 음식이나 값싼 와인은 메뉴에서 제외시킨다.

비록 한 번도 요리해본 적 없는 요리라도 3유형은 "그것을 자신이 만든 것처럼 속이기" 위해 노력하는 경향이 있다. 동네 반찬가게에서 사온 음식을 약간의 조미료를 가미하거나 멋진 그릇에 옮겨 담아 마치 자신의 방금 만든 것처럼 보이게 할지도 모른다. 아니면 전날 밤에 유튜브나 네이버에서 공부한 요리법을 마치 자신의 레시피처럼 설명할지도 모른다. 사실 준비는 비교적 쉽고 효율적으로 한다. 그들은 다른 사람들이 자신들의 요리에 "와우!" 하는 찬사와 감탄을 쏟아 붓게 할 요소를 찾는다.

집이나 아파트는 자신들의 성공을 보여줄 정도는 되어야 한다. 3유형의 집에는 유명한 신인 작가들의 미술작품, 대중적이지 않은 가구, 디자이너가 만든 주방용품, 자신의 성공을 보여주는 사진[30] 또는 트로피들, 스위스에서 스키 타는 사진, 킬리만자로 등반, 대통령을 만났을 때의 사진, 유명한 사람들과 호화 여객선을 타고 여행한 기념품, 그리고 여러 가지 강좌를 수강했다는 수료증, 상장, 졸업장, 메달, 학위 등이 진열되어 있다. (내가 나의 이력을 자랑하려고 것은 아니지만….). 만약 그들이 사람들을 집으로 초대하지 않는다면, 고급 자동차를 타거나, 해외여행을 가거나, 비싼 아파트에서 사는 것으로 과시할 것이다.

3유형들에게 저녁 모임은 다른 사람들과 어울리면서 일과 즐거움을 함께 할 수 있는 좋은 방법이다. 게다가 만약 이런 모임이 식당에서 이루어진다면 최근 유행하는 식당을

---

[30] http://www.dietnosis.com/enneagram-types/enneagram-type-three "그들은 자신의 업적을 보여주는 물건으로 둘러싸인 모습이나 유명인과 함께 찍은 사진을 보여주는 것을 좋아한다."

방문할 수 있는 좋은 기회로 여긴다.

3유형들은 매력적이고 우아한 행사주관자들이다. 앞에서 언급한 바와 같이 그들은 카멜레온과 비슷해서 함께 하는 사람들에 따라 테이블 세팅, 메뉴, 옷차림을 다르게 할 수 있다. 유행에 민감한 영화 제작 파티 세팅이라면 칵테일과 맛있는 카나페를 대접할 것이고, 업무와 관련된 행사라면 좀더 격식을 차린 메뉴를 완벽하게 준비할 것이고, 친구들에게는 간단한 샐러드를 곁들인 파스타를 준비할 것이다.

성적 하위유형인 3유형들은 다른 사람들을 지지하면서 '수렴청정' 하려는 경향이 있다. 성적 3유형은 자신의 배우자나 파트너를 빛나게 하는 분위기를 만들어 낸다. 사업가나 성공한 사람의 아내라면 그들은 파트너의 성공을 위해 내조에 최선을 다할 것이다.

그들은 실패를 생각하지 않는다. 그들은 자신이 하는 일이나 분야에서 뛰어나기를 원한다. 한 예로 자선바자회를 위해 쿠키를 만들다 태웠다면, 3유형은 빵집에서 사온 쿠키를 집에서 만든 것처럼 보이기 위해 꾸민다. 그렇게 하는 것이 3유형 자신을 완벽해 보이게 한다고 생각하기 때문이다.

하지만 혼자 있을 때 3유형은 식당에서 먹다 남은 음식을 기꺼이 집에 가져와서 먹거나, 주문음식을 대충 먹으려 할지도 모른다.

음식 선택

3유형들은 자신들이 발전하는 것을 즐긴다. 음식과 준비과정에 능통하고, 농부나 생산자가 누구인지 아는 것은 그들을 좀 더 으쓱하게 만들 것이다. 초밥을 가장 잘하는 곳이 어디인지, 최고의 칵테일을 마실 수 있는 곳이 어디인지, 음식을 만드는 과정은 어떤지에 대해 많이 알아 잡학도사처럼 보인다. 예를 들어, 어젯밤 한 레스토랑에서, 3유형(아이러니하게도 채식주의자였다)이 스테이크가 잘 구워졌는지 확인하려면 이렇게 해야 한다며 손으로 눌러 확인하는 법을 알려 주었다.

　유행하는 음식을 선택하는 것은 다른 사람들에게 자신의 우위를 드러내는 좋은 기회다. 만약 그렇게 할 수 없거나(버거나 피자만 나오는 메뉴에서처럼) 자신의 선택에 감동 받거나 찬사를 보내 줄 사람이 없는 데서 혼자 식사를 한다면, 그들에게 음식은 그저 재미없는 생필품에 불과하다. 3유형은 그들이 먹는 음식으로 자신의 경쟁적인 성격, 인정과 성공 욕구를 대체하려 한다. 똑같은 상황이라면 이왕이면 비싼 것 또는 유명 브랜드 음식을 선택한다. 그들은 어느 것이 가장 좋은 브랜드인지 매우 잘 알고 있다. 음식은 지위를 표시하는 방법이기 때문이다.

　"난 우리나라 최고의 OO식당에서 외식할 만큼 성공했어."

　"다른 사람들은 프랑스산 샴페인과 탱커레이 진이 이국적이라고 생각할지 모르지만 나는 너무 진부해서 주문하지 않겠어요. 나는 내가 샴페인이나 진에 대해 잘 알고 있는 것처럼 보이고 싶어요. 그래서 블로에들메엔 진, 트리플 트리 진과 같은 것들을 주문하고 싶습니다. 나는 사람들이 감명을 받았으면 좋겠어요. 내가 특별히 좋거나 특이한 취향을 가지고 있다는 것을 보여주려는 것은 아니지만 말이오."

　"80%의 순도 코코아로 만든 수제 초콜릿을 주문해도 되죠?"

　요리 사진이나 식사 사진을 인스타그램과 같은 소셜 미디어에 올리는 것은 자신의 성공을 보여주는 좋은 방법이다. "얘들아, 너희들이 싸구려 배달음식을 먹을 때 내가 뭘 먹는지 확인해 봐. 우아한 식당에서 부르고뉴식 푸아그라를 먹었어!" 그것은 특정 음식과 음료를 좋아한다기보다 과시하고 싶은 것이다. 세련되고 경험이 많은 것처럼 보이길 원하기 때문이다.

　3유형에게 건강은 보이는 것이 아닌 내적인 문제이기 때문에 건강에 크게 관심을 두지 않는다. 일을 서둘러 해치우기도 하고, 여행을 자주 하기 때문에 식사를 대충 할 수 있다. 패스트푸드를 손에 들고 달리면서 점심을 먹는다든지, 단백질 쉐이크로 끼니를 때우고, 편의점에서 산 영양바로 대충 허기를 달랜다든지, 냉장고에 있는 남은 음식을 대충 먹거나 때로 굶기도 한다. 노트북 앞에서 일하는 동안 크래커나 남은 피자, 커피, 홍차, 카페인이 든 음료 등을 먹으며 일할 수 있는 시간을 가지는 것이 더 매력적이다.

다른 사람들을 위해 음식을 준비하거나 좋은 인상을 주어야 할 필요가 없다면, 그들은 '체계적이고 효율적이며 실용적'인 방법으로 쇼핑을 한다. 그들에게 매일 먹는 식사는 별로 중요하지 않다. 평상시는 토스트에 계란 후라이 하나만으로도 별 불평 없이 즐겁게 먹고, 외식을 할 때 크게 쓴다. 그들은 사교적인 활동가들이기 때문에 친구들과 가끔 즐기는 외식비용이 매일 먹는 식료품 값보다 많다.

당신이 볼 수 없는 것

3유형들은 성공과 성취의 이미지를 보여줄 필요가 있으므로, 비록 자신이 심리적으로 취약하고 스스로 가치가 없다고 느껴져도 다른 사람에게 도움을 요청하지 않는다(성공한 사람들은 스스로 알아서 잘하는 사람이야. 만약 내가 도움을 요청한다면 나는 성공한 사람이 아니지.).

그러므로 대부분의 사람들은 3유형이 고독과 공허함을 느끼고 있다는 것을 거의 알지 못한다. 3유형 여성들은 보통 성공적이고 매사에 자신감이 넘치기 때문에 남성들에게 위협적일 수 있다. 그래서 3유형 여성들이 아무리 아름답고 성공했어도 싱글일 가능성이 많다. 그들은 결혼을 원하지만 쉽지 않을 것 같으면 혼자 사는 것이 자신이 원하는 방식이라고 스스로 세뇌시킨다(결혼해 봐야 복잡하고 번거로울 뿐이야.).

3유형들은 자신의 감정과 느낌을 억제하고 일을 완수하는 능력이 있다(그 사람이 나를 정말 미워해도 웃어넘기고 일을 마무리 할 수 있어. 집에 가면 한바탕 울고 싶을지 모르지만 그때쯤이면 나는 다른 일을 하고 있겠지. 그러니 상처받지 말자.).

3유형이 내적으로 부끄러움이 많고 취약한 면이 있다는 것을 모르는 사람들은 그들이 냉정하고 무심하게 보일 수 있다. 일을 할 때 가장 안전하다고 느끼고, 지나치게 일에 몰두해 배우자(파트너)가 화가 나 있거나 외로워할 수도 있다는 것은 아랑곳 하지 않는다.

3유형인 아네트는 자신을 자신의 꿈에 빗대어 말했다. "나는 천정에 난 구멍을 수리하기 위해 사다리를 오르고 있었어. 아래를 내려다보니 마루가 아닌 빈 구멍이 보이는 거야. 그때부터는 오를 수가 없었어."

소진은 3유형이 자신의 한계를 넘어서서 자신을 몰아붙일 때 발생하는 매우 현실적인 위협이다. 그럴 때 건강하지 못한 9유형처럼 일을 미루려 하고, 확신을 가지지 못한다. 이는 그들 자신이 그리는 세련된 이미지와는 정반대가 되는 것이다.

자신의 몸을 보는 관점

어떤 3유형이 나에게 파티에 갔을 때 자신이 가장 멋지고, 아름답고, 존중받아야 하는데 만약 그렇지 않으면 그 파티에 더 이상 자신이 있을 이유가 없다는 식으로 말해서 상당히 놀랐다("그렇기 때문에 나는 멋진 파티를 많이 놓쳤다.").

성공은 보통 슈퍼 맘, 슈퍼 대디, 슈퍼 스포츠맨, 슈퍼 맨 등 모든 분야에서 최고가 된다는 것을 의미한다. 어떤 3유형은 자신의 몸이 성공을 표시하는 방법이다. 이것이 바로 성형수술이 인기 있는 이유다. 만약 가슴골을 섹시하게 드러낼 수 없다면, 가슴 수술을 약간만 하면 감쪽같다.

이러한 3유형이 증가함에 따라 성형수술도 급증하고 있다. 통계에 따르면 2015년 한 해에만 대략 성인 16명당 한 번 꼴로 총 170만 건의 미용 시술이 이루어졌다[31]. 2000년부터 2015년까지 미용 시술 건수는 115%나 급증했다! 엉덩이 시술은 가장 빠르게 성장

---

31) https://www.health24.com/Lifestyle/Ageing-well/Surgical-procedures/butt-surgery -on-the-increase-in-america-20160229 Sourced Nov 2017

한 시술법이었다. 남성들의 유방축소 시술도 40%를 차지하고 있다[32].

조사기관인 리얼셀프(Realself)에서 성형수술을 위해 의사 면담을 예약한 700명을 조사했다. 조사 결과 시술을 하는 이유로 76%가 '자신감' 때문이라고 했다. 또한 옷과 액세서리는 이러한 자신감이나 인정을 강화하기 위한 또다른 상징이 된다. 구찌 가방, 루이뷔통 옷, 가장 최신 아이패드 등이 3유형에게는 "가장 갖고 싶은" 아이템이다[33].

어떤 3유형들은 신체적 매력을 통해 지위를 추구하고, 다른 3유형들은 일을 통해 지위를 추구하며, 또는 어떤 3유형은 돈이나 재산을 추구한다. 그들 중 신체적 매력을 가진 사람들은 헬스클럽 회원 중에 가장 조각 같은 몸매를 자랑하는 여성이거나 완벽한 외모를 자랑하는 남성일 수 있다. 체육관에 가면 거울 앞에 붙어서 이런 포즈 저런 포즈를 취하는 사람들을 가끔 볼 수 있다. 그는 멋진 몸을 만들기 위해 정말 열심히 운동을 한다. 야구 모자를 이렇게도 쓰고 저렇게도 쓰면서 자신의 몸과 가장 잘 어울리는 포즈를 취한다.

신체적으로 완벽하다는 것은 비록 체중을 완벽하게 조절했다 해도 패션에 따라 이미지가 달라지기 때문에 결국은 도달하기 어려운 목표가 된다. 사실 그들에게 외모 자체가 목적이 아니다. 남들의 인정이 목표기 때문에 마치 손가락을 빠져 나가는 모래처럼 잡을 수가 없다. 그들이 원하는 체중 목표를 달성했다 해도 누군가 칭찬해 주지 않는다면 공허하게 느껴진다.

만약 자신의 몸에 대해 다른 사람들의 부러움이나 찬사를 받지 못한다면, 그들은 몸을 하찮은 것으로 여기고 정서적으로 분리하려 한다. 따라서 신체적 욕구는 무시되거나 회피한다.

---

32) https://www.health24.com/Lifestyle/Ageing-well/Surgical-procedures/butt-surgery-on-the-increase-in-america-20160229 Sourced Nov 2017
33) https://trends.realself.com/2015/06/25/why-plastic-surgery-confidence-survey

중독

3유형은 기분이 가라앉을 때 화학적인 촉진제를 필요로 하므로 커피, 카페인 음료, 설탕, 각성제, 수행제(비용이 들더라도 훈련 강도를 높여 성취하기 위한 것들), 에페드린, 코카인, 스테로이드 등을 사용하려 한다[34]. 탈진하여 쓰러지거나 약물이 듣지 않아도 중독에 대해 인정하지 않으려 할 수 있다(난 마음만 먹으면 언제든지 그만둘 수 있어).

또한 그들의 악화되고 있는 자신을 감추기 위해 할 수 있는 모든 핑계를 꾸며내기 시작할 것이다. 드러나기 전까지 자신의 약물 사용을 부인하면서 몇 년을 보내는 유명한 스포츠인들을 생각해 보라. 성취에 대한 강렬한 욕구는 경기력 향상을 위한 약물에 끌릴 가능성이 크다는 것을 의미한다. 가끔 언론에서 보듯이 승부를 조작하기 위해 뇌물을 주는 것도 이러한 예이다.

심지어 중독 치료 프로그램에서조차 3유형은 다른 사람들에게 그들이 얼마나 더 성공적인 사람인지를 증명하기 위해 프로그램에 최선을 다하려 한다. 그들은 중독된 이유와 상관없이 재활 프로그램의 성공 신화가 되려 한다. 그들이 느끼는 공허한 현실과 그들이 투영해야 할 이미지가 너무 차이가 나면 현실에서 벗어나 환상 속에 살기 위해 중독에 빠진다. 어떤 종류의 흥분제는 그들을 기분 좋게 하고 피로하지 않게 해주기 때문에 더 오래 일할 수 있고 정상에 도달했다고 느끼게 한다.

어린 시절

3유형은 어린 시절에 원하는 것은 무엇이든지 이룰 수 있고, 이루지 못할 꿈은 없다는 말을 들으며 자랐다. 그들은 졸업하면 어렵지 않게 취업해서 원하는 일을 할 수 있다고 믿었

---

34) Riso, Hudson. The Wisdom of the Enneagrams. p. 351.

으며, 부모가 만들어준 높은 자기감을 가지고 있고, 소황제로 대접받는 세상에서 살았다.

지금은 자신의 실제 자아가 아니라 외부의 현란한 자아를 드러내는 셀카 전성 시대다. 이말은 사람들이 소셜 미디어에서 자신들에 대한 이미지를 끝없이 보고 싶어 한다고 믿는 3유형이 워너비가 되는 시대라는 의미도 된다. "좋아요"의 갯수로 사람의 자아의식을 만들거나 깨트릴 수 있다고 생각하는 페이스북이나, 다른 사람들이 자신이 느끼지 못하는 위대함을 인정해 줄 것이라 생각하고 자신의 성과를 끝없이 올리는 쇼셜 미디어에 열광하는 사람들의 시대인 것이다.

우리는 필연적으로 3유형의 사고방식이 통하는 시대에 살고 있다. 에이미 추아(Amy Chua)가 쓴 타이거 마더(Battle Hymn of the Tiger Mother)를 기억하는가? 그것은 3유형의 어머니가 성공을 위해 자신의 아이들을 거칠게 몰아붙이는 좋은 예다. 밀레니얼, Y세대 또는 WE 세대로 알려진 20~30세대들은 자기만족적인 나르시스부터 개인적 감정 표현까지 거침이 없다.

미국 국립보건원에 따르면, 자기애성 인격 장애(Narcissistic Personality Disorder)는 65세 이상 집단보다 20-30대에서 세 배나 높다[35]. 자기애성 인격장애의 증가는 명성만을 좇고, 열심히 일할 필요가 없다고 생각하며, 대학을 졸업하면 바로 최고의 직장에 취업할 것이라고 믿는 젊은이들에게 두려운 일이다. 자기애성 인격장애는 대단한 성공, 총명함, 그리고 다른 사람들이 자신을 추앙하는 것이 당연하다고 믿는 부풀려진 자의식을 가진 사람들에게서 나타난다. 그들은 비판에 인색하고 성공하기 위해 노력하기보다는 성공에 대한 망상으로 많은 시간을 보낸다. 이러한 장애가 심해질수록 쇼셜 미디어에 강하게 집착하는 경향을 보인다. 이 세대가 모두 3유형이라는 것이 아니라 이 세대의 일부 측면이 분열된 3유형과 닮았다는 것이다.

3유형들은 1차 양육자에 대한 기대를 충족시켜야 한다고 생각하면서 자랐다. 예를 들어 내가 아는 3유형 친구는 태권도 유단자, 학생회장, 구조단원, 학과대표에다 일 처리

---

[35] World Psychiatry https://www.ncbi.nlm.nih.gov/pmc/articles/PMC4911756 accessed June 2017

도 똑 부러져서 못하는 게 없었다. 3유형들은 어렸을 때부터 그들 자체보다 그들이 한 일 때문에 더 인정을 받는다고 느낀다. 그들은 집안의 영웅이거나, 직장에서 스타이거나, 사회의 엄친아/엄친딸이다[36].

그들은 실패한 가족들 중 유독 뛰어난 경우가 많다. 때에 따라서는 어머니(또는 주요 양육자)의 눈에 비친 아버지(또는 주된 훈육자)에 대한 보상이 될 수도 있다. 가족 중에 유일한 대학생이기도 하다. 그들이 성공 가도를 달리고 많은 돈을 버는 동안 다른 형제들은 대학도 못가고 가난한 채로 남겨졌다. 그들은 아마도 운동선수나 배우가 꿈이었던 부모들이 이루지 못한 꿈을 이루어준 운동선수거나 배우일 수도 있다. 이것의 부정적인 측면은 그들이 결코 평범할 수 없다는 것이다. 그들에게 2등은 선택사항이 아니다. 2등으로는 결코 만족할 수 없다.

영웅은 상처를 입을 수 없으므로, 3유형들은 성공의 얼굴 뒤에 상처와 외로움을 감추고 있는지도 모른다(난 정말 멋져! 인생은 대단해! 난 승자야! 나는 선택된 자야!).

다이어트 방법

3유형들은 목표를 사랑한다. 체중 감량에 대한 목표를 정하고 목표를 향해 노력하는 것은 그들에게 익숙하다. 그들은 체중감량 목표가 세워지면 목표를 이루기 위해 필요한 정보, 자기 계발서, 계획표, 식단표 등을 준비할 것이다.

무슨 수를 써서라도 성공하고 싶을 때 굶는 다이어트가 해결책이 될 수 있다. 만약 3유형이 원하는 목표 즉 좋은 파트너, 더 나은 지위, 더 많은 일, 혹은 친구들 중에 가장 멋진 사람이 되려는 목표를 이룰 수 있다면 굶기라도 한다는 것이다. 더 빨리 살을 빼는데 도움이 된다면 책을 사거나, 기아식단 모임에 참가하거나, 그 밖의 고가의 제품도 망설

---

36) Riso, Hudson. The Wisdom of the Enneagrams. p. 156.

이지 않고 사들일 것이다.

3유형은 체중 목표를 달성하기 위해 시각화 기술을 잘 사용하며, 2유형과는 달리 단 것의 유혹에 쉽게 넘어가지 않을 수 있다. 체중감량을 위해 스스로 동기를 부여하고 자발적으로 시작할 수 있다.

그들은 또한 "나는 20년 전 미스 캘리포니아 때도, 마티니를 마시고 햄버거를 먹었어. 이제 와서 식습관을 바꿀 필요는 없다고 봐. 이것도 효과가 있을 거야."라면서 건강에 좋지 않은 식습관을 바꾸지 않으려는 자신을 정당화시키기 위해 과거의 성과에 편승할 수도 있다. 당뇨병이 생기고 혈압이 치솟고 콜레스테롤이 높아져도 외형적으로 좋아 보인다면 더 건강한 식사를 하라고 설득하기는 어려울 것이다.

체중이 목표가 되면 거식증이 생길 수 있다. 1유형처럼 완벽함을 위해서가 아니라 그들이 가장 원하는 칭찬을 받기 위해서다.

성취과정에서 상처를 받은 사람들이 실패를 무서워하는 것은 자연스러운 일이다. 만약 현재의 식단이 효과가 없다면 그들은 핑계(업무 압력, 소진 등)를 대고 포기할 방도를 찾을 것이다. 그들이 새로운 방법을 택했다면, 이것을 통해 더 크게 보상 받기를 바란다.

운동

자신의 몸을 성공의 결과물로 보기 때문에 외모 지향적인 3유형들은 지칠 정도로 운동할지도 모른다. 다른 모든 것들과 마찬가지로 지나치게 밀어붙이다가 지치면 3유형의 스트레스 지점인 9유형처럼 행동한다. 주말 내내 잠옷을 입고 씻지도 않은 채 소파에 드러누워 있거나 배달 음식과 함께 TV를 보며 게으름을 피운다.

자신을 극한까지 밀어붙이는 그의 능력과 경쟁적인 성격이 결합하면 그들은 "무슨 수를 써서라도 이겨야 한다."는 생각을 가지게 된다. 반면에 몇몇 3유형들에게는 이기는 것이 전부가 아니라, "철인 3종 경기에서 3연패를 달성한 분을 소개합니다."와 같이 남들이 알아주는 것이 더 중요하다.

그러나 몸무게를 감량하거나 증가하겠다는 목표가 일단 정해지면 일반적인 3유형은 원하는 몸무게에 도달하기 위해 의지를 불사른다. 그들은 경쟁을 즐기기 때문에 개인 트레이너, 영양사, 코치 등을 고용해서 남들보다 먼저 최고의 자리에 도달하려고 한다. 그래서 마라톤, 철인 3종경기, 수영, 달리기 같은 스포츠에 끌린다.

신체는 인지도를 높이는 방법이 될 수 있으므로 운동만으로 충분하지 않다면 앞에서 언급한 바와 같이 필러를 넣고, 보톡스를 맞고, 코를 올리고, 가슴을 크게 하는 등 기꺼이 성형시술을 한다. "결점"을 지우고 외모를 돋보이게 하는 방법으로 비싼 화장품이나 특수한 크림 같은 것에도 관심이 많다.

그들은 빠르게 결과가 나타나는 방법을 선호한다. 금방 결과가 나오지 않는 것들은 거들떠 보지 않는다. 3유형들은 적은 시간을 투입해서 빠른 결과를 얻고 싶어하기 때문에 절차를 무시할 수 있다.

근육추형(Bigorexia, 공식적으로 근육 이형증으로 불림, 극도로 심한 운동을 하는 데도 자신의 몸매에 부정적 이미지를 갖는 증상)은 3유형 남자들 사이에서 흔히 볼 수 있는 질환이대(영국 조사결과에 따르면 체육관에서 운동하는 남성 10%, 일반 남성 최대 54%가 이 문제를 가지고 있다고 알려져 있음)[37]. 마르기를 원하는 거식증과 반대로 더 큰 몸집(더 근육질의 몸집)을 만드려는 것이다. 위키피디아에는 이 장애가 중국, 남아프리카, 라틴 아메리카에서 더 흔하다고 기술되어 있다.

근육추형은 놀림을 받거나 괴롭힘을 당하는 사람들에게서 자주 발견되는 불안장애로,

---

[37] http://www.independent.co.uk/life-style/health-and-families/health-news/bigorexia -what-is-muscle-dysmorphia-and-how-many-people-does-it-affect-10511964.html.
Tod, D., Edwards, C., & Cranswick, I. (2016). Muscle dysmorphia: Current insights. Psychology Research and Behavior Management, 9, 10. Accessed 16/11/2017
I discovered the word "bigorexia" on this fascinating website: http://www.dietnosis .com/enneagram-types/enneagram-type-three. Accessed: August 2017.

근육질에 강한 몸매를 가지고 있음에도 자신의 몸이 왜소하다고 느낀다. 아무리 가슴근육이 발달되고, 매력적인 복근을 가졌어도 그들이 자신이 원하는 강인한 몸매라고 생각하지 않는다. 이런 욕구가 있기 때문에 아나볼릭 스테로이드, 단백질 쉐이크 혹은 그와 비슷한 보충제를 남용할 수 있다. 헬스장에서 보내는 시간이 점점 많아짐에 따라 가족관계나 직장생활에서 어려움을 겪을 수 있다. 그들이 원하는 몸과 실제 자신의 몸(객관적인 아닌 자신이 생각하는) 사이의 인식 차이가 커짐에 따라 우울증과 자살징후가 나타날 수도 있다.

3유형에게 승리하는 것 자체는 중요하지 않다. 그들에게 중요한 것은 찬사와 칭찬이다. 만약 그들이 과체중이어서 체육관에 가야 한다면 그것은 그들이 체중 유지에 실패했다는 것을 드러내는 것이다. 그래서 그들은 체육관을 피하고 집에서 운동하거나 개인 코치와 함께 운동하는 것을 선택할 수도 있다(또는 미친듯이 일함으로써 운동에 대한 목표를 놓아버리는 경우도 있다.). 만약 운동으로 목표가 달성되지 않을 것 같으면, 그들은 다른 활동에 몰두하면서 체중 조절 실패의 변명거리를 만들어 낸다.

3유형은 어느 헬스장에 가느냐도 중요하다. "믿지 않겠지만 사실 나는 헬스장 두 곳을 다녀. A가 시설도 좋고 깨끗하지만 B헬스장을 주로 가는 편이야. 왜냐고? B헬스장에는 매력적인 사람들이 별로 없거든. 내가 부끄러움을 느껴야 할 만큼 잘생긴 남자도 없고, 내가 비교당할 만큼 날씬한 여자도 거의 없어. 거기가면 마음이 편해져. 그렇지만 요즘은 A헬스장에서 더 많은 시간을 보내고 있어. 내가 점점 탄력이 생기고 몸매가 나아지고 있거든. 나는 눈에 띄고 인정받고 싶어."

영감을 주는 방법

3유형에게 목표를 세우는 것은 쉬운 일이다. 게다가 즐겁고 익숙하기까지 하다. 다이어트나 운동 프로그램을 잘 하는 것은 스타가 될 수 있는 또 다른 기회다. 목표를 이룸으로써 지위가 향상된다는 것을 이해한다면 그들은 기꺼이 노력할 것이다. 건강하고 멋지게 보이기 위해 노력하는 사람들에게 영감을 주고 본보기가 됨으로써 그들은 자신을 더 가치있게 느끼고, 성취감과 인정받고 있다는 느낌을 더 가지게 될 것이다[38].

건강 수준

▶ 건강한 수준

정신적으로 건강할 때, 3유형은 그들의 일/생활의 균형을 잘 맞춘다. 그들은 자신의 성과에 대해 겸손하고 자기 수용적이며 진실하다. 그들은 다른 사람들에게 인정받기 위해 영혼을 파는 것이 아니라, 자신의 가치는 자신이 하는 일이 아니라 존재 자체에서 나온다는 것을 깨닫는다. 그들은 이기거나 돋보이거나 영웅이 되려 하지 않고, 자신의 존재자체로 가치를 느낀다. 인정받으려고 전전긍긍하는데 사용된 시간은, 타인을 인정하고 진정한 역할 모델이 되기 위한 시간으로 쓰여진다.

▶ 보통 수준

그들이 정신적으로 덜 건강해짐에 따라 일과 생활은 균형을 잃어간다. 멋진 외모가 필수적인 요소라고 생각되는 직종이 아닌 경우(예를 들면, TV 아나운서, 연기자 또는 모델처럼) 건강이나 몸매는 신경 쓰지 않고 돈을 많이 벌고 승진하는 것으로 목표를 정한다.

---

38) Keys to Facilitating Enneagram Transformations for Coaches, Therapists, and Change Agents - lecture by Ben Saltzman from the 2017 Enneagram Global Summit Lectures. 짤쯔만은 일반적으로 치료사, 라이프 코치 및 변화 에이전트와 관련하여 여기에서 참조를 사용했지만 영양사, 의사 및 스포츠 코치에게도 똑같이 적용된다.

그들은 다른 사람들의 눈에 들기 위해 필사적으로 노력한다. 그들은 다른 사람들이 자신들이 얼마나 성공했는지 알기를 원하며 무슨 수를 써서라도 이미지를 높이려 노력한다. 셰익스피어는 '뜻대로 하세요(As You like it)'에서 "세계는 모두 무대이고, 모든 사람들은 단지 연기자에 불과하다."라고 했다. 3유형에게 인생은 그들이 주도적인 역할을 맡을 방법을 찾는 무대일 뿐이다.

칭찬과 인정에 대한 욕망이 크다 보니 배우자, 부모, 매니저와 같이 그들을 지배하는 사람들로 인해 매우 취약해질 수 있다. 인정받기 위해 맹목적으로 노력한다.

사회적 인정을 받기 위해서 그들은 자신이 원하는 것이 아니라 부모, 관리자 또는 배우자(파트너)가 원하는 직업이나 일을 선택할 수 있다[39]. 이렇게 해야 칭찬받을 가능성이 크다고 여기기 때문이다. 그들은 가장 똑똑한 아이, 가장 멋있는 가정, 가장 잘생긴 파트너 그리고 스포츠, 컴퓨터 게임 등등 모든 분야에서 최고가 되기를 원한다. 이기려는 욕망은 여러 가지 형태로 나타난다. 시간이 지날수록 그들은 자신이 진정으로 즐기고 원하는 것에서 멀어질 수 있다.

게다가 그들은 빠른 해결책이 필요하므로 다이어트 음료, 잦은 지사제 사용, 스테로이드, 혹은 미용 시술에 빠져들게 되고 이런 것들이 일으킬 수 있는 건강 문제는 거의 관심을 두지 않고 외모에 초점을 맞춘다. 몇 년 전에 여성들이 살을 빼기 위해 일부러 촌충이 포함된 알약을 먹었다는 것을 기억하는가? 그들은 살이 빠진다는 소리에 기생충이 중요한 영양분을 빼앗아 건강을 해칠 수 있다는 것은 무시했다. 그들은 단지 소셜 미디어에서 추앙받는 몸매를 가지기를 원한다.

---

[39] 3유형이 덜 건강해지면서 자신의 삶에서 진정으로 하고 싶은 것이나 하고 싶은 것이 무엇인지에 대해 관심을 잃는다고 할 수 있다. 'the Inner Critic workshop' Russ Hudson, Cape Town, 2013.

▶ 불건강한 수준

건강하지 않은 3유형의 상처는 기만(속임)에서 나온다. 이것은 거짓말로 누구를 속인다는 의미가 아니라, 남들의 눈에 최고로 보여지기 위해 자신의 본 모습을 숨긴다는 의미의 '기만'이다. 그들은 자신에게 부족하다고 느껴지는 것을 감추려다 보니 진정한 영적 자아보다 외적 자아를 더 추구한다. 남은 것은 매력적으로 보이는 빈껍데기에 불과하다. 이러다 보니 그들은 경기에서 부정행위를 할 수도 있고, 금지된 물질을 복용할 수도 있다. 자신들이 빛날 수 있다면 그런 것 따위는 중요하지 않기 때문이다.

그들은 나르시시즘으로 향하며 자신의 업적을 남에게 과시하고 싶어 한다. 어떻게든 중요한 인물이 되려 하기때문에, 자신을 과시하고, 꾸미고, 아름다움을 위해 굶고, 그들이 필요한 것을 얻기 위해 다른 사람들을 유혹하기도 한다.

다음 단계는 완전한 소진, 분노, 적개심, 우울증이 나타난다.

3유형들이 건강한 방향으로 나아가면 자기를 가치롭게 여기며, 내적 외적 자아를 모두 소중히 여긴다. 성공의 사다리를 올라야 한다는 욕망은 현재에 충실한 것으로 대체된다. 멋진 인상을 줘야 한다는 욕망에서 벗어나, 다른 사람들에게 혜택을 줄 조직과 구조를 만들기 위해 그들의 재능을 기꺼이 사용한다. 그들은 자신에게 진정으로 좋은 것이 무엇인지를 알고 그것을 선택한다.

요약

3유형의 좋은 점은 만약 그들이 일단 마음만 먹으면 체중 감량에 성공할 가능성이 모든 유형들 중에서 가장 크다는 것이다. 그러나 직장과 육아를 동시에 해야 하는 압박감이 커지면 패스트푸드 같은 나쁜 음식을 선택해서 살이 찔 수 있다. 그러나 그들이 체중 감량을 우선순위에 둔다면 그들은 반드시 성공할 것이다. 중요한 것은 이런 노력이 자신을 위한 것이라고 생각하고 이를 통해 자신을 수용하고 즐겨야 한다는 것이다. 다른 사람들에게 인정 받으려는 욕구를 경계하라. 잃어버린 자신의 내면을 찾기 위해 내면을 강화하는 활동은 매우 유익하다. 그림, 도예, 정원 가꾸기, 일기 쓰기 등과 같은 것은 내적 세계와 외적 세계를 연결하고 진정한 삶의 목적, 즉 그들에게 영감을 주는 것이 무엇인지 탐구하는 데 도움이 되는 취미다.

무엇을 해야 한다는 강박에서 벗어나 자신에 집중하고 자신으로 존재하라. 어렵겠지만 이것이야말로 진정한 자아를 찾아가는 길이다. '지금 여기'에 집중하는 것이 더 많은 성공의 기회를 보장한다는 것을 깨달음으로써 변화를 북돋아라. 지금 여기에 집중하면 더 나은 목표가 생기고 그 결과로 더 많은 성공의 기회가 나타난다. 존재하는 것이 실행하는 것보다 중요하다.

◈ 4유형 예술가 ◈

감정적 대식가 또는 창의적인 감식가

주요 사항

4유형의 음식 선택은 기분과 감정에 따라 다르다. 음식 선택을 보면 그들의 기분 상태를 알 수 있다. 만약 슬프면 위로가 되는 음식을 먹으려 하고, 기분이 좋을 때는 잘 차려 먹으려 한다.

덜 통합된 4유형은 때때로 특권의식을 느낀다. 그것은 수치심과 그들 내면의 부족함을 느끼는 것에 대한 반작용이다(만약 내가 무언가 부족함을 느낀다면 해결책은 밖에 있다. 내가 고통스러울 때 나는 무엇인가를 요구한다. 그러나 원하는 것을 가진다 해도 오랫동안 만족해 하지는 못한다.). 4유형의 대부분의 경험은 그들이 가지고 있지 않다고 느끼는 것에 대한 선망(부러움)과 관계된다.

만약 그들이 어떤 음식을 먹기 원한다면, 그들은 그것을 먹을 자격이 있다고 느낀다. 그러나 원하는 것을 얻었을 때도 만족하지 못하므로, 자신이 정말 원하는 것은 항상 자신을 피해 다닌다고 생각한다. 그래서 결국 그들은 자신의 욕구가 잘못된 것이라고 결론짓는다. 자신이 초라하다는 느낌과 우울한 감정이 올라올 때 4유형은 기분을 좋게 하기 위해 폭식하려 한다. 만약 그들이 우울하거나 기분이 가라앉아 있다면, 나쁜 음식을 선택해서 그들의 우울한 감정을 반영한다. 건강할 때 건강한 음식을 선택해서 건강한 마음 상태를 반영하는 것과 같다.

4유형의 개요

아나이스 닌(Anais Nin)의 인용문은 4유형의 삶에 대한 관점을 한마디로 요약한다. "평범한 삶은 나에게 흥미를 주지 않는다." 4유형은 아름다움을 사랑하고, 자기 성찰적이며, 개성이 있고, 민감하고, 직관적이며, 예술적이고, 자기 표현적이며, 낭만적이다. 그들은 정형화된 틀을 깨는 것을 즐기는 창의적인 사상가다.

통합될 때 4유형은 독창적이고, 민감하며, 온화하며, 자신을 잘 아는 사람이다. 이는 그들이 자기 자신에 대해서는 긍정적이며, 다른 사람들에게는 이해심이 많고 다른 사람들의 감정적 고통에 공감을 잘한다는 것을 의미한다. 그러나 덜 건강해짐에 따라 자기집착적으로 변할 수 있다.

그들은 다른 사람들과 친밀해지고 싶어 한다. 그는 사람들에게 "나와 함께 불 속으로 걸어 들어갈 수 있어?"라는 식으로 묻는다.

머리를 분홍색으로 탈색했거나, 온 몸이 "어두운" 문신(해골, 뱀, 판타지 등등)으로 덮여 있고, 수많은 피어싱을 하고 있거나, 빈티지풍 옷을 입고 있거나, 머리에 꽃을 꽂고 있는 사람들이 있다면 4유형일 확률이 높다.

힙스터 운동[40]은 4유형들의 전형적인 행동이지만 그들은 자신을 누가 봐도 힙스터라고 말하는 것을 원하지 않는다. 그렇게 되면 이미 특별함을 잃은 것이기 때문이다(위키피디아는 현대 힙스터 운동을 이렇게 묘사한다. "인디와 대체 음악, 다양한 비주류 패션 감성, 빈티지 그리고 중고품 구매와 폭넓게 연관되어 있다. 독특한 의상, 일반적으로 진보적인 정치적 견해, 유기농이나 장인적 음식, 새로운 생활양식 등과 관련이 깊다.)".

그들의 깊은 수치심은 자신을 사회의 규칙 따위는 아랑곳하지 않는 특별한 존재로 인정받고 싶게 만든다. 그들은 절대 지루하지 않고, 자신이 다른 사람들과 얼마나 다른지를 보여주고 싶어 한다(아이러니하게도 4유형의 지나친 자기 몰두는 다른 사람들을 지

---

40) https://en.wikipedia.org/wiki/Hipster_(contemporary_subculture)

루하게 만드는 요소다.). 그들은 전형적으로 자신의 감정을 과대평가하는데, 이것이 다른 유형보다 4유형이 더 감정에 충실하고 감정표현을 잘하는 이유다.

그들은 일반적으로 자기 자신에게 일종의 결함이 있다고 생각한다, 그리고 자신은 재수 없게 걸려들어서 다른 사람들보다 운이 없다고 생각하고 운이 좋아 보이는 사람을 부러워한다. 4유형들은 자신은 마치 부모가 나은 "진짜" 자식이 아니어서 가족의 일원으로 어울리지 못하는 듯이 행동하고 감정을 표현한다. 그들은 자신을 비극의 주인공으로 여기고 우울해 하면서 거기서 의미를 발견한다. 그들은 이런 우울함이 세상을 더 깊이 있게 경험할 수 있는 것으로 알고 오히려 편하게 생각한다.

그들은 때로 극단적이고, 변덕스럽고, 다른 사람들의 관심을 받으려는 행동을 한다. 욕구를 충족시키지 못할 때 그들은 평범한 사람들을 무시하고 비판하려 한다. 건강하지 않을 때는 마치 한물 간 베스트 셀러 작가처럼 그들의 창의성은 고착된다. 아니면 수치심과 자기혐오로 가득 차서 다른 사람들을 맹렬히 비난할지도 모른다. 이 수준에서는 우울증이 나타날 수 있고 자신을 다른 사람들 때문에 고통받는 비극적인 희생자로 여긴다.

하지만 4유형들은 자발적이고, 진실하며, 창조적이며, 자신을 제대로 자각할 수 있는 잠재력이 있다.

직업 선택

4유형은 전형적인 예술가적 재능이 있어 음악, 발레, 미술, 드라마, 시, 인테리어, 애니메이션, 조형, 건축 등의 분야에서 주로 종사하고 있다. 본인이 직접 창작하지 않더라도 미술평론가나 영화편집자 등 창작과 관련된 일들을 한다. 4유형이 많이 선택하는 다른 분야는 치유 특히 대안적인 치유인데 레이키 시술자, 요가 강사, 또는 심리학자나 상담가로 일할 수 있다.

식욕 유발 원인

식욕 유발 요인은 두 가지 형태 중 하나를 취한다.

1. 자신은 늘 부족하고, 하는 일마다 운이 없다고 생각하기 시작하면 자신의 정체성에 대해 고민하게 되는데 이런 경우 자신의 정체성을 드러내기 위해 특정한 음식을 선택할 수 있다("나는 매우 영적인 사람이기 때문에 고기를 먹지 않는다.", "나는 보르도 와인만 마신다.").

2. 만일 그들이 자신이 창의성이 없다거나, 자신에 대해 수치스러워 한다거나, 무료해 하거나, 자신을 거부하거나 더 심하면 점점 더 조용해지고, 지루해 하고, 나태해지면 사랑을 먹는 것으로 대체하는 2유형과 비슷한 식생활을 할 수도 있다.

4유형이 스트레스를 받을 때 타인과의 관계 단절, 절망, 의존, 그리고 우울 증상이 나타날 수 있다. 그들은 겉으로는 화를 잘 내고, 다른 사람들에 대해 매우 비판적이고, 자신의 잘못에는 관대하게 보일 수 있지만, 속으로는 가까운 사람들과 비교하는 자기혐오감과 깊은 수치심을 가지고 있다. 그들은 도움을 거절할 수 있으므로 치료사, 영양사 또는 도움을 줄 만한 사람들과의 면담을 완전히 거부하려 한다. 먹는 것으로 감정을 발산하려 한다.

음식에 접근하는 방법

4유형에게 음식은 그들이 원하는 개성을 표현하는 또 다른 방법이다. 예술가인 4유형은 이렇게 말했다. "나는 내가 상류층이 주로 가는 고급 마트에 갈만한 여유가 없다는 것을 알고 있어. 하지만 거기에는 일반 마트에서는 보기 힘든 식재료를 취급하거든. 나는 주로 샐러드와 고기의 특수부위로 만든 음식만 먹기 때문에 조금 과하지만 거기서 식재료를 구입 해. 나머지 식구들은 마트에서 산 것을 먹는데 내가 보기에는 그들은 그런 고려를 하지 않는 것 같아."

먹는 것은 그들의 독특함을 표현하는 방법이다. 초콜릿을 사랑하면서도 글루텐 과민성이 있는 채식주의자와 같이 독특한 음식 취향이 있다. 트리니다드에서 수입한 80% 순수 코코아만 먹고, 공정 무역 제품 혹은 유기농만을 먹는 사람들이며, 자연 방사하여 키운 닭고기와 계란 그리고 특정한 종류의 커피만 마실지도 모른다. 음식은 그들의 감정을 전달해야 하므로 석류씨 같은 특이한 토핑을 곁들인 유기농 샐러드는 다른 사람들에게 그들이 담백하고, 깨어있고, 지구를 의식하지만, 풍미를 즐기고, 이국적이라는 것을 보여준다. 결과적으로 그들은 매우 까다롭게 음식을 선택한다.

만약 그들이 덜 건강하다면 좀 다르다. 이 경우 감정에 집중함으로써 배고픔에 대한 감각을 잃고 정크 푸드같은 것들을 대충 먹는다.

그들은 먹는 음식과 자신을 지나치게 동일시하여 그들이 쇠약할 때 '금지된' 음식을 먹게 되면, 죄책감과 후회로 자기 자신에 대해 좋지 않은 감정을 느끼게 된다. 반면에 그들이 "좋다"고 생각하는 음식을 먹으면 기분이 좋아지고 그 음식을 편하게 소화시킨다. 한 4유형은 "롤빵을 먹고 나면 속이 부글부글 끓는데, 이것을 알고도 계속 먹는 내가 너무 짜증나."라고 중얼거렸다. "그것은 신전과 같은 내 몸에 아무거나 함부로 집어넣은 것 같은 극단적인 자기혐오에 가깝지."

길시언 맥키스 박사의 책 "네 몸이 말을 할 수 있다면, 당신에게 무슨 말을 할까?"는 4유형이 먹은 음식은 그들의 감정을 반영하는 것으로 요약된다.

외식법

레스토랑 선택은 4유형에게 중요하다. 그들은 질보다 양으로 승부하는 식당에 가느니 굶는 게 낫다고 생각한다. 그래서 "한 개 가격에 두 개"라는 광고로는 그들을 유인할 수 없다. 하지만 수제 비트 피클과 구운 고구마를 곁들인 와규 버거라면 비싸도 사먹을 것이다. 그들은 외식을 할 때 미식가들의 선택, 혹은 맛집 선정 순위, 고급 식당 정보, 온라인 식당 후기 등을 확인한 후에 가장 독특한 음식을 먹을 수 있는 곳으로 간다.

4유형은 메뉴를 선택할 때 좋아하는 것을 고르기보다는 좋아하지 않는 음식을 배제하는 방식으로 결정할 가능성이 더 크다.

미술감독인 4유형은 나에게 "나는 치킨을 먹지 않아요. 좁은 닭장에서 비인도적으로 사육하는 것이 마음에 걸려요. 소고기는 우둔살이나 치맛살이 아닌 마블링 된 등심을 좋아한답니다. 그래서 다른 부위 고기는 아예 선택지에 없지요. 다른 것은 다 괜찮은 데 파마산이나 페타치즈를 얹은 것도 못 먹겠더라구요. 야채도 삶거나 조리된 것은 별로 좋아하지 않구요. 사실 이런저런 것들 다 걸러내면 한두 가지 요리 중에서 고를 수 있어서 편하긴 해요."

4유형은 음식을 그들의 독특함을 표현하는 도구로 인식하기 때문에 복고 스타일이 취향이 아니라면 햄버거와 감자튀김과 같은 일반적인 것으로는 만족하지 못한다. 수제 겨자소스를 얹은 고구마튀김에 '양고기 버거' 정도는 되어야 한다. 나는 4유형 카피라이터와 함께 일했는데, 그는 돈이 없을 때도 취향을 낮추기보다는 단 한 끼를 먹어도 최고의 식사를 위해 그의 식비를 쏟아 부었다.

옷, 자동차, 인테리어 장식을 선택할 때도 그렇지만 음식을 고를 때도 특별하거나 독특하다는 평판 특히 "귀족적"이라는 소리를 들을만한 메뉴를 고른다. 4유형은 날개에 따라 귀족(3유형의 날개를 가진 4유형)과 보헤미안(5유형의 날개를 가진 4유형)으로 구분될 수 있다[41]. 그들이 어떤 선택을 하는지는 별칭으로도 알 수 있다.

4유형은 자기 주장이 강하고 자신들의 목소리를 내는 것을 두려워하지 않는다. 그들은 한 번도 요리해 본 적이 없어도 겨자 소스가 과하다든지, 천연소금 맛이 아니라든지 하면서 마치 요리 전문가처럼 지적한다.

그들은 자주 가는 까페의 주인이 자신이 어떤 카푸치노를 즐기는지 정확히 기억하면 좋아한다. 유명한 레스토랑의 주인이 그들의 이름을 기억하고 안부를 물으면서 테이블로 안내하고 "메뉴에는 없지만 신선한 굴이 조금 남아 있어 당신에게만 특별히 제공하겠습니다."라고 귓속말로 속삭인다면 최고로 기분이 좋아진다.

만약 그들이 보통 수준부터 건강하지 못한 수준이라면 재정 상태는 중요하지 않다. 그들은 파티에서 가장 비싼 식사와 와인을 크게 고민하지 않고 주문한다. 누가 돈을 내는지 생각하지 않고 단지 자신들은 그런 대접을 받을 자격이 있다고 느끼기 때문이다.

집으로 식사 초대

음식 선택과 마찬가지로, 4유형은 자신의 정서가 반영된 환경이 필요하다. 장식품, 조명, 음악은 음식만큼이나 중요하다. 만약 주변 환경이 자신이 느끼는 아름다움이나 정서를 반영할 수 없다면 차라리 초대하지 않는 게 낫다고 생각한다.

언젠가 4유형에게 친구를 사귀고 싶지 않은 이유를 묻자 다음과 같이 설명했다. "우리 집은 내가 바라는 대로가 아니에요. 고치거나 정리해야 할 것이 너무 많거든요. 나는 사람들에게 이렇게 어수선하고 남루한 집을 보여주고 싶지 않습니다. 우리 집을 내가 바라는 대로 갖추기 전에는 사람들과 교류하고 싶지 않아요. 나는 우리 집을 단순한 유럽식 가구와 아름다운 이국적인 소품들로 꾸미고 싶어요."

---

41) Riso, Hudson. Personality Types. p. 167-169.

4유형은 집을 꾸밀 때도 신중하게 선택한 예술품이나 장식품들로 아름다움을 사랑하는 그들의 취향이 드러나게 하려 한다. 잡동사니를 늘어놓기 보다는 미니멀리즘적인 표현에 집착할지도 모른다. 그들은 특이한 테이블 장식이나 인테리어 아이디어를 얻기 위해 잡지나 웹사이트 등을 뒤적이는 데 많은 시간을 보낸다. 향초, 아로마, 이국적인 음악, 또는 신선한 꽃들로 창조적이고 기발한 분위기를 조성하려 한다. 그러나 그들의 기분이 별로일 때는 삭막한 장식품을 대충 놓거나 아무 것도 놓지 않은 채 방치하기도 한다. 신비롭고 이국적으로 보이는 것을 좋아하는 취향은 자신의 집 인테리어에 영향을 줄 수 있다.

음식을 만들어 내놓을 때 장식이나 모양도 중요하다. 요리도 아름다워야 한다. 만약 음식이 그들의 창의성을 표현하기 위해 선택된 것이라면, 접시에 담아낼 때 장식용 채소나 소스, 가니쉬(요리 장식)를 추가해서 완벽한 아름다움을 표현하기 위해 많은 시간을 보낼지도 모른다.

하지만 모든 4유형이 요리나 요리 장식의 장인은 아니다. 만약 본인이 솜씨가 없다면 어디든 창의적인 곳에서 사 먹는 것도 나쁘지 않다고 생각한다. 음식이 4유형의 분위기를 반영하기 때문에 만약 그들이 우울하다면 요리는 물론 요리장식도 최소화하거나 아예 하지 않을 수 있다. 그들은 자신이 우울하다는 것을 상대가 알아주기를 바란다. 만약 5유형 날개를 가진 4유형이 파티를 주최한다면 그들은 손님들이 필요로 하는 음식이나 술 등을 보충해 주는 것은 까맣게 잊고 다른 사람들과의 대화에 몰입할 지도 모른다.

만약 여러분이 4유형을 초대한다면 좀 힘들 수 있다. 지난번 초대했을 때 좋아했던 음식을 준비했을지라도 이번에는 선호 음식이 변했을 가능성이 많기 때문이다. 당황하지 않기 위해서는 음식을 준비하기 전에 그들에게 무엇을 좋아하고, 무엇을 먹지 않는지 물어보는 것이 안전하다.

음식 선택

4유형은 델리카트슨(육가공전문식품점), 치즈 전문점, 제과 전문점, 유기농식품 전문점 등 일반적으로 전문 상점에서 쇼핑하는 것을 선호하며, 주인이나 직원이 자신의 이름을 기억하고 대우해 주는 곳을 좋아한다. 4유형에게 쇼핑은 경험이다. 잘 익은 브리 치즈 또는 수제 초콜릿 등으로 감각을 자극하는 시간이기도 하다. 음식을 선택하는 과정은 자신의 정체성과 진정한 자아를 찾아 가는 과정이라고 생각한다. 결과적으로 독특한 스타일의 옷을 찾아 여러 브랜드를 다니는 것처럼 식당이나 식료품 가게도 자신의 기호가 변함에 따라 쉽게 바꿀 수 있다.

프랑스는 4유형의 특징이 강한 나라로 여겨진다. 그래서 프랑스인들은 대체로 좋은 음식을 좋아한다. 아름다운 질감과 색채가 감각적으로 어우러진 프랑스의 개성 넘치는 시장을 생각해 보라. 프랑스 사람들은 과일이나 채소를 사기 전에 하나하나를 집어 들고, 냄새를 맡고, 느끼고, 맛보면서 그것의 아름다움과 향기에 빠져드는 것을 좋아한다. 만약 그들이 요리를 만드는 과정이나 재료들에 대해 잘 안다면 요리사와 상호작용하면서 이야기하는 것을 즐긴다. 그래서 요리사와 이야기하면서 먹고 마실 수 있는 바나 일식집 다찌석과 같은 자리를 좋아할 수 있다.

4유형은 이국적인 음식, 아름다운 포장, 감각적인 색에 끌린다. 그들은 빵 하나를 사더라도 '유기농으로 재배된 밀을 자가제분해서 만든 밀가루에 효모를 넣어 천천히 발효한 반죽을 화덕에 구운 즉 흔하지 않은 장인의 맛'을 경험하길 원한다. 대량 생산되는 제품이나 많은 이들에게 알려진 인기 브랜드는 그들의 관심을 끌지 못한다. 만일 돈이 부족하면 평상시는 하루에 3번 마시던 커피를 줄여서라도 특별한 커피 한 잔을 마시려 할 것이다. 최고의 가치가 있는 것을 선택할 수 있다면 어떤 대가도 치룰 수 있다고 말하면서 이런 고급스러운 것들을 마음껏 누릴 수 있는 사람들을 부러워한다.

그들은 복고풍의 통에 넣어 판매되는 커피 원두, 아름다운 리본이 달린 바구니에 담긴

비스킷 또는 진짜 벨기에 산 아이스크림콘 등에 끌린다.

앞서 말했듯이 4유형은 우세한 날개에 따라 다르게 행동한다. 보헤미안 4유형은 집에서 우유와 커피만을 마시다가 가끔 간편하게 식사할 수 있는 곳에서 외식하는 반면, 귀족 4유형은 새로운 고급식당, 최신 유행하는 레스토랑에서 식사를 하거나, 자신이나 다른 사람들과 즐기기 위해 잘 만들어진 수제 요리를 냉장고에 채워둘 것이다. 어쨌든 두 유형 모두 다른 사람들이 볼 때 좀 특이한 것들을 선택하려 한다.

4유형의 경우 현재의 경험은 과거의 경험을 통해 결정된다. 음악이든, 상차림이든, 특정한 음식이든, 과거의 경험을 떠올리게 하는 것을 마주하게 되면 그 당시의 감정에 빠져 들 수 있다. "바삭한 오리구이를 먹을 때면 케이시와의 마지막 식사가 떠올라. 그 당시 우리 둘은 매우 감정이 격해 있었어. 우리는 대만의 작은 식당에서 베이징덕(중국식 오리 훈제 요리)을 먹고 있었는데 우리 둘 다 이것이 마지막 식사라는 것을 알고 있었지. 지금 이 요리를 먹으니 그때 느꼈던 끔찍한 슬픔이 되살아 나."라고 말했다. 이것은 과거와 현재가 혼재되는 전형적인 4유형의 경험이다. 이러한 회상들은 행복한 것도 있고 슬픈 것도 있지만 4유형에게 많은 감정을 이끌어낸다.

4유형은 자신의 몸 상태와 신체적 욕구 혹은 특정한 음식이 자신에게 미치는 영향에 대해 매우 잘 알고 있다. 빵은 위를 더부룩하게 하고, 치즈가 든 음식은 수면 패턴에 영향을 준다고 불평할지도 모른다. 만약 우리의 정신이 육체와 연관되어 있다는 가설을 믿는다면 4유형이 신체적으로 다른 사람들과는 조금 다른 욕구를 가지는 것은 어쩌면 당연하다. 결과적으로 그들은 다른 사람보다 더 많은 질병과 고통을 호소할 수 있다. 심리적, 정서적 고통이 육체적 고통이 되기 때문이다.

또 특별한 음식에 대한 욕구는 4유형을 다른 사람들과 구별 짓게 한다. 사람과의 관계에서 "내가 먹고 싶은 것이 당신 것보다 더 중요하다."는 것으로 해석될 수 있다. 특별히 9유형, 6유형, 2유형과 같이 덜 대립적인 유형이 배우자라면 그들은 이렇게 말할 수 있다. "카레를 먹으면 속이 쓰려서 우리는 카레 식당에 갈 수 없어. 밀가루 알레르기가 있어서 피자도 안 돼. 기름에 볶은 음식을 먹으면 탈이 나서 중식도 안 돼!" 이럴 때 위 유형의 배우자(파트너)들은 그들의 선택에 따를 것이다. 왜냐하면 그들은 이런 불평을 받아줄 것이기 때문이다.

그들은 생선을 먹을 때 제일 좋은 부분만 골라 먹는다거나, 사과 파이의 촉촉한 안쪽 부위를 거리낌 없이 가져가기 때문에 함께 식사하는 사람들을 짜증나게 할 수 있다. 그들은 자신이 최고의 부위를 먹을 자격이 있다고 느끼기 때문에 별 생각 없이 그런 행동들을 한다.

만약 그들이 채식주의자라면 동물들이 식탁에 오르기 위해 견뎌야 하는 고통과 충격을 진심으로 느끼기 때문일 것이다. 그들의 몸은 그들의 신전이기 때문에, 화학성분이 있을지도 모르는 반 조리된 음식이나, 항생제나 환경호르몬이 검출되는 육류로 만들어진 음식을 먹는 것에 대해 걱정한다. 그들에게 채식주의자가 된다는 것은 죄책감이나 불안감을 가지지 않고 식사할 수 있다는 것을 의미한다.

당신이 볼 수 없는 것

4유형은 우울해지거나 지나치게 슬픈 감정에 빠질 때 거의 먹지 않거나 먹더라도 목숨을 연명할 정도로 아주 조금 먹을 수 있다. 배고픔은 이들에게 정서적 자각을 고조시킨다. "가끔 나는 무슨 일이 있으면 며칠을 굶기도 하는데, 너무 고통스러울 때는 배고픈 줄도 몰라."라고 4유형은 이야기한다. "음식이 들어가면 제대로 일을 할 수가 없어. 나는 폭식 후에 몇 끼를 굶기도 하고, 어떤 때는 폭식하고 토해. 음~~~그냥 먹을 수가 없어. 제대로 먹는다는 것이 생각만큼 쉽지가 않아. 음식은 내 생활을 조종하는데, 어떤 면에서는 나도 내 삶을 어쩌지 못하는 것과 같은 맥락이라고 할 수 있어. 그래도 내가 존재하기 위해서는 먹는 것은 어떤 것보다 중요한 것 같아."

흔하지는 않지만 폭식증, 거식증은 1유형처럼 4유형에게도 문제가 될 수 있다. 다르게 보이고 싶은 욕망과 자신의 잘못에 초점을 맞춤으로써 그들 자신이 맡아야 할 사회적 역할을 피하려 한다. 특히 생계를 꾸리거나 책임을 수행하는 역할은 더더욱 회피하려 한다. 그들은 책을 쓰는 일, 연극, 시, 예술작품, 또는 그와 비슷한 일을 하기 위해 직업을 포기할 수도 있는데, 책을 쓰는 동안 배우자/가족/친구들이 정서적으로나 경제적으로 자신을 부양해 줄 것을 기대한다(글을 쓰려면 단어 하나하나를 끝없이 고민하고 연구해야 하기 때문에 아주 오랜 시간이 걸릴 수도 있다. 그래서 누군가가 나를 부양해야 해.). 배우자가 불평하면 발끈하면서 비난을 퍼부을 수 있다. 그들은 그들의 모든 욕구를 충족시킬 "구원자"를 구하려 한다.

"나는 음악가가 되고 싶었다. 아내가 내 대신 아주 열심히 일하고 가족을 부양하겠다고 허락해서 내가 음악가의 길을 갈 수 있게 되었다"라고 4유형은 회상했다. 그러나 그가 간과한 것은 아내는 그 상황에 전혀 만족하지 않았다는 것이다. 그의 아내는 새벽부터 밤늦게까지 일하면서 홀로 가족을 부양해야 한다는 것에 화가 나 있었다. 그가 이런 상황을 인정하기를 원하지 않았을 뿐이다. 그는 음악가로서 예술을 창조하기 위해서는 세속적인 책임에서 벗어나는 것이 마땅하다고 생각했다. 그의 음악은 "주류거나, 상업적인 것이 아니어서" 돈을 벌 수가 없었다. 그 와중에도 그는 아내가 바빠서 그와 다정한 시간을 가지지 못한다고 화를 냈다.

자신의 몸을 보는 관점

대부분의 4유형은 자신의 "결점"이라고 생각하는 것에 대해 매우 비판적이다. 그들의 생각하는 신체적 결점은 그대로 실제 몸에 투영된다. 어떤 4유형은 그들의 몸을 예술가의 화폭으로 본다. 그들은 체육관에서 몇 시간을 보내면서 근육을 완벽하게 다듬기 위해 역기를 들거나 운동을 한다. 그들의 몸은 자신의 작품이기 때문에 다양한 문신이나 화장품, 각종 장식물로 몸을 치장하고 공을 들여 가꾼다.

만약 그들이 3유형의 날개를 가지고 있다면, 그들의 "결점"을 없애기 위해 성형수술에 끌릴지도 모른다. 수술을 했는데도 행복하다고 느껴지지 않으면 자신이 부족하다고 느끼는 다른 신체부위를 또 수술하려 할 수도 있다. 이런 이유로 4유형은 수술 중독이 될 가능성이 있다.

이것의 극단적인 예로는 1990년도에 일어난 오를랑의 성형수술에 관한 이야기다. 그녀는 자신을 레오나르도의 '모나리자'와 보티첼리의 '비너스'를 닮은 외모로 바꾸기 위해 성형수술을 하면서 수술 과정을 직접 촬영했던 프랑스 페미니스트 예술가다.

오를랑은 9번의 수술을 했는데, 이것은 예술적 반향을 불러 일으켰다. 다르게 보이고 싶은 욕구를 탐구함으로써 사회에 확실한 충격을 준 사건이기도 하지만, 그녀 자신도 새로운 모습으로 재탄생 되었다. 다른 여성들이 '결점'을 고치거나 더 젊어 보이기 위해 성형수술을 하는 것과 달리, 그녀는 새로운 방식의 신체에 대한 탐구를 예술로 만들었다.

창의성에 관심이 더 많거나, 몸은 캔버스가 아니고 자체로 표현하는 것이라고 생각하는 다른 4유형들은 자신의 몸에는 거의 관심을 두지 않을 수도 있다.

중독

4유형은 종종 강렬한 사람들이어서 마리화나나 담배와 같이 그들을 진정시키고 위안을 주는 것들에 끌린다. 그들은 또한 사회성이 부족한 편이어서 잘 어울리기 위해 술을 마신다. 어니스트 헤밍웨이처럼 "나는 다른 사람들을 더 흥미롭게 만들기 위해 술을 마신다."라고 말할 수도 있다. 항우울제, 수면제와 같을 것들을 복용하기도 한다. 그들은 자신이 다른 사람에 비해 제대로 대우받지 못한다고 느끼고, 또 이것이 맞다고 철썩같이 믿으며 자신의 중독을 정당화 한다[42].

중독은 4유형들을 자기혐오 감정에서 벗어나게 한다. 그들이 집단치료나 약물 재활치료를 받을 경우 원초적이고 감정적인 울분을 다른 사람들에게 마구 쏟아낼 수 있다. 처음에는 대체로 관찰자로 앉아 있지만 일단 감정을 풀어 놓으면 집단을 장악하고 다른 사람들이 참여할 수 없을 정도로 독점하는 경향이 있다.

어린 시절

4유형들은 그들의 부모 또는 둘 중 한 명에게 버림받은 경험을 종종 말한다[43]. 가장 전형적인 것은 어머니로부터 버림받은 느낌이다. 엄마가 산후 우울증을 겪었거나, 육체적으로 부재했거나(죽었거나 이혼, 여행으로), 동생이 생겼거나, 일을 하거나, 혹은 병이 있는 경우다. 버려진 느낌은 자신이 보살핌을 받을 가치가 없고, 이해받지 못하며, 사랑받을 가치가 없고, 자신은 결함이 있는 것으로 변환된다. 따라서 결함이 없고 특별하게 되어야 한다는 강한 동기가 작용한다.

부모가 정서적으로 부재하고 아이의 정서적 욕구를 무시한다면, 아이는 그들이 받지 못하고 있다고 느끼는 관심을 끌기 위해 행동할 수 있다. 만약 다른 형제들은 자신과 다르게 그들이 갈망하는 사랑과 관심을 받고 있는 것처럼 보인다면, 그들의 관심을 끌기 위해 독특하거나 극적인 방식을 시도하게 된다.

사랑하는 부모에 대한 이러한 상실감은 사랑하는 사람에 대한 끊임없는 탐색으로 이어질 수 있다. 완벽한 사랑을 잃어버렸기 때문에 사랑을 가지고 있는 사람 혹은 그런 사랑을 평생동안 찾아 헤맨다. 그들은 신비롭고 특별한 존재로 보이기를 간절히 바라기 때

---

42) Riso, Hudson. The Wisdom of the Enneagrams. p. 351.
43) Beatrice Chestnut. The Complete Enneagram. p. 272.

문에 사랑하는 사람들(혹은 지나가는 사람의 열병)이 그들을 찾아올 것이고, 그렇게 함으로써 그들의 특별함이 입증될 것이라고 기대한다.

앞에서 말했듯이 그들은 종종 자신은 잘못 태어난 사람이라고 느낀다. 그야말로 "다리 밑에서 주어온 자식은 아닌가? 우리 부모가 친부모이기는 한건가?" 라는 생각을 한다. 이것은 종종 이들에게 고독감을 주고 다른 형제자매와는 다르다는 느낌을 갖게 한다. 그래서 그들은 끊임없이 자신의 정체성을 가족이 아닌 다른 곳에서 찾으려 한다. 만약 내가 내 가족 혹은 내 형제(자매)들과 연결되어 있지 않다며, 그렇다면 나는 누구인가?

4유형은 부모나 가족 모두와 다르게 느끼기 때문에 종종 그들의 어머니 혹은 어머니 역할을 하는 사람들과 문제를 가질 수 있고 자칫하면 평생 지속될 수도 있다. "어머니는 언니와 오빠만큼 나를 사랑한 적이 없었다. 내가 아무리 잘해도 항상 관심은 언제나 그들 몫이었어."라고 한 친구가 나에게 말했다.

그들은 자신의 이상 속에 있는 부모를 찾는 데 일생을 보낼 수 있으며 또 그 사람에게 분노의 감정을 투영시켜 해방되려 한다. 그들의 욕구와 다른 사람들에 대한 기대가 지나치게 커지면 그들을 구원해 준 바로 그 사람을 도망가게 만들 수 있고 결국 어린 시절의 경험을 반복할 수도 있다.

다이어트 방법

4유형에겐 일반인에게 인기있는 다이어트법은 별로 매력적이지 않기 때문에 특별한 개별 맞춤형 다이어트 계획을 만들어야 할 것이다. 정서적으로 덜 건강한 4유형은 그들의 욕망에 의해 좌우된다. 여기에 "나는 이것을 받을 자격이 있다"와 같이 특권의식이 더해지면 다이어트는 까다로운 문제가 될 수 있다. 나쁜 음식을 자제하겠다는 약속도 기분에 따라 흔들린다. 그들은 자신이 식생활 규칙을 따르지 않는다는 것을 알고 있고, 게

다가 그것을 개의치 않는다고 말할 만큼 자기주장이 강하다. 만약 여러분에게 4유형 고객이 있다면, 그들이 음식이나 다이어트 방법에 대해 자기주장을 강하게 말하지만 대체로 합리적인 생각이 아닐 가능성이 많다는 것을 알아 두는 것이 좋다.

그들은 방금 전에 무엇을 먹었는지 조차 잊어버린 채 하루 종일 주전부리를 한다. 만약 4유형이 "조금 전에 견과류 몇 알 먹었어."라고 말했다면 견과류 한 봉지를 먹었다는 것을 의미할 수 있다.

그들은 정해진 시간에 일하는 것을 좋아하는 경향이 있다("요가 끝난 후, 나는 떡 한 개와 후무스[44]를 먹는다. 그것이 나를 지탱하게 해준다. 그리고 점심 후에 마시는 커피는 기분을 좋게 하고 내가 창조적인 활동을 하도록 만들어준다. 오후 5시쯤이면 배가 고파져서 떡 하나와 후무스를 한 번 더 먹는다. 그리고 나서 차가운 샤르도네 포도주 한 잔을 마시며 휴식을 취한다. 그럼 저녁 먹을 시간이 된다.") 여기서도 실제로는 떡 한 개를 먹은 것이 아니라 떡 네 개와 서너 잔의 포도주였을 지도 모른다.

이렇게 야금야금 조금씩 먹는 성향을 고려해 볼 때, 4유형의 다이어트 식단은 식사 중간에 먹을 수 있는 질 좋은 간식을 고려해야 한다.

4유형은 다이어트 프로그램과 충돌하는 제멋대로인 사람일 가능성이 있다. 특권의 문제가 여기서 발생한다. "나는 나의 창의력을 자극할 무언가가 필요해요. 상추로는 안 돼요. 나는 수제 초콜릿 장인이 만든 다크 초콜릿을 먹어야만 해요."

이럴 경우 영양사(혹은 운동 코치)는 자신의 잘못으로 4유형 고객의 다이어트가 실패했다고 느껴 자신감이 떨어질 수 있다.

그들을 정상 궤도에 오르게 할 수 있는 것은 자신이 먹을 것을 창의적으로 만들어 먹도록 고무하는 방법이 있다. 만약 그들이 요리에 관심이 있다면 새로운 후무스를 만드는 방법이나 샐러드를 다른 방식으로 만들어 먹도록 권유해 볼 수 있다.

만약 그들이 감정적으로 건강하지 않다면, 그들은 모든 경고를 무시하고, 폭식과 음주

---

44) 병아리콩을 으깬 중동 요리

(혹은 약물)의 건강하지 않은 식습관을 반복하고, 밤새 파티하고, 밤새 영화를 보거나 음악을 듣고 나서 후회하며 자책하는 건강하지 못한 일상에 빠질 수 있다.

운동

4유형이 정서적으로 덜 건강해짐에 따라 그들의 몸은 이를 반영한다. 후퇴형의 하나가 되어 그들은 자신이 상상하는 환상의 세계에 자신을 고립시킨다. 이 정도 발달수준에서는 단체 운동은 그들에게는 효과가 없을 것이다. 그들은 신체적, 정서적 결함이 있다고 생각하면서도 자신을 향상시키기 위해 노력하지 않을 것이기 때문이다.

그들은 "나는 과체중이야. 그게 바로 나 자신이야. 나는 남들과 다르고, 나의 아름다움은 내면에 있어. 그러니 꺼져!"라고 말하는 페르소나에 묻혀 버린다. 어렸을 때 운동을 많이 하지 않았다면 4유형은 운동할 확률이 낮을 수도 있고, 특히 운동할 기분이 아니라면 더더욱 그렇다.

그들이 운동을 꾸준히 하기 위해서는 정해진 운동 계획에 따르게 하는 것이 중요하다. 몸에 조금이라도 이상이 생기면 그것을 핑계로 운동을 빠지려 하기 때문이다. 그러니 정해진 운동 루틴이나 명확하게 규칙을 정해 놓는다면 그들을 궤도에 오르게 하는 데 도움이 된다.

그들에게는 요가나 니아 춤(Nia Dance)과 같이 영적인 요소를 가진 개인화된 운동이 더 매력적일지도 모른다. 춤은 또한 경쟁 없이 다른 사람들과 친밀감을 가져올 수 있기 때문에 좋은 선택이다. 4유형이 설명한 것처럼, "탱고를 하는 것은 내가 할 수 있는 가장 관능적인 일이다. 나는 격렬해지고, 낯선 사람과 친밀하게 연결되게 하고, 몇 분 동안 나는 하나가 되어 움직인다. 춤을 추고 난 후 헤어지더라도 실제 관계와는 달리 상처도 없고 상실감도 없다."

그들은 종종 상당히 긴장되어 있으므로 서핑과 같이 심리적으로 느린 운동에 끌릴 수 있다. 서핑은 파도가 서핑을 즐길 정도로 완벽해질 때를 기다리며 시간을 보내는 운동이다. 조정이나 카누를 타는 것도 하나의 방법이다. 그들은 특별히 경쟁을 즐기지 않기 때문에 암벽등반이나 하이킹과 같이 혼자 할 수 있는 스포츠도 좋다.

그들은 매력 있는 운동 코치나 지도자 혹은 다른 수강생들에 끌려 특정한 운동 수업을 시작할 수 있지만, 막상 시작하면 지루하게 느껴 금방 수업에 참여하지 않으려 한다.

영감을 주는 방법

4유형을 체중감량이나 운동 프로그램에 참여시키려면, 신체적으로 건강해지면 파트너를 찾을 기회가 더 많아진다는 것을 알게 하는 것이다. 비록 운동이 건강을 위해서 하는 것일지라도, 자신의 외모를 더 멋지게 하고 자신을 더 좋은 상태로 만들 수 있다는 것을 알게 되면 좀 더 관심을 가질 것이다. 운동을 통해 얻은 자신감으로 자신을 편하게 드러내 보임으로써 다른 사람들과의 관계를 더 친밀하게 만들어 줄 수 있다는 것도 그들을 자극할 수 있는 요소다.

건강 수준

▶ 건강한 수준

4유형은 자신이 되고 싶은 이상형을 마음에 품고 있다. 정서적으로 건강할수록 자신의 환상을 현실화하기 위해 노력한다. 그들의 몸은 그들의 신전이고 그런 영광을 받을 만하다. 그들은 직관적으로 자신의 몸에 가장 좋은 것이 무엇인지 안다. 그들은 다른 사람들의 외모를 부러워하지도 않고, 다른 사람들보다 더 결점이 있다고 생각하지도 않는다. 그들의 자존감의 근거는 외모를 훨씬 넘어서는 것이다. 그들은 자기를 수용하고 명확한 자아의식을 가지고 있다.

그들은 자신의 감정을 탐구할 수 있지만 자기 자신만 좋아하는 것은 아니다. 그들은 그들 자신뿐만 아니라 다른 사람들의 감정에 대해서도 친절하고 민감하다. 그들은 독창성, 자기 자각, 사랑, 그리고 우아함을 풍긴다. 그들은 자신과 타인을 위해 옳은 일을 하고 진정으로 변화하고 성장하는 존재다. 그들은 자신이 이미 경험한 것들 이상의 다른 것들을 하려 하거나 다른 무엇이 되어야만 한다고 하지 않는다.

▶ 보통 수준

4유형이 정서적으로 건강하지 않게 되면 건강도 나빠지기 시작한다. 환상적 자아와 인식된 현실 자아가 점점 멀어져 표류하기 시작하면서, 거짓 자아를 만들어 내려 한다. 그들은 자기 스스로 자신이 누구인지 알 수 없기 때문에 자신을 깨닫게 해줄 '구조자'를 찾기 위해 사람들을 시험하기 시작한다. 자기혐오의 시작은 좋지 않은 음식을 먹으려 하는 것에서 나타나며, 기분이 좋아지고 싶은 욕망으로 종종 약물이나 알코올에 노출될 수 있다. 자신을 정상으로 되돌리려 하고, 현명한 식생활을 하려고 애쓰지만, "나는 가치가 없다."는 감정으로 방해받을 수도 있다.

그들은 배우자(파트너)의 잘못이 어디에 있는지를 지적하면서도 동시에 끝없는 대화를 요구하는 애정결핍자가 된다. 그들은 지루해지는 것을 두려워하기 때문에 그들이 원하는 남다른 외모를 만들려고 한다. 이것은 음식에 반영된다. 점점 더 그들은 이해받지 못한다고 느끼며, 자신의 잘못은 생각하지 않고 다른 사람들을 비판하려 한다.

▶ 불건강한 수준

분열되면서 4유형은 거칠어진다. 조심하지 않고, 극단적인 현실도피와 같은 위험을 감수하려 한다. 괴기스런 대안적인 생활양식에 끌리게 되고 건강한 삶을 포기하게 된다. 불건강한 7유형들처럼, 집세는 내지 않으면서 고급 프랑스 샴페인을 마구 마시거나, 몸에 해로운 기름진 음식들을 먹으려 한다. 그들은 자신들을 책임이나 설명이 필요 없는 신적인 존재라고 믿기 시작한다.

자신의 삶이 누구보다도 힘들었기 때문에 이제는 아무런 책임 없이 행동할 권리가 있다고 믿는다. 자아도취 경향은 더욱 심화하여, 그들은 자신이 되고 싶은 이상화한 환상적 자아를 마치 자신인양 착각하게 된다. 이상화된 자아와 그들이 실제적 자아와의 균열이 커지면서 자신의 이상화된 자아를 지지하지 않는 사람은 모두 거부하기 시작한다.

사람들이 떠날 때 그들은 호의를 베풀거나 또는 건강하지 못한 2유형의 방식으로 의존성을 가지게 함으로써 돌아오게 만들려 할지도 모른다. 그렇게 하는 것은 건강하지 못한 4유형의 고립감과 슬픔의 감정을 커지게 한다. 인생을 낭비하는 것 같고 무의미하게 느끼기 시작한다. 피곤해 하고, 무관심해지고, 혼자만의 세상에 빠지게 되는데, 이러면서도 자신을 구해주지는 않고 무시하는 다른 사람들을 탓한다. 그들은 점점 더 약물, 술, 폭식 또는 세 가지 모두에 의존할 수 있다.

4유형은 에니어그램 유형 중 가장 자의식이 강한 유형으로 불건강하게 분열되고 있는 자신의 상태를 직시할 수 있는 특별한 재능이 있다. 그들은 이것을 의식적으로 바꾸기 위해 자기반성의 능력을 사용할 수 있다. 물론 이것은 에니어그램의 모든 유형이 할 수 있는 일이기는 하지만, 4유형은 이런 상태를 좀 더 일찍 깨닫는 장점이 있다. 이러한 능력은 그들을 깊고, 특별하고, 열정적이고, 사랑스런 존재로 옮겨갈 수 있게 해준다.

요약

4유형은 확실한 다이어트를 하다가도 기분에 따라서 갑자기 엄청난 폭식가로 바뀔 수 수 있다. 육체에 대항하지 않고 함께 할 수 있다면 그들의 예민함은 체중을 줄이고 유지하는 데 도움을 준다. 몸의 모든 것들이 각자의 기능과 아름다움이 있고 그것들은 세상과 신체를 조절한다는 것을 기꺼이 인정한다면 말이다.

코칭이나 심리치료는 4유형이 음식과 그들의 감정을 분리시키는 데 도움을 줄 수 있다. 또한 과대 포장된 자아가 자신의 진짜 모습이 아니고, 실제적인 감정도 아니라는 것을 깨닫는 데 도움을 줄 수 있다. 자신은 특별해야 한다는 고정관념을 버려야 자신을 더 편하게 하고 자신의 진짜 재능을 발견할 수 있다.

4유형에게 줄 충고는 이것이다. 운동과 식생활을 계획적으로 하기를 권한다. 핑계를 대고 태만해지려는 마음을 용납하지 말라. 역설적이게도 생활을 더욱 구조화하고 식사를 더 계획적으로 할수록 더 많이 해방되고 더 창조적으로 자신을 표현할 수 있다. 자신에 대해 편안하고 좋게 생각하면 중요한 다른 사람들과 더 친밀해질 것이다. 왜냐하면 이렇게 하면 당신은 사랑과 감사의 가치를 더욱 느낄 것이기 때문이다.

◈ 5유형 사색가 ◈

태만한 군것질쟁이 또는 심사숙고하는 미식가

주요 사항

5유형은 정신적인 것(지식을 얻는 것)을 선호하기 때문에 머리로 생각하는 것 말고는 몸을 소홀히 한다. 5유형에게 음식은 그다지 중요하지 않으며 영양소 등은 거의 염두에 두지 않고 산발적으로 먹는다.

5유형의 개요

5유형은 진지하고, 무심하며, 사고중심(감정보다는)이며, 호기심이 많고, 독립적이며, 혁신적인 유형이다. 그들은 지식을 좋아하고, 지식을 습득하느라 많은 시간을 들이며, 가장 전문화된 분야에서 시간을 보내기를 즐긴다. 그들은 관찰과 연구를 즐긴다. 저녁 파티, 칵테일 파티, 피상적인 잡담은 그들을 지루하게 한다. 그들은 회사에서 일할 때 가장 행복해 하고, 자신만의 아지트와 같은 장소에서 프로젝트를 조사하고 연구하며, 취미로 컴퓨터 게임을 하거나, 비밀스럽게 전해오는(대체로 금기시된 은밀한) 주제를 공부한다. 그들은 자신들의 '일 혹은 프로젝트'를 방해하는 모든 것들을 좋아하지 않는다.

5유형은 깊은 통찰력과 호기심을 가지고 있다. 그들은 창의적인 해결책을 찾기 위해 다양한 지식들을 서로 연결하는 혁신가들이다. 그들의 마음은 명쾌하고 감정에 얽매이지 않는다. 그들은 많은 것들에 대해 알고 있다.

5유형 중에는 새를 관찰하거나[45] 오래된 컴퓨터와 같은 특이한 물건들, 나비 또는 자신의 흥미를 끄는 것들을 수집하는 사람들을 흔하게 볼 수 있다. "내가 아는 가장 지혜로운 사람들의 목록을 만들었어요. 그들이 존경스러워서요."라고 어떤 5유형이 나에게 고백한 적이 있다.

5유형은 모든 성격유형 중에서 혼자 있는 것을 가장 행복해 하는 유형이다. 심지어는 관계를 맺으며 살아야 할 때도 혼자 있으려 하고 자신의 관심사를 추구할 수 있는 개인 연구 시간 또는 공간을 갖기를 원한다(지하실에 있는 개인 작업 공간을 생각해 보라)[46]. 7유형은 직장에서 동료들과 함께 있으면서 에너지를 얻는 반면, 5유형은 재충전하기 위해서는 혼자만의 시간이 필요하다. 그들은 (6유형과 7유형처럼) "공포" 유형 중의 하나다. 5유형에서 공포는 '제대로 알지 못하는 것에 대한 두려움'으로 나타난다. 그래서 "내가 많이 알면 알수록, 나는 더 안전함을 느낀다."라고 말한다. 남아프리카에 재미있는 토크쇼 진행자가 있다. 전화로 초대한 전문가에게 청취자가 질문하는 시간이 있었는데 청취자 중에 대답하기 애매한 질문을 하면(이런 일은 거의 일어나지 않지만), 그는 합리적인 질문을 역으로 날려서 질문자를 바보로 만들거나 무력하게 만든다.

5유형은 불건강해질수록 세상을 견디기 어려운 광대한 사막으로 본다. 그 결과 그들은 자신의 자원을 맹렬하게 보호하려 한다. 이것은 특히 그들의 시간과 공간에 적용되며, 그것을 침해하는 어떤 것에도 분개한다. 이것은 그들이 외출을 꺼리는 이유 중에 하나다(이로 인해 이들은 사회적이지 않은 사람으로 보인다.).

그들이 분열됨에 따라 은둔자가 될 수 있다. 그리고 비현실적이고 별난 프로젝트를 하면서 고립된 삶을 살아간다. 그들은 자신의 기준에서 완벽한 프로젝트를 만들기 위해 계속 연구하거나 더 섬세하게 다듬으려 한다. 그들 외에는 아무도 이해할 수 없는 극단적인 개념을 만들어 내기도 해서, 다른 사람들을 무지한 바보로 보기 시작한다. 다른 사람

---

45) 2014 workshop The Nine Journeys, with Russ Hudson in Cape Town.
46) Mary Horsley. The Enneagram of Spirit. p. 42.(Barron's Educational Series inc., 2005.)

의 관점이나 신념에 대해 논쟁적이고 파괴적으로 된다. 도움을 거부하는 별난 허무주의자면서 점점 더 불안정하고 기이하게 된다.

아이러니하게도, 5유형이 정서적인 문제로 사람들과 멀어지려 하고 다른 사람들과의 관계를 끊으려 해도 그들을 치유하기 위해서는 다른 사람과 교류하고 건강한 8유형처럼 신체적으로 연결해야 한다.

다른 사람들과 멀어지려 하기보다는 참여하고, 다른 사람들을 얕보지 않고 자신의 많은 지식을 공유하려 한다면 5유형은 호기심이 많은, 다가가기 쉬운, 매우 혁신적인 존재가 될 수 있다.

직업 선택

5유형은 대체로 대단한 수집가나 연구원, 특정 분야의 전문가, 소프트웨어 엔지니어, 데이터베이스 관리자 또는 컴퓨터 게임 제작자, 정보기술 분야 교수일 가능성이 있다. 공학, 천문학, 연구과학, 물리학 또는 통계학도 직업 선택이 가능하다. 그들은 전형적으로 대학교수, 중등학교 교사, 컴퓨터 과학자, 고고학자, 천문학자, 로켓 과학자, 핵의학 박사, 모호한 주제에 대한 전문가(예를 들어, 비잔틴 예술이나 고대 그리스 철학)와 같이 "지식은 힘"이라는 5유형의 좌우명을 추구할 수 있는 분야에서 많이 종사한다.

식욕 유발 원인

5유형은 자신의 몸과 몸이 필요로 하는 것을 분리해서 생각하는 경향이 있다. 이것은 감정을 분리시키거나 음식으로 인해 나타나는 느낌을 억누르기 위한 것으로 해석된다.

세상은 절대 충분하지 않다는 공포감은 먹을 수 있을 때 많이 먹어서 저장해야 한다는 식욕유발 요인으로 작용한다.

스트레스 상황일 때 그들 혼자 있고 싶어 하고, 먹는 것도 소홀할 뿐 아니라 개인위생도 소홀히 하고, 다른 사람과 사회적 관계를 맺으려 하지도 않는다. 그들은 점점 더 불면증에 시달릴 수도 있고 기괴한 생각에 빠질 수도 있다. 스트레스 받은 4유형과 마찬가지로 어떤 도움도 거절한다. 심지어 그들을 돕고 싶어 하는 가장 가까운 사람들에게조차도 적대적으로 될 수 있다. 자살 충동과 우울증은 흔히 있는 일이다.

음식에 접근하는 방법

5유형들은 배고픔을 느끼지 않는 독특한 능력이 있다. 그들은 프로젝트에 깊이 몰입하거나 컴퓨터 게임에 빠지면 식사를 거를 수도 있다. 그러다 배가 고파 죽을 지경이 되면 그들이 찾을 수 있는 모든 것 – 과자와 콜라, 며칠 전에 먹다 남은 음식들, 컵 라면, 컵 수프, 먹다 남은 피자 등 종류를 가리지 않고– 무엇이든지 먹을 수 있는 것들로 대충 끼니를 때운다. 그들이 요리사가 아닌 이상 음식에는 거의 관심이 없으므로 종종 건강에 해로운 음식을 먹을 수 있다. 이런 식습관은 음식이 있을 때 폭식하는 것으로 이어질 수 있다.

그들은 자신이 즐기는 것들을 찾는 것에 꽤 만족해하면서 매 끼니 똑같은 것을 먹어도 행복하다. 나의 예술가 친구는 방해받지 않고 작업하기 위해 매 끼니마다 저렴하고 빠르게 준비할 수 있는 콘플레이크를 먹으면서도 꽤 행복해 했다. 살아남기 위해 어쩔 수 없이 먹는 것이지, 진한 적포도주 소스를 얹은 스테이크 같은 감각적인 즐거움을 주는 음식에는 아무런 관심이 없었다. 좋은 식사를 즐기지 않는 것은 물론 먹는 것에 대한 애착도 없다. 또 다른 5유형 남자도 그가 즐겨 먹는 특정한 브랜드의 '코티지 치즈'를 발견하고는 매일 점심으로 크래커와 함께 그것을 먹곤 했다.

5유형은 인습타파주의자이다. 만약 사람들이 탄수화물이 없는 고단백 식단을 주장한다면 5유형은 연구를 통해 반대 상황을 강하게 주장할 것이다. 게다가 연구를 더 하면 할수록 모든 다이어트 방식을 무시하려 할지도 모른다. 그들은 분열되면서 매일 햄버거만 먹거나 파인애플과 함께 생선 대가리만 먹는 기이한 극단주의자가 될 수 있다. 왜냐하면 그들은 이런 식단이 건강에 특별한 이점이 있다고 들은 적이 있기 때문이다.

나는 염소 우유와 염소 우유로 만든 요구르트만을 고집하는 5유형을 알고 있다. 염소 제품은 쉽게 구할 수 없기 때문에, 그는 직접 만들어 먹기 위해 아예 염소를 사서 길렀다. 결론적으로 그는 병이 났다. 또 다른 예는 지방이 다이어트에 좋다고 믿은 친구가 있었다. 식사 때마다 지방을 섭취해서 콜레스테롤이 치솟은 후에도 아이스크림을 먹으며 만족해했다. 5유형은 그들의 이론에 이의를 제기하는 사람에게 매우 논쟁적이고 가르치려 드는 경향이 있다.

외식법

언제 식당에 가거든 사람들과 약간 떨어진 곳에 앉아 있거나, 출입구에서 가장 가까운 곳에 앉아 있는 사람을 주목하라. 아마도 거기에 내향적인 5유형이 있을 지도 모른다.

5유형에게 외식해야 한다고 말하면 "꼭 그래야 돼? 나 지금 별로 나가고 싶지 않은데?" 만약 거절할 수 없는 관계라면 "좋아! 갈게. 하지만 10시에는 돌아와야 한다는 것에 동의할 수 있지?"와 같은 말을 함으로써 흥정하려 한다(직장 동료들과의 업무 모임이나 초빙교수, 작가 등을 만나는 등 더 다양한 지식을 얻을 수 있는 행사가 아니라면 말이다.).

5유형은 대부분 누가 자신에게 접근하는 것보다 자신이 먼저 다른 사람에게 접근하는 것을 선호한다. 그들은 자신을 압도하는 수다스러운 사람은 피하려고 하는데, 방해받는 것을 좋아하지 않기 때문이다.

5유형에게 핸드폰 채팅방을 그룹으로 묶거나 "원 플러스 원"을 사서 나누는 행위 따위를 기대하지 마라. 5유형은 좀 더 싸게 살 수 있는 쿠폰이나 옵션에는 거의 관심을 두지 않는다. 그럴바에는 대량으로 물건을 사서 시간을 낭비하지 않아도 되는 코스트코 같은 할인 창고에 갈 수도 있다.

그들은 종종 음식에 대해 무관심하거나 양가적인 감정을 가지고 있다. 그러므로 외식은 엄청난 돈 낭비와 시간 낭비처럼 보일 수 있다. 그들은 메뉴판에 있는 가장 비싼 것을 주문하려 할지도 모른다. 왜냐하면 가격에는 관심이 전혀 없어서 이거나 아니면 외식하기 싫은 데 끌고 나온 것에 대한 은밀한 복수일 수도 있기 때문이다. 그들은 서로 다른 요리를 주문해서 나누어 먹는 것을 좋아하지 않는다. 따라서 맛을 보겠다고 그들의 파스타 접시에 포크를 대는 것은 용납하지 않을 것이다.

집으로 식사 초대

5유형에 있어 이 주제는 길게 쓸 수가 없다. 왜냐하면 대부분의 5유형은 초대하는 것을 즐기지 않기 때문이다. 그들은 누군가와 함께 있으면 마음이 편하지 않다. 그리고 친한 친구나 동료, 가족이 모이는 것은 그런대로 받아들이지만, 경박한 피상적인 대화를 하는 칵테일 파티는 정중하게 거절하고 즉시 집으로 향한다(때로는 예의가 없는 것처럼 보일 것이다.).

예외가 있다면 요리에 관해 연구를 하는 5유형이다. 그들에게 저녁 파티는 다른 사람들에게 그들의 실력을 과시하기 위한 시간이다. 영국의 유명 요리사이며, 미슐랭 3스타 레스토랑으로 선정된 "더 팻 덕 The Fat Duck"의 오너 셰프인 헤스턴 블루먼솔을 생각해 보라. 그는 세계에서 가장 획기적이고 혁명적인 요리사 중 한 명이다. 그의 책 중 하나인 '부엌에서의 화학'은 그것을 잘 요약한다. 제목에서 알 수 있듯이 이 책은 요리와 맛의 조합에 관련된 화학 작용을 자세히 설명한다. 이 책은 음식의 본질을 살피고, 탐구하고, 연구하는 전형적인 5유형다운 방식으로 혁신적인 요리법을 제안해 주목 받았다.

블루먼솔의 대표 요리로는 달팽이 죽, 베이컨과 달걀을 조합한 아이스크림, 송아지 고기로 만든 거북이 수프(역사적 고증과 다양한 감각이 결합된), 고기 과일 등이 있다. 그는 처음에는 과거의 요리법 특히 중세 시대의 요리법에 관심을 가지기 시작했는데, 그 중에서 말도 안 되는 요리에 관심이 끌렸다. 바로 말 그대로 고기가 과일로 변하는 '고기 과일'이었다. 중세 사람들은 과일이나 채소를 익혀 먹지 않으면 병에 걸린다고 믿었다. 그래서 중세 요리사들은 전형적인 유머 감각으로 익힌 고기를 과일 모양으로 만들어 색칠을 해서 내놓고 먹는 사람들의 반응을 즐겼다. 이런 아이디어는 식사시간을 놀랍고 즐거운 경험의 시간으로 만들었다.

또한 그는 식사와 음향을 접목한 개척자인데, 바닷가의 여러 소리를 들으며 먹는 해물요리가 대표적이다. 식사를 하면서 갈매기 소리, 어린이의 웃음소리, 뱃고동 소리와 함께 가끔 파도 소리 등을 듣는다. 그러면서 큰 생선과 다시마 모양의 광어, 다섯 가지 해초를 곁들인 고등어 말이, 우뭇가사리로 만든 콩, 타피오카[47] '전분으로 만든 모래'위에 얹은 해조류, 아이스크림 콘, 구운 빵가루, 새끼 뱀장어나 멸치와 같은 요리를 먹는다[48].

5유형들은 자신만의 세계에 몰두해 있다. 그러므로 손님들에게 물잔을 다시 채워주거나 필요한 것을 제대로 챙기지 못해 서비스가 별로라는 소리를 들을 수 있다. 그들은 본인이 먹을 커피를 만들면서도 옆에 있는 사람에게 한 잔 마실지 물어볼 생각은 하지 않는다. 그것은 무례하기 때문이 아니라 그런 생각이 아예 떠오르지 않기 때문이다. 그들은 자신이 생각하는 것이 세상에 동떨어져 있다는 느낌을 받을 수 있는데 이것은 다른

---

47) 카사바(cassava) 나무에서 얻는 녹말 알갱이. 흔히 우유와 함께 요리하여 디저트로 먹음
48) https://www.starchefs.com/features/ten-international-pioneers/recipe-sound-of-the-sea-heston-blumenthal.shtml. Sound of the Sea recipe. Chef Heston Blumenthal of The Fat Duck-Bray, England. Adapted by StarChefs.com. Accessed Feb. 2017.

사람들의 요구를 제대로 맞춰주지 못하는 요인이 된다.

집에 가보면 그때그때 수집된 오래된 가구들이 조화를 이루지 못하고 여기저기 늘어놓은 상태일 수 있다. 그들이 집안을 돌보는 솜씨가 없어서가 아니라 정리할 필요성을 못 느끼기 때문에 아무렇게나 둔다. 오히려 그가 관심을 두고 수집한 오래된 컴퓨터들이나 공상과학영화 포스터 모음집과 같은 것들이 중요한 자리를 차지할 수 있다. 실용성은 그들의 강점이 아니다!

만약 당신이 5번 유형의 집에 갔다면 커피 테이블이 아닌 바닥의 쿠션 위에 앉아 커피를 마셔야 할지 모른다. 먹고난 더러운 접시(치워주는 사람이 없는 한)들이 싱크대에 한가득 쌓여 있을 수 있다. 그러나 자신들이 관심 있는 분야, 예를 들면 다양한 와인의 특성이나 어떤 이국적인 음식을 준비하는 과정에 대해서는 신이나서 설명할 것이다.

충분하지 않은 것이 있을 때 5유형은 그것을 보충하려 노력하기보다는 욕구를 줄이는 방식을 택한다(고객, 일, 프로젝트 등). 먹는 것에 애착이 별로 없고 오히려 독립적이기 때문에 음식에 거의 영향을 받지 않는다.

욕구는 그들에게 불편함을 느끼게 한다. 무관심이 해결책이다. 욕구를 떨쳐버리면 안전한 안식처가 생긴다. 필요는 무섭다. 그들은 필요로 하는 것이 적을수록 안전하다고 느낀다. 그들이 훌륭한 식사를 즐길 수 없다는 것은 아니지만 음식에 대해 욕망이 생기는 것을 두려워한다. 그들은 가벼운 식사를 "세상에 대한 가벼운 발걸음"이라고 주장하지만, 사실 그것은 그들이 욕구를 접어두는 한 방법이다. 그들은 배우자나 애인과 단 둘이 먹을 때가 가장 행복하다. 만약 주변에 그런 사람이 없다면 아마도 그들은 책을 보면서 혹은 컴퓨터 앞에서 혼자 식사하려 할 것이다.

음식 선택

5유형들은 논문이나 수학문제와 같은 것에 집중해 있을 때는 맛을 의식하지 못한채 아무거나 먹는다. 그들은 매일 같은 음식을 먹는 것을 신경 쓰지 않는다. 사실, 무언가를 먹을 때 주변 환경이 엉망인 것은 그들에게 자연스럽다. 그들이 선택한 음식은 보통 건강에 좋지 않은 것이다. 한 예로 내 아들의 룸메이트는 빵, 베이컨, 달걀만으로 아침, 점심, 저녁 식사를 했다. 피자는 가끔 덤으로 먹었다. 결국 그 학생의 건강이 악화하자 그의 부모는 기숙사로 식사를 만들어 날랐다.

앞서 말했듯이 5유형의 음식에 대한 무관심의 예외는 그들이 특정 음식의 전문가가 되려 할 때다. 예를 들어 치즈에 관심이 있을 때 치즈 종류, 유래, 생산 과정 등에 관해 연구할 수 있다. 그리고 지인들에게 다양한 치즈를 대접하고 그것들을 주제로 토론하는 것에 자부심을 가질 수 있다. 치즈를 만드는 낙농가를 방문하고, 치즈 제조업자들과 이야기를 나누며 귀중한 정보를 얻는 것을 즐길 것이다. 어쩌면 그 과정을 더 잘 이해하기 위해 치즈 제조의 역사를 탐구할 수도 있다.

5유형이 채식주의자가 되었다면 아마도 오랜 기간 육식을 즐겼을 때 알츠하이머, 고지혈증과 같은 병에 걸릴 수 있다는 것을 연구했기 때문일 가능성이 크다. 게다가 현실적으로는 채식이 일반적으로 더 저렴하기 때문일 수도 있다.

그들의 특별한 상처는 탐욕 또는 식탐이다. 이것은 상하지 않는 음식을 많이 쌓아두어서 쇼핑 걱정을 하지 않으려 하는 것으로 표현된다. 쇼핑은 그들이 몰입하고 있는 프로젝트에 사용할 시간을 낭비하는 불편함이기 때문이다.

5유형은 그들의 신체적 요구를 최소화하는데 여기에는 음식도 포함된다. 그렇게 하는 것은 무엇을 먹을지 선택해야 하는 스트레스를 없애 준다. 그들은 식사를 거르고, 아무거나 먹으며, 쉽게 접할 수 있는 이상한 음식을 간식으로 먹을 수 있다. 편하다는 이유로 과자나 빵을 식사로 대체하기도 한다. 일하는 동안 과자나 쿠키 한 봉지로 배를 채우는 것이 더 쉽기 때문이다.

그들은 최후의 날이 온다면 통조림 저장실이 필요하다고 생각하고 사재기 해두려 할지 모른다. 만약 식료품값이 오른다면 저축의 수단으로 저장 식품을 쌓아둘 수도 있다. 충분하지 않다는 두려움은 그들이 가지고 있는 것을 붙잡으려는 탐욕의 열정으로 바뀐다. 욕심껏 움켜쥐거나 붙잡지 않으면 처참한 가난이나 심지어 굶주림을 초래할 수 있다고 생각한다[49].

당신이 볼 수 없는 것

5유형은 딜레마에 빠져 있다. 그들은 다른 사람들이 그들의 공간과 시간에 영향을 미치는 것을 원하지 않지만, 그러면서도 사람과의 관계를(대부분 무의식적으로) 갈망한다. 그러나 누군가가 자신에게 지나치게 의지해도 혹은 본인이 너무 의존적으로 되어도 거북이가 목을 움츠리듯 재빠르게 발을 빼려 한다.

그들은 답이 없는 것을 매우 싫어한다. 그러므로 성공적인 체중 감량에 대한 분명한 해답을 내놓을 수 없는 영양사를 선택한다는 것은 불가능하다("우리 아이들이 이런저런 질문을 할 때, 내가 제대로 답을 해주지 못하면 나 자신한테 짜증이 나. 심지어 왜 파리가 생겼는지 물었을 때 잘 모른다고 안 하고 내 멋대로(사실이 아닐 수도 있지만) 말한 적도 있어."). 그들은 때때로 당신이 믿는 만큼 똑똑하지 않다.

그들은 종종 종교나 잘 드러나지 않은 분야를 연구하는 데 관심을 가진다. 한 대학 강사는 "살인의 원인을 알고 싶었다"라고 말했다. "나는 살인에 관한 모든 책을 공부했고, 그것을 알아내려고 노력했다." 그들은 또한 대중적 이론이나 신념의 정체를 폭로할 필요

---

49) Claudio Naranjo. Character and Neurosis. (Gateways/IDHHB, INC., 1994) p. 66. 이것은 두려운 움켜쥐고 있는 것으로, 놓아버리면 파국적인 고갈을 초래할 것이라는 환상을 암시한다. 비축 충동 뒤에는 임박한 빈곤의 경험이 있다고 말할 수 있다.

가 있다고 생각하기 때문에 우상파괴자로 알려져 있다.

그들이 분열하면서 5유형은 자신의 삶을 분리시킨다. 그래서 사람에 따라 5유형을 전혀 다르게 인식한다. 마치 지킬과 하이드처럼 말이다. 이런 양가적 측면은 오직 죽음에 이르러서야 드러난다.

자신의 몸을 보는 관점

5유형들은 일반적으로 자신들의 몸이나 건강을 중요하게 인식하지 않는다. 자신의 신체에 대해 상당히 허무주의적인 느낌을 가질 수 있다. 신체는 단순히 뇌활동을 지원하기 위해 존재하는 것이라고 생각한다. 그들은 고등학교 시절 스포츠동아리에서 받아주지 않았을 수 있다. 어쩌면 그때부터 그들이 신체 활동을 무시하게 되었는지도 모른다. 대신에 불건강한 5유형은 수다쟁이가 된다.

겉모습은 그들에게 별로 중요하지 않다. 그러므로 그들의 차림새가 남들 눈에 거슬릴 수 있다[50]. 그들은 패션을 무시하고 똑같은 옷을 매일 입는 것이 편하다고 생각한다. 옷은 별로 중요하지 않다. 한 5유형이 주장한 머리를 안 감아도 되는 이론은 다음과 같다. "머리를 감으면 기름기가 더 많아집니다. 그런데 머리를 계속 안 감으면 기름기가 점점 없어져서 머리 감을 필요가 없어질 것입니다."

다른 5유형은 아무리 추워도 샤워를 하고 싶으면 해변에 있는 공동 샤워장으로 가곤 했다. 그는 그렇게 해서 물세를 아꼈다고 말했다. 육체는 그들이 무언가를 성취하는 데 별 도움이 되지 않는다고 생각한다. 이것은 특히 여성 5유형에게서 두드러진다. 그녀는 예쁘게 보이기보다는 실용적인 헤어스타일과 복장을 선호한다. 5유형은 일반적인 사회적 관습에서 벗어나려고 하는 전형적인 인습타파주의자의 행동을 보인다.

---

50) Riso, Hudson. The Wisdom of the Enneagrams. p. 351.

중독

카페인과 니코틴은 5유형이 더 오래 일하거나, 연구하거나, 컴퓨터 게임을 할 수 있게 해주기 때문에 인기 있는 중독성 기호 식품이다. 그들은 종종 불면증을 호소한다. 잠을 제대로 못 자 피곤하기 때문에 카페인이 함유된 음료나 커피를 달고 산다. 사탕이나 초콜릿 바도 자주 먹는 간식 중의 하나다. 또는 수면제에 중독될 수 있다.

그들은 "각성제"와 "진정제" 모두에 중독될 수 있다. 각성제의 경우, 리탈린과 같은 합법적인 처방약이나 비합법적인 코카인이 포함될 수 있다. 5유형은 종종 매우 긴장되고 과민반응을 보이는 경우가 많다. 그래서 긴장을 풀고 진정시키기 위해 마리화나 같은 마약류나 자낙스나 프로작과 같은 진정을 위한 처방약을 사용한다. 중독재활치료에서 인습타파적인 5유형들은 회복 방법에 이의를 제기하거나 그들이 배운 원칙을 파괴하거나 거부하려 할 수 있다. 이때 그들은 논쟁적이면서도 공격적으로 행동한다. 그 과정에서 그들은 아무 생각이 없이 행동하는 사람들이나 과정을 충실히 따르려는 사람들을 찾아내 무시하려 한다. 즉 다른 모든 사람을 배척하고 고립주의자로 혼자 편하게 지내려 한다. 그것은 마치 다른 사람들이 성공하지 않기를 바라는 것처럼 보인다. 5유형들이 이처럼 불건강할 때 그들은 상대를 직설적으로 물어뜯으며 잔인해질 수 있다. 예를 들면 만약 그들이 어둡거나 충격적인 삶에 관심이 있다면 그들은 약물복용이 얼마나 좋은지를 설명하면서 이것에 공감하지 않는 사람들을 바보 취급할 수도 있다.

어린 시절

5유형들은 어린 시절에 어머니 혹은 자신을 돌봐주는 사람으로부터 독립할 시기가 언제인지 갈망한다. 그래서 그들은 어머니와 감정적으로 또는 양육을 위해 상호작용을 원하지 않는 태도를 보인다. 대신에 그들의 지성을 개발하는 데 초점을 맞추며 성장하였다[51]. 그들은 지성, 지식, 무심함 속에 자신의 감정을 숨기는 법을 배우기 시작한다. 생각은 마음을 대신한다. 어머니나 보호자가 아이의 세계를 이해하지 못하고 아주 엄하거나 간섭이 심할 때, 자신을 보호하기 위해 거리를 두고 혼자 있어야겠다고 느꼈을 수 있다. 그들은 자신이 진심으로 원하는 것을 회피하는 법을 배웠다. 음식도 마찬가지다.

학습면에서도 일부 영역에서는 잘 할 수 있지만 또래 집단에서의 정서적 교류는 부족하다. 악기 연주, 벌레 수집, 독서와 같이 그들이 몰입할 수 있고 다른 사람들의 방해를 받지 않는 것들에 끌릴 것이다.

다이어트 방법

5유형은 그 누구에게 어떤 것도 의존하고 싶어 하지 않는다. 음식은 일종의 의존할 대상이다. '먹기는 해야겠는데, 내가 음식에 의존하고 싶지 않다는 것이 나의 딜레마다.' 5유형은 자급자족하기를 원한다. 케언스(M.G Kains)의 '5에이커와 독립'이나 존 시모어(John Seymour)의 '자급자족에 대한 간결한 안내서'와 같은 책들은 5유형들이 5유형을 위해 쓴 책일 것이다. 한 5유형은 "내가 먹는 것을 중요하게 여기지 않을수록 굶는 것도 별로 두렵지 않다."라고 말했다.

결핍은 5유형의 신념체계에서 중요한 요인이다. 그러므로 많은 면에서 결핍의 상징인 다이어트는 5유형에게 편안하지는 않다. 그러나 몸에 좋은 것이라도 안 먹는 것이 일하기에 더 좋다. 5유형이 살이 찌는 이유는 종종 그들이 많이 먹어서라기보다는 잘못된 음식을 먹기 때문이라는 것을 기억하라.

가장 쉽게 접할 수 있는 음식이 5유형에게 가장 먹기 좋은 음식이다. 음식의 칼로리나

---

51) Chestnut. The Complete Enneagram. p. 232.

영양소를 따지고 체중을 재는 것은 그들에게 먹히지 않는다. 또 5유형의 고착은 인색함(열정은 탐욕이다)이라는 것을 기억하라. 그들은 건강하게 잘 먹으려면 돈이 더 든다고 생각하기 때문에 건강식품을 사는데 돈을 더 쓸지는 의심스럽다.

만약 5유형이 식이요법이나 식료품에 관한 연구에 관심을 가진다면, 자신의 먹는 방식과 결합해서 연구를 진행할 수 있다. 예를 들어, 5유형이 밀가루가 신진대사에 미치는 안 좋은 영향에 대해 연구를 했다면, 글루텐 수준이 사람에게 미치는 영향이나 신체 변화에 대해 상세히 설명할 수 있을 것이다. 식이요법을 연구나 탐구의 기회로 바꾸면 5유형은 그것을 새로운 프로젝트로 받아들여 흥미를 보인다. 이렇게 하는 것이 5유형의 식습관 개선을 이끌어낼 수 있는 좋은 방법이다.

5유형은 일반적으로 기이한 것을 기대한다. 그들이 원하는 염소 치즈는 방목한 염소에서 짠 젖으로 만들어졌고, 건강에 좋은 특별한 방식으로 준비되어야 한다. 삼우유(Hemp milk)는 건강한 오메가-3 지방산, 철분, 칼슘 및 기타 미네랄, 비타민, 산 등이 듬뿍 들어있어 한 달 내내 그것만 먹어도 질려지지도 않고 행복하게 마실 것이다. 내가 아는 5유형은 신선한 체리를 한꺼번에 250달러어치나 왕창 샀다. 왜냐면 체리가 관절염에 좋다고 책에서 읽었기 때문이다.

5유형을 다시 한번 요약하면 그들은 자신이 무지하다는 소리를 듣는 것을 싫어한다. 만약 그들이 식생활 개선 프로그램을 시도한다면 그들은 무지하게 보이지 않기 위해 많은 연구를 할 것이다. 그들은 식이요법에 관한 독특한 생각들과 복잡한 이론을 섭렵한 후 자신의 식이요법을 선택할 것이다. 그리고 다른 모든 식이요법은 시간 낭비라고 주장하면서 그들의 입장을 옹호할 것이다. 앞에서 언급했듯이 과식은 어리석은 행동이지만 그들의 내면의 공허와 외로움을 채워주려는 무의식적인 시도일 수 있다.

운동

5유형을 위해서는 마음을 단련하는 것이 신체 운동보다 훨씬 더 중요하다. 그들은 육체의 힘보다 마음의 힘에서 더 큰 위안과 신뢰를 찾는다[52]. 만약 그들이 관심 있는 문제를 해결하거나, 이론을 파고들거나, 컴퓨터 게임에 집중하고 있다면, 그들은 PT를 받으러 가거나 테니스를 치기로 한 약속을 완전히 잊어버릴 수도 있다(그러면서도 그들은 크게 걱정하지도 않는다).

5유형들은 팀으로 운동하는 것을 즐기지 않기 때문에 즐기는 스포츠가 있다면 아마도 혼자서 하는 운동일 것이다. 만약 조류탐사, 곤충채집 또는 야외 사진 촬영을 스포츠라고 한다면 아마도 5유형에게 가장 인기 있는 스포츠일 것이다. 5유형은 자신이 직접 운동하는 것보다 관찰하고 구경하는 것을 더 좋아한다. 그들은 자신이 응원하는 팀의 승패, 득점률, 경기 내용에 대한 소소한 것들을 설명할 수 있다. 이렇게 잡다한 지식을 늘어놓으며 설명하는 것은 좋아하지만 자신이 직접 경기에 임하려 하지는 않는다.

"나는 방과 후 스포츠가 무서웠어. 의무적으로 모두 참가해야 하는 것이어서 핑계를 대고 빠지고 싶었지만 쉽지가 않았거든. 어릴 때부터 나는 약골에다가 운동을 못 해서 다른 아이들에게 놀림을 당하곤 했어. 지금도 나는 운동하는 것이 무섭고 싫어. 그러나 내가 아이들에게 복수할 수 있는 시간은 수업시간이었어. 우리반 아이들은 내 실력을 따라올 수 가 없었지."라고 한 5유형이 회상했다.

5유형은 운동능력이 부족하기 때문에 종종 특이한 스포츠를 찾는다. 내가 아는 5유형은 위태롭게 균형을 잡는 외발자전거를 즐겼다. 내가 만약 그와 친하다면 그는 나에게 외발자전거의 역사와 장점, 전망에 대해 모두 설명해 주었을 것이다.

그들은 몸으로 움직이거나 힘을 드러내는 상황을 피하려 한다. 이것은 그들이 운동 능력 부족을 공개적으로 드러내는 꼴이기 때문이다. 그래서 팀 운동을 할 때도 행동하고

---

52) Claudio Naranjo, Character and Neurosis. P. 86.

결정해야 하는 주장은 절대 하려 하지 않는다. 그들은 어떻게 행동할지 결정하기 전에 깊이 생각할 시간이 필요하다. 그래서 그들은 대부분 럭비나 축구보다는 바둑을 선택한다. 그들은 때때로 자전거 타기, 서핑, 하이킹 또는 장거리 달리기 등을 즐기기도 한다. 그런 운동은 다른 사람이 아닌 자신과 경쟁할 수 있고 스스로 생각할 시간을 가질 수 있기 때문이다.

그들의 몸은 신체 활동을 거의 안하기 때문에 어깨가 둥글고 마른 허약한 외배엽형이다. 그들은 체력단련을 소홀히 할 수 있고, 체력이나 몸을 우선시 하는 사람들을 얕볼 수 있다.

그들이 복잡한 문제를 해결해야 한다고 말하는 것은 운동을 피하기 위한 핑계거리인 경우가 많다.

영감을 주는 방법

만약 당신이 5유형과 함께 일하는 영양사라면, 당신은 흥미진진한 시간을 보낼 것이다. 5유형은 당신이 제안한 모든 것에 의문을 제기할 것이기 때문이다. 당신과 대화하기 전 체중감소에 대해 깊이 연구해서 논쟁을 하려 할 것이다. 그들은 심지어 당신이 들어본 적 없는 비상식적인 이상한 연구 결과를 가져와 우길 수도 있다. 그들은 무엇 때문에 체중감량을 해야 하는지 의문을 제기하면서, 당신의 정보와 접근방식을 무시하고 논쟁하려한다. 당신을 인정하지 않는다면 이렇게 말할 수 있다. "어쨌든 우리는 모두 언젠가는 죽는다는 것이 요점 아닌가요?"

5유형들은 식품의 정보에 관심을 가지면 그 식품을 먹을 수 있으므로 영양사는 이것을 활용하면 좋을 것이다. 5유형에게 지식은 힘이다. 그러므로 5유형에게 적절한 정보를 주고 그들이 더 연구하도록 격려하면 그들은 건강한 식사를 하려 할 것이다. 그러나 그들은 받아들이고 싶지 않은 것을 강요하면 이것을 피하기 위해 더 멀어질 위험이 있다는 것을 염두에 두어야 한다.

5유형은 경쟁력 있고 능력 있는 사람이 되기를 원한다[53]. 그러나 불균형한 방식으로 생활하는 것, 즉 프로젝트에만 집중해서 바쁘게 사는 것은 균형 잡힌 삶이라 할 수 없다. 균형을 잃고 다른 사람들에게서 멀어지는 것은 무능함을 드러내는 것이다. 유능하다는 것은 지식 한두 개를 더 아는 것이 아니라 다양한 경험을 통해서 더 많은 것을 할 수 있음을 의미한다. 그들에게 이것을 깨닫게 할 수 있다면 당신은 능력자다.

그들이 스포츠에 무능하지만 그 중에서 그들이 할 수 있는 것을 발견한다면 어떨까? 하이킹 하면서 새를 관찰한다면? 파도타면서 파도 패턴을 연구하고? 달리면서 알고리즘을 풀 수 있다면? 그들은 더 능숙하고 유능해질 것이다. 만약 그들이 자신들의 식습관을 개선한다면, 그들은 더 많은 에너지를 프로젝트에 쏟을 수 있고 더 자신감 있게 파트너에게 접근 할 수 있다.

건강 수준

▶ 건강한 수준

완전히 건강한 5유형은 집중력이 있고, 혁신적이고, 친절하고, 심오하고, 통찰력이 있다. 그들은 풍자를 알고, 기발하고, 절제된 유머 감각을 지니고 있다. 그들은 호기심을 가지고 관찰도 하지만 그것을 마음으로 느끼기도 하는 선구자이자 개척하는 사상가이다. 그들은 현실을 인식하고 건강에도 관심이 있으므로 의식적으로 자각을 하며 먹는다. 그들이 최고의 운동선수는 아니겠지만, 새로운 아이디어나 성찰의 시간을 주는 하이킹이나

---

53) Riso,Hudson. At-a-Glance Personality Elements. Chart.

조류관찰과 같은 야외 활동을 즐길 수 있다. 그들은 자신의 지식을 세상과 개방적으로 공유한다. 그들은 아이디어나 개념을 "획득"한다. 사물에 대해 알아내는 것을 좋아하며 호기심이 많고 명료하다. 만약 영양사나 운동처방사가 신체의 기능과 현재의 몸 상태에 대해 잘 설명하면 그들은 자신의 건강을 위해 무엇을 해야 하는지 확실히 파악하고 따를 것이다.

▶ 보통 수준

보통으로 건강한 5유형은 신체적 자아와 정신적 자아가 분리되기 시작한다. 신체는 인조인간처럼 외형을 드러낼 때 필요한 물건일 뿐이다. 두려움이 문제가 되면서 자신들이 제대로 알고 있는지 의심하기 시작하고 새로운 지식을 얻기 위해 열정을 바친다. 동시에 자신들의 신체적 필요는 무시한다. 극도로 긴장되고, 무의식적으로 지벅거리는 습관과 나쁜 식습관이 발달한다. 그렇지만, 5유형들은 체중이 증가해도 신경이 예민하기 때문에 에너지를 연소시킬 수 있다(때로는 앉아서 다리를 떠는 습관이 있음). 음식은 그들이 기능하는 데 필요한 연료일 뿐 그 이상은 아니다.

대부분의 시간을 연구나 진행 중인 프로젝트에 써야 하기 때문에 운동은 무시할 수 있다. 수면 부족은 신경과민으로 이어진다. 그리고 그들은 자신들의 생각을 이해하지 못하거나 연구결과를 공유하려 하지 않는 사람들을 적대적으로 대하거나 얕본다. "운동은 할 일 없는 멍청이들을 위한 거야!", "다이어트로 인한 스트레스가 나쁜 식습관보다 몸에 더 안 좋다는 것이 입증되었다."라는 것이 그들이 내세우는 모호한 주장의 일종이다.

▶ 불건강한 수준

5유형이 불건강한 정서 상태로 이동함에 따라, 그들은 자신의 에너지를 머리로 이동시키고 육체적 필요를 완전히 잃어버리게 된다. 그 지점에서 그들은 규칙적인 식사, 운동, 심지어 양치와 세수 같은 기본적인 위생관리조차 잊어버리게 된다. 그들은 일하면서 대충 먹거나 안 먹기도 하는 식사 패턴을 보인다. 전형적인 시나리오는 컴퓨터 폐인이 되어 밤새 게임을 하고, 피자를 주문해서 끼니를 해결하고, 또다시 게임에 빠지는 것이다. 이런 건강하지 못한 식습관은 체중 증가로 이어질 수 있다. 반면에 다른 5유형은 일이나 게임 등에 너무 몰입하여 식사를 거르기 때문에 그들은 여위고, 가냘프며 영양실조 상태가 될 수도 있다.

나는 한 5유형과 일한 적이 있다. 어느 정도 친해진 후에 그는 나에게 이런 말을 했다. "나는 다른 사람들이 나에게 접근하지 못 하게 하기 위해 마치 중세의 성벽처럼 단단한 벽을 치고 있다." 우리는 이러한 것이 그의 삶에 나쁜 영향을 줄 수 있다는 이야기를 오랜 시간 나누었고, 그는 "벽"을 허물고 거기서 나와야겠다고 했다. 몇 주 후에, 나는 이런 시도가 어땠는지 물었다. 이것을 부수고 갈아엎기 위해서는 우선 정신적 "트랙터"를 가져야만 했다고 대답했다. 그에게는 약간의 시간이 필요한 일이다!

5유형이 분열됨에 따라 신체에 대한 허무주의적 사고가 나타날 수 있는데, 그들은 육체를 무시하고 어떤 종류의 건강을 위해 몸을 움직이는 운동을 게을리 할 수 있다.

분열은 보통 무의식적이지만 건강을 위해서는 의식적인 노력이 필요하다. 5유형은 탐욕의 틀에서 빠져나와 우주의 풍요를 경험할 필요가 있다. 그 틀 안에서는 자신이 충분하다고 절대 느끼지 못한다. 그 결과 아이디어, 돈, 시간, 여러 가지 자원들을 쌓아놓으려 한다. 지식 따위는 진정한 영적 깨달음과 비교할 수 없다. 또 인생의 지혜는 책을 통해 얻는 것도 아니다. 5유형은 다른 사람들보다 앞서려 하지 말고 자신의 내면을 깊이 관찰하기 위해 깨어나야 한다. 그렇게 할 때 그들은 심오한 통찰력을 가질 수 있으며, 이 세상의 문제들(혹은 그들 자신의 문제들)에 대한 혁신적 해결책을 만들 수 있다.

요약

    5유형은 그들의 신체적, 감정적 자아와 연결하는 법을 배울 필요가 있다. 그들은 마음의 사용이 자신의 정서를 느끼는 것이나 물리적 육체를 통해 현존하는 것을 모르게 할 수 있다는 것을 알아야 한다. 진정한 지식은 자신과 자신의 감정에서 나오는 것이다. 즉 외부의 사물에 대한 피상적인 지식보다는 내면의 지식이 진정한 지식이라는 것이다. 그들은 자연을 비롯한 모든 세상의 관대함을 믿어야 한다. 그리고 자신을 고립시키려 하는 이유가 내가 필요한 사람이 아닐지도 모른다는 두려움 때문이라는 것을 이해해야 한다. 비록 어렵기는 하지만 함께 부딪히고 어울려야만 진정한 자유를 느낄 수 있다. 마음이 함께하지 않으면 진정한 배움은 있을 수 없다. 무엇보다 함께 나누지 않는 지식은 가치가 없다.

◈ 6유형 충성가 ◈

싸우는 연회의 손님 또는 용기 있는 요리사

주요 사항

6유형의 주된 상처는 두려움이다. 다시 말해, 두려움은 그들이 현실에 발붙이는 것을 방해한다. 왜냐하면 두려움은 미래에 "일어날 무엇인가"를 투사하기 때문이다. 위험에 부딪히면 싸우거나 혹은 도망가는 것이 그들의 대처방법이다. 그래서 그들은 위험이 닥치면 달아나기 쉬운 몸으로 단련하거나(도망가기), 아무도 건드리지 못하도록 살을 찌울 수 있다(싸우기). 불안은 음식, 마약, 또는 알코올 등에 탐닉하게 한다.

6유형의 개요

이디시어[54] 맨쉬(mensch, 좋은 사람)[55]는 6유형을 잘 묘사하는 단어이다. 그들은 조직이나 집단의 중심이다. 열심히 일하고, 충실하고, 책임감 있고, 매력적이고, 의무를 잘 이행하며, 조직 생활에 능숙하다. 그들은 가족, 군대, 조직 또는 기업을 하나로 묶어주는 접착제다. 그들은 안정적이고 안전한 환경을 즐기고 있으며 사람들이 자신들과 함께 하는 한 좋은 팀원이다. 그들은 다른 사람들이 느슨해졌다고 느끼면 자신도 느슨해져 버린다. 그들은 자조 섞인 농담의 대가이기도 하다. 이런 이유로 6유형의 코미디언이 많다. 이렇

---

54) 이디시어(Yiddish) : 원래 중앙 및 동부유럽에서 쓰이던 유대인 언어, 독일어와 히브리어의 혼합어. -네이버 백과사전.
55) (친절하고 남을 잘 도와주는) 좋은 사람 - 옥스퍼드 영한사전

게 함으로써 다른 사람들에게 위협적으로 보이지 않을 수 있기 때문이다. 그들은 "봐. 나와 함께 있으면 안전하잖아."라고 말하고 싶어 한다.

6유형은 에니어그램 유형 중 가장 식별하기 어려운 유형이다. 왜냐하면 그들은 매우 다양한 형태로 보여 모호할 수 있기 때문이다. 어느 날은 이런 사람으로, 또 어느 날은 다른 사람으로 보일 수 있다. 이러한 다양성 때문에 6유형은 "다른 사람의 입장이 되어" 문제를 정확히 볼 수 있다. 그래서 그들은 대체로 동정심이 많다. 왜냐하면 그들은 다른 사람이 왜 그런지를 "알기" 때문이다. 아이러니 하게도 이것은 또 그들이 반대의 행동을 하는 원인이 될 수 있다. 그러므로 악마의 변론자라는 용어 역시 그들을 표현하는 언어가 되기도 한다.

6유형은 무슨 일이 잘못될 것에 대비해 끊임없이 살핀다는 것이 일반적인 평가다. 무슨 일이든 최악의 시나리오를 가정하고 그런 일이 일어나지 않게 하려 한다. 그들은 비행기에 타면 안내서를 읽고 비상시에 무엇을 해야 하는지 비상구는 어디에 있는지 확인하는 유형이다[56].

6유형은 권위가 있는 특정한 것들을 두려워하는데, 두려움의 대상은 사람마다 다를 수 있다. 이것은 가끔 반동형성으로 나타나기도 하는데, 예를 들어 두려워하지 않는다는 것을 보여주기 위해 반란군처럼 행동하는 것이다.

용기는 6유형에게 중요한 주제다. 통합되면 두려움을 이겨내고 일할 용기를 갖는다. 건강한 수준에서 6유형은 때때로 영웅이나 여걸처럼 보일 수도 있다. 깊은 지식에 대한 직관을 가지고 있는 그들은 영감을 주는 내면의 소리에 귀를 기울인다. 만약 그들이 당신의 친구라면 그들은 진심으로 당신에게 헌신하고 충실하다.

공포대항형(각 유형의 타고난 상처에 반하는 것)은 모든 에니어그램 유형에 존재한다. 그렇지만, 6유형에서 가장 분명하다. 그는 두려워하지 않는 것처럼 보이기 위해 도망치기보다는 두려움을 향해 나아간다. 그래서 두렵지만 혼자 외딴 곳에서 카약을 타고, 번

---

56) 2014 workshop The Nine Journeys, Russ Hudson. Cape Town.

지점프를 하거나, 거대한 파도를 타는 사람들을 상상하면 된다. 많은 6유형이 안전과 보안에 집착하지만, 공포대항형 6유형은 그 반대로 행동한다. 예를 들어 남아프리카 프로축구 선수 라이언 브로타(Ryan Brotha)는 한 남자가 8m 깊이의 수영장에 빠진 것을 보고 2층에서 뛰어내렸다. 그는 다리가 부러졌지만 그 남자를 구할 수 있었다. 용기는 두려움을 이겨내는 행동을 통해 얻어진다.

보통수준의 6유형들은 자신의 결정에 대해 다른 사람들에게 확신을 받고 싶어 한다. 그들은(직장에서 더 안전하다고 느끼기 위해) 더 많은 일을 자청해서 하겠다고 해 놓고 한편으로는 그것을 불평하기도 한다. 그들은 다른 사람들의 충성심을 시험하기 시작하고, 그들의 생각과 마음이 서로 불협화음을 이룬다[57].

불건강할 때, 6유형은 더 민감하게 반응하고 주변의 모든 것을 의심하려 한다. 누구를 믿어야 할지 모르기 때문에 "분할 통치" 방식을 채택할 수 있다. 신뢰는 6유형에게 매우 어려운 문제다. 자신(그들은 대개 낮은 자존감으로 고통 받는다)과 타인들 모두를 있는 그대로 보지 않고, 자신들의 신경증을 다른 사람에게 떠넘긴다. "이 일에 의도가 있는 게 틀림없어. 아무런 의도 없이 이런 일을 한다는 것은 믿을 수 없어." 이것이 불건강한 6유형들의 전형적인 생각이다. 결과적으로, 그들은 종종 친구들을 자극하여 우정을 시험하려 하는데, 그 이유는 그들이 변함없는지, 의지할 수 있는지 알아보기 위해서다.

불건강할 때 6유형은 방어적이고, 편집적이며, 점점 더 불안해하며 다른 사람들을 밀어낼 수 있다. 행동은 점점 더 예측하기 어려워지고, 공황 상태에서 사방에 적이 있다고 상상할지도 모른다. 음모론이 무성하고 세상은 누구도 믿을 수 없는 위험한 곳이 된다.

그러나 세상은 꼭 그렇지만은 않다. 6유형은 자신들과 다른 사람들을 진정으로 신뢰하는 법을 배우고 건강한 관계로 나아갈 수 있다는 것을 믿어야 한다. 온 우주가 나를 지지한다고 생각하고 두려움이 있다 해도 행동하라. 그렇게 함으로써 그들은 신뢰롭고, 유머있고, 통찰력 있는 사람이 될 수 있다.

---

57) Riso, Hudson. Personality Types. p. 236.

직업 선택

다른 사람의 불안을 감지하는 능력이 있는 6유형들은 탁월한 치료자, 대체 치유자, 그리고 상담가가 많다. 그러나 그들은 사고유형이어서 실제로 상대의 감정을 느낀다기 보다는 이성적으로 접근하는 경향이 있다. 또 그들은 세상에 도움이 되고, 다른 사람들을 돕고 싶어 하고, 누군가가 의지할 수 있는 사람이 되고 싶어 한다. 그래서 은행가, 의료 종사자, 사회복지사, 교사, 경찰관, 군인, 철학자, 경비원, 형사 등에서 6유형을 많이 볼 수 있다. 또 그들이 다른 사람을 지지하고 힘이 될 수 있는 분야에서 일하려 하고, 창의적이며 문제 해결이 가능한 분야를 선호한다. 그래서 분쟁 중재자, 통계 전문가, IT 관련 문제해결사 및 위험 관리 직업(비록 그들의 개인적 위험은 아닐지라도)에도 분포되어 있다. 그들은 신중하고 믿을만하며 섬세하다. 여러 가지 문제를 확인하는 능력은 6유형을 훌륭한 시나리오 기획자로 만들기도 한다.

식욕 유발 원인

6유형이 나쁜 식습관을 유발하는 심각한 스트레스에 시달린다면 그것은 무엇을 가리키는 것일까? 6유형이 공포, 공황장애, 극심한 불안을 보이면 그들이 높은 스트레스 수준에 있다는 것이고, 이 스트레스는 다시 불안을 일으키는 악순환으로 이어진다[58]. 여기다 우울증과 낮은 자존감, 가장 가까운 사람들을 언어적으로 공격하는 것들이 모호하게 결합하면서 6유형은 사람들의 지지를 잃을까 두려워한다.

만약 당신이 6유형이고 당신의 상처가 무슨 일이 일어날지 모르는 것에 대한 두려움이라면, 스트레스가 증가함에 따라 앞으로 먹을 것이 충분하지 않을지도 모른다는 두려

---

58) Riso, Hudson. The Wisdom of the Enneagrams. p. 253.

움이 생길 수 있다. 이것은 다람쥐형 식사 패턴으로 과식을 초래할 수 있다. 그것은 1유형의 "먹고 싶지 않지만, 버리지도 않는"이 아니라 오히려 비축해 둔다는 생각으로 먹는다. "오늘 많이 먹으면, 내일 먹을 것이 부족해도 괜찮을 거야." 이것은 5번 날개를 가진 6유형에 특히 적용된다.

낮은 자존감은 편안해지고자 하는 욕구로 나타나 폭식을 초래할 수 있다(어떤 다이어트를 해도 효과가 없고, 내가 어떻게 해도 아무도 나를 고마워하지 않는다. 그래서 나는 술이나 음식으로 나를 행복하게 하는 편이 나을 것이다.).

음식에 접근하는 방법

1유형처럼 6유형도 의식적으로 먹는다는 것은 같지만 이유는 다르다. 1유형은 고기를 먹지 않는 것이 옳고 도덕적이기 때문에 먹지 않지만, 6유형들은 동물에 대한 진심 어린 공감으로 먹지 않는다. "고기를 먹는 것은 당신의 콜레스테롤 수치를 높이고 건강에 안 좋다(1유형)", "나는 얼굴이 있는 어떤 것도 먹지 않는다. 나는 동물들이 고통받는 것을 생각하면 견딜 수 없다(6유형)".

그들은 전에 맛보지 않은 음식, 특히 이국적인 음식이나 다른 문화의 음식에 대해 매우 의심스러워한다. 만약 식탁에 올라온 음식들이 어린 시절에 먹어 본 것이라면 그들을 편안하게 하지만 그렇지 않으면 불편해 한다. 과거를 연상시키는 음식은 그들에게는 안전하고 편안한 음식이다. 그들은 또한 선호, 비선호 음식을 매우 확실하게 구분한다("나는 어렸을 때 완두콩을 먹은 적이 없고 지금도 먹지 않는다"). 그들의 음식 선택의 경직성은 결국 건강에 좋지 않을 수 있다. 특히 어떤 음식을 거부하느냐가 건강에 영향을 미친다. "나는 생야채(푸성귀)는 먹지 않는다."라는 말은 결국 필수 비타민과 미네랄이 부족하다는 것을 의미할 수도 있다.

식사 시간은 규칙적인 경향이 있다. 그래서 그들은 특별히 배가 고프지 않더라도 일정한 시간에 식사한다. 6유형들은 과식하는 경향이 있다. 그것은 언제 음식이 안 나올지 알 수 없으므로 일종의 보험으로 있을 때 먹어 두는 것이다. 사실 이것은 터무니없는 소리라는 것을 6유형도 안다. 그렇지만 그들의 잠재의식 깊은 곳에서는 부족에 대한 두려움이 도사리고 있다.

한 6유형은 다음과 같이 말했다. "나는 배가 불러도 내 접시의 음식을 다 먹는다. 왜냐하면 나는 그렇게 자랐기 때문이다. 그러나 생각해 보니 나의 형제자매들은 그렇게 하지 않는다. 그래서 나는 그것이 양육태도에서 기인한 것이라기보다는 나의 성격과 더 관련이 있다는 것을 깨달았다. 마치 이것이 마지막 식사인 것처럼 먹는데, 그것은 다음 식사를 할 수 없을지 모른다는 잠재적 두려움 때문인 것 같다."

두려움이 생기기 시작할 때, 스트레스를 받고 과로할 때, 자신을 의심하거나 미루는 방법을 찾고 있을 때 먹는 것은 스트레스를 완화하는 방법이 될 수 있다. 먹음으로써 상황을 진정시키려 하지만 건강에는 해롭다.

앞서 언급한 바와 같이 6유형은 에니어그램의 순응자이기도 하지만 반항자이기도 하다. 그래서 모호할 수 있다. "반항자"는 더 먹으라고 하고, "순응자"는 그만 먹으라고 하기 때문이다.

외식법

6유형은 최신 식당이나 새로운 위스키 바에 대한 정보를 공유하는 것을 좋아한다. 특히 7유형의 날개를 가진 6유형의 경우 더욱 그렇다. 하지만 음식은 안전한 것을 선택하려는 경향이 있다. 그래서 새로운 유행을 시도하기보다는 전통적인 음식을 제공하는 식당을 선택할 가능성이 더 크다. 인기 있는 퀴즈 프로그램에서 "친구에게 전화하기" 찬스는 6유형을 잘 설명한다. 왜냐하면 그들은 자신의 판단을 잘 믿지 않기 때문에 다른 사람들에게 메뉴나 식당 선택에 대해 확인을 받고 싶어 한다. 비프 웰링턴(Beef Welling ton)에 대해 어떻게 생각해? 전에 여기서 먹어본 적 있어? 칼루치오나 도밍고네(Carluccio's or Domingo's)로 갈까?. 그들은 다른 사람이 결정해 주기를 원한다. 그렇다 보니 결정의 위험을 감수하고 싶지 않은 파트너에게 짜증을 낸다. 이것이 6유형의 여성이 결단력 있는 8유형의 남자에게 끌리는 이유 중의 하나이다.

그들은 대체로 새로운 메뉴를 시도했다가 실망하기보다는 특정한 식당에 가서 같은 음식을 주문하는 편이 낫다고 생각한다[59]. 그러나 경험에 의하면 그들이 7유형 쪽으로 치우쳐 있을수록 새로운 선택을 더 개방적으로 받아들이려 한다.

대부분의 6유형은 넓은 펜션에서 여러 명이 바비큐 파티를 하고, 친구들과 스포츠 경기를 관람하고, 그리고 고급식당보다는 오래된 식당에서 시끌벅적하게 먹는 것을 더 좋아한다. 6유형은 그룹이나 팀의 일원이 되는 것을 좋아한다. 그래서 그들은 둘이 먹는 것보다 친구, 동료, 또는 가족들에게 둘러 쌓여 먹는 것이 훨씬 더 행복하다고 느낄 수 있다. 그러나 자기들끼리 오직 둘만의 멋진 식사를 하려는 예외적인 6유형도 있다.

집으로 식사 초대

일반적으로 6유형들은 가족 중심적이다. 그래서 그들은 사랑하는 사람들을 중심으로 몇몇 사람들을 추가하며 모임을 할 수 있다. 그들은 또한 팀 동료들을 초대하여 경기를 보거나 바비큐 파티를 하면서 친한 친구들과 즐기는 것을 좋아한다. 그들은 따뜻하고 친절하며 남을 접대한다.

---

59) Dr. Scott Harrington on Food Decision Factors, http://www.dietnosis.com I(/)enneagram-types/enneagram-type-six, accessed in February 2017.

전형적으로 그들은 요리하는 것을 편하게 생각하고, 다른 사람들과 안전하게 어울릴 수 있는 방법을 찾는다. 부엌은 실용적으로 꾸며져 있다. 예를 들면 할머니가 썼던 거품기, 엄마가 물려준 밀방망이 등 자신의 역사를 알 수 있는 것들로 채워져 있다. 그들은 부엌에서 빈둥거리며 이것저것 만지작거리며 시간을 보내는 것을 좋아한다. 인테리어는 합리적이고 전통적일 가능성이 크다(그러나 배우자가 어떤가에 따라 다르다.). 가족사진이나 그림, 가족 관계를 나타내는 것들, 심지어 가족이 한 팀임을 보여주는 사진 등으로 집안을 장식한다. 그들은 격식을 갖추기보다는 편안하게 초대하는 것을 선호한다. 잘 꾸며진 초대용 식탁이 아닌 주방의 간이 식탁에서 대접을 받을 수도 있다.

음식 선택

6유형은 집에서 푸짐하게 만든 음식을 선호하는 경향이 있다. 그들은 먹는 것을 즐기기 때문에 그들이 만든 요리는 진한 수프, 캐서롤(casseroles)[60] 등 맛을 중시하는 요리들이다. 그들은 대체로 자신감이 부족하여 정해진 조리법을 충실히 따르는 경향이 있다. 그럼에도 그들은 창의적이고 생각이 깊어서 쇠고기 스튜에 그레몰라타(gremolata)[61]를 뿌리거나 채소 위에 페스토 소스(pesto)[62]를 뿌린다든지 하는 흥미로운 시도를 하곤 한다.

그들은 종종 그들의 머릿속에서 온갖 이야기가 들린다고 말하는데, 대개 가족이나 권위 있는 인물의 목소리라고 한다[63]. 이 "목소리"들은 그들이 무엇을 해야 하고, 해서는 안 되는지를 뒤죽박죽 말해준다. 명상 용어 "원숭이 마음"[64]은 그것을 잘 묘사한다. 이

---

60) 오븐에 넣어서 천천히 익혀 만드는, 한국 음식의 찌개나 찜 비슷한 요리(네이버 영어사전)
61) 다진 파슬리, 마늘과 레몬 향으로 만든 드레싱 또는 고명은 고기 또는 생선에 곁들여 짐(구글 영어사전)
62) 이탈리아 음식 소스의 하나(네이버 영어사전)
63) The Inner Critic 워크샵, Russ Hudson. Cape Town. 2013.
64) 원숭이 마음은 불교의 '심원의마(心猿意馬)'에서 유래된 말로 원숭이가 이 나무에서 저 나무로 정신없이 뛰어다니는 것처럼 '원숭이처럼 날뛰는 불안의 상태', 즉 마음속에서 온갖 생각이 뒤죽박죽 날뛰는 상태를 말한다.

목소리들이 서로 충돌할 때 6유형은 무엇을 먹어야 하는지 매우 혼란스러워할 수 있다. 너무 많은 선택사항이 있을 때, 어떤 목소리를 들어서 결정해야 할까? 그러니까 다른 사람에게 조언을 필요로 한다.

6유형은 최적화에 탁월하다. 그래서 그들은 가장 좋은 장소나 어떤 쿠폰을 사용해야 하는지를 잘 찾는다. 그들은 경험했거나 시험해 본 브랜드에 끌리며, 주로 어렸을 때부터 사용해 온 제품을 선택하여 에니어그램 유형 중에서 가장 브랜드 충성도가 높은 유형이다.

당신이 볼 수 없는 것

6유형이 과식하는 이유는 두 가지로 생각해 볼 수 있는 데, 음식이 불안을 완화하는 데 도움이 되기 때문이거나 혹은 그들이 성장할 때 음식이 큰 비중을 차지했기 때문일 수 있다. 그들의 질서 있고 책임감 있는 삶의 방식은 1유형처럼 보일 수 있다. 그러나 그들의 질서에 대한 욕망은 그것이 옳은 일이기 때문이 아니라, 세상을 더 질서 있고 안전한 곳으로 만들고 싶기 때문이다. 그들은 자신들이 재미있게 놀 때 무언가 잘못될 수도 있다고 생각하고 이것을 줄이기 위해 지금 열심히 일한다.

그러나 인생은 우리가 알고 있듯이 예측할 수 없는 온갖 문제로 가득하다. 좋은 예는 동창회를 주최하겠다고 제안한 나의 6유형 친구의 이야기다. 그녀는 자신이 동창회를 주선하겠다고 하고 자신의 집에서 파티를 준비했다. 30년 동안 보지 못한 사람들에게는 다소 어색할 수도 있었지만 비교적 순조롭게 진행되고 있었다. 휴! 바비큐 할 불도 준비되어 가고 모든 사람들은 각자 먹을 고기를 가지고 왔다. 캠프파이어 불을 피우고 샐러드를 만들었다. 모든 것은 잘 통제되고 있었다. 그녀의 경비견(6유형은 경비견을 좋아한다)[65] 이 부엌으로 들어가 소시지와 고기를 다 먹어 치우기 전까지 말이다. 이제 그녀가 예측하지 못한 최악의 두려운 상황이 발생하고 말았다.

6유형은 권위 있는 인물의 조언을 듣고 싶어 한다. 일종의 결정장애다. 음식을 만들 때 요리법을 세심하게 따르는 요리사를 선호한다. 그것은 또한 어떤 사람(또는 여러 사람)이 권한 메뉴에 대해 누군가 결정해 주기를 바라는 것으로도 해석할 수 있다.

6유형은 진실이 아닌 것을 만들어 낼 수 있는데 예를 들면 무언가 자신이 잘못했거나 사람들이 자신이나 자신이 만든 음식을 싫어한다고 상상하는 것이다. 그들은 자기 멋대로 상상하고 그들이 느끼거나 두려워하는 것을 다른 사람에게 떠넘길 수 있다("수잔은 카레를 싫어해. 분명해!"). 주변에서는 그들 내면의 혼란을 까맣게 모른다.

자신의 몸을 보는 관점

6유형은 전통적으로 낮은 자존감으로 고통받는다. 이것은 그들이 자신들의 몸을 어떻게 느끼는지와 강하게 관련되어 있다. 아무리 자주 체육관에 가서 운동을 해도, 아무리 자신들의 몸매를 잘 다듬어도 그들은 여전히 충분하지 않다고 느낀다. 어떤 이유든 그들은 자신의 몸을 신뢰할 수 없다고 생각한다. 그들은 게으름을 피우지 않고 끊임없이 자신의 몸을 관리한다.

두려움으로 대변되는 6유형은 종종 무기를 소지함으로써 이러한 두려움에 대응하려고 하는 경향이 있다. 어떤 6유형들은 후추 스프레이, 전기 충격기 또는 보디빌딩으로 몸을 만들어 자신을 보호하려 한다. 또 다른 수단은 갱단, 군대, 경찰력, 종교 단체 또는 안전하다고 여겨지는 조직에 가입하는 것이다.

---

65) Dr. Scott Harrington on Enneagram Type 6 at Home, http://www.dietnosis.com /enneagram-types/enneagram-type-six

자존감 부족이나 자신에 대한 불확신으로 자신의 외모에 만족하지 않은 상태에서, 그들은 동료, 가족, 친구들과 자신의 몸을 비교하려고 할 수 있다("내가 여기서 제일 뚱뚱한가? 내가 조안보다 셀룰라이트가 더 많은가? 친구들의 이두박근이 모두 내 것보다 큰가?").

6유형 여성은 종종 8유형의 남자와 데이트/결혼을 하는데, 그렇게 하는 것은 8번이 자신들을 보호해줄 것이라고 느끼기 때문이다. 비록 지배적인 8유형에게 자신의 자유를 일부 희생시켜야 한다고 해도 말이다.

그들은 집단을 중시하는 사람들이고 자신의 의견이 거의 가치가 없다고 느낄 수 있다. 그러므로 그들은 몸이나 건강에 대한 다른 사람들의 견해에 동조하는 경향이 있다. 만약 그들이 컴퓨터 게임에 집착하는 컴퓨터 동호회 일원이라면 그는 아마도 다른 동호인들처럼 신체에 아무런 관심을 두지 않을 것이다. 반면, 이들이 제트족(jet-set)[66]의 일원이라면 그들의 몸을 만들기 위해 하루 종일 운동하고 몰두하게 될 것이며 성형수술도 마다하지 않을 것이다.

다양한 체형 변화

에니어그램 9가지 유형은 다시 27개의 하위유형으로 세분된다. 앞서 언급했듯이 하위유형은 다시 자기보존적, 사회적, 성적 유형으로 세분한다. 이 세 가지 분류와 에니어그램 각 유형이 주는 분위기를 설명하려면 책 한권으로도 충분하지 않다. 그렇지만 하위유형이 6유형의 체형과 깊은 관련성이 있으므로 여기서 잠깐 다루려고 한다.

자기보존유형 6유형은 6유형의 세 가지 범주 중에서 가장 따뜻하다[67]. 9유형처럼 그들은 두려움을 극복하기 위해서는 다른 사람들과 친근하게 지내야 한다고 믿는다. 그래

---

66) 전용제트기로 자주 여행하는 부자
67) Chestnut, The Complete Enneagram, p. 31-32.

서 그들은 더 잘 안긴다. 이것은 때때로 그들을 9유형 혹은 2유형처럼 생각되게 만든다.

사회적 6유형은 그룹이나 조직에 속해서 안전을 추구하며, 종종 그룹의 존경하는 리더다. 그들은 또한 아이디어와 철학에서 안전을 발견한다[68]. 그들은 규칙을 알고 있고 그룹에 속하지 않은 사람들을 피할 수도 있다. 따라서 1유형과 혼동될 수 있다. 체중감량에 관해 사회적 6유형은 이런 말을 했다 "나는 내 체지방 비율이 거의 25%라는 것을 확인하고 충격을 받았다. 나는 즉시 이것을 어떻게 개선할 것인지를 조사했다(5번 날개!). 일단 믿을만한 식사와 운동시스템을 발견하고 그것을 하기로 했다. 내가 그동안 따랐던 규칙은 아니지만 그 규칙이 실제로 나의 목적에도 맞고 편안하다." 그들은 팀이나 사회조직의 중요성을 강조하는 경향이 있으므로 팀 스포츠에 뛰어나다. 그들은 뼈가 길고 날씬한 경향이 있다. 성적인 6유형처럼 근육질이라기보다는 호리호리하다.

성적인 유형(여기서 "성적"이라는 단어는 개별적인 접촉에 대한 욕구를 더 많이 나타낸다는 점에 주목해야 함)은 공포대항형 6유형이다. 자신의 공포를 외부에 드러낸다는 것은 자신이 두려워하지 않는다는 것을 증명하는 방법이다. 즉 그들은 공포를 느껴 대항하기 보다(싸우거나 도망가기), 강하게 행동하여 다른 사람에게 공포심을 줌으로써 6유형의 기본적인 고착인 공포에 대항한다[69]. 이 때문에 그들은 종종 대립적인 8유형과 비슷하게 보인다. 성적인 6유형은 전형적으로 신체가 강하고 근육이 탄탄하다. 그들 중 많은 사람들이 체육관에서 역기를 들고 운동하는 것을 발견할 수 있을 것이다. 이 6유형의 좋은 예는 실베스터 스탤론으로 그는 7번 날개를 가진 6유형으로 보인다.

---

68) Chestnut, The Complete Enneagram, p. 32.
69) Chestnut, The Complete Enneagram, p. 207.

중독

6유형은 책임지고 일을 끝내지 않으면 일자리를 잃을지도 모른다는 두려움에 일 중독자가 될 수 있다. 자신을 유지하고 일을 더 잘하기 위해 커피와 심지어 각성제 중독이 될 수 있다. 그러나 이 커피와 각성제는 모두 그들을 더 불안하게 만든다. 그래서 서두르는 마음과 해낼 수 없을 지도 모른다는 두려움을 줄이기 위해, "진정제"와 술에 끌릴 수 있다. 그래서 다시 한번 6유형의 모호함이 나타난다.

6유형은 특히 술에 끌린다[70]. 술은 날카로워진 신경과 불안을 달래준다. 비록 술에 취하면 더 큰 두려움을 만들어내고, 두려움의 악순환이 계속될지라도 술에 빠지려 한다. 6유형은 4유형이나 5유형과 마찬가지로 우울증에 걸리기 쉽다. 그들은 공황장애와 자존감 결여, 불안심리를 줄이기 위해 항우울제를 사용한다.

6유형은 집 근처 술집이나 운동 동아리가 모이는 술집의 단골인 경우가 많다. 지역행사에서 관계를 맺고 친구와 함께 후원회에 가입한다. 결과적으로 그들의 사회생활의 많은 부분이 술을 중심으로 돌아가기 때문에 음주를 자제하는 것이 어려울 수 있다. 첫 잔을 들이키면서 그들은 편안함을 느끼기 시작한다. 그리고 소속감과 안전감을 느낀다.

만약 그들이 중독회복프로그램에 참가한다면, 그들은 이 프로그램의 다른 사람들에게 지지와 연민의 대상이 될 것이다. 6유형의 내면에는 반란군과 파괴자가 있어서 겉으로는 프로그램대로 잘 따라 하는 것 같지만, 코너에 몰리면 그들은 또다시 나쁜 습관에 빠진다는 것을 기억하라. 특히 조직이 권위가 강하면 더욱 그렇다. "두고봐. 내가 보여줄게", 그들의 머릿속에서 끈질긴 목소리로 자극하고, 권위에 대한 두려움이 그들을 다시 그 길로 밀어 넣는다. 회복을 위해서는 술과 담배를 줄이고 싶은 욕망과 종교와의 연관성을 이해할 필요가 있다.

폭식증은 1유형뿐만 아니라 6유형에서 더 흔하게 발견된다. 한 6유형이 나에게 말했

---

70) Riso, Hudson. The Wisdom of the Enneagrams. p. 351.

다. "음식은 나에게 안정, 안전, 존재를 의미해. 왜냐하면 음식은 나에게 가족, 가정, 사랑, 관계유지, 영양 공급을 상징하기 때문이야. 나는 두 살 때 엄마와 헤어졌어. 그때 나에게 폭식증이 왔는데 그 후부터 약해진 몸을 관리하면서 살아야 했어. 사실 이것은 밀고 당기는 경험이야. 음식은 나를 지탱해주고 안심시켜 주지만, 다 먹고 나면 나 자신이 쓸모없고 무기력하고 단절된 느낌이 들어. 그래서 먹을 공간을 만들기 위해 구토를 해. 구토하면 지치기도 하지만, 불안감이 조금은 진정돼. 그러면 내가 더 확실해지고, 더 집중하게 되고, 내면의 진리를 볼 수 있게 되는 것 같아. 재미있는 건 나보다 한 살 아래인 여동생과 나는 두 살 때부터 헤어져 살았는데, 내 동생도 나와 같은 시기에 폭식과 구토를 시작했대."

어린 시절

그렇다면 이 두려움은 어디서 비롯된 것일까? 왜 6유형은 음식과 술로 끊임없이 올라오는 두려움을 억누르려 하는 것일까? 두 살쯤 되면 아이들은 주양육자(보통 어머니)가 자신과 분리되어 있고 엄마와 내가 하나가 아니라는 것을 깨닫기 시작한다. 이것은 자신을 세상과 분리된 존재로 경험하는 것이기 때문에 무서울 수 있다. 알다시피 인간에게 가장 원초적인 두려움은 버려지는 것이다. 아버지(혹은 그 역할 대행자)가 이 단계에 개입하여 외부적 지지를 제공한다. 아버지는 손위에 아이를 올리고 "뛰어!"라고 말하면서 "내가 너를 잡아줄게, 내가 너를 보호해줄게."라는 믿음을 준다.

그렇지만 만약 아버지 혹은 그런 존재가 없다면? 아버지가 육체적으로나 정신적으로 충분히 지원해 줄 수 없다면 누가 우릴 잡아줄까? 누가 세상을 안전하게 보호해줄까? 누가 우리를 안내해 줄까? 그 지점이 바로 6유형에게 비틀거리는 원인을 제공했고, 그로 인해 그들은 세상을 신뢰할 수 없는 곳으로 경험하게 된다. 사람들을 신뢰할 수 없게 된

것은 물론 자신을 믿을 수 없다고 느끼게 된 것이 가장 큰 문제다. 요약하자면, 6유형은 결정적 시기에 부성 인물의 결핍(육체적으로나 정서적으로)을 경험했고, 그 결과 그들은 믿지 않는 법을 배웠다.

이런 이유로 6유형들 중에는 어머니나 아버지가 술, 변덕, 잦은 화를 냄으로써 정서적으로 불안정한 어린 시절을 보낸 경험을 이야기하는 경우가 많다[71].

다이어트 방법

만약 여러분이 6유형을 치료하는 영양사나 의사라면 그들이 권위자를 대할 때의 이중적인 마음을 알아두는 것이 좋다. 하나는 당신의 조언에 반항하고 싶어할 수 있다는 것이고, 다른 하나는 다이어트 프로그램을 제대로 이행하지 않고 속이려 한다는 것이다.

한 6유형은 "나는 내가 영양사와 의사의 충고를 하나도 듣지 않았어."라고 말했다. "일부러 하라는 것과 정반대의 행동을 하면서 방해하는 거지. 특히 '나쁜' 음식과 술이 나오면 조절이 안 됐어. 어느 날 결혼식장에서 그 의사 옆에 앉게 되었는데 나는 샴페인을 한 모금도 마시지 않고 디저트도 전혀 먹지 않았어. 마치 평상시에 처방대로 먹는 것처럼 행동했지. 그를 화나게 하고 싶지 않았거든. 아마 그는 내가 자신의 처방을 무시하고 있다는 것을 전혀 눈치 채지 못했을 거야."

6유형은 순응하는 것처럼 보이지만, 건강하지 않다면 순응의 탈을 쓰고 보이지 않게 반항한다.

다이어트 방법이나 정보의 바다에서 6유형은 해결책을 제공하는 것처럼 보이는 특정 종교나 집단에 끌릴 수 있다. 그들은 집단을 대표할 만한 권위자를 찾는다. 그들은 약속된 대로 되지 않거나 창시자나 구루가 자신이 말하는 것과 다르게 산다는 것이 밝혀졌을

---

71) Sandra Maitri. The Spiritual Dimension of the Enneagram. (Penguin Putnam Inc. 2001.) p. 70.

때 결국 포기하게 된다[72].

6유형은 체중감량 프로그램에 다른 사람과 함께 참여하는 것을 좋아한다. 결과가 빨리 나타나지 않으면 금방 불신할지도 모른다. 그들은 먹는 습관이 다른 사람들에 비해 보수적이기 때문에 식습관을 바꾸라고 하면 저항할 수 있다. 자신의 식습관을 고수하면서 할 수 있는 방법을 찾게 하는 것이 효과적이다.

6유형들에게 프로그램을 믿게 하려면 그 프로그램에 참여해본 사람들 특히 그들이 믿을 수 있는 사람들을 만나보게 하는 것이 좋다. 예수를 의심한 도마처럼 그들은 프로그램의 효과를 증명해 줄 무엇이 필요하다. 또한 그들이 불안감 때문에 과식할 수 있다는 것도 반드시 이해해야 한다.

한 6유형이 나에게 다음과 같이 말했다: "나는 칵테일 파티에 가기 전에 밥을 먹었어. 나는 직업상 많은 역할을 해야 했거든. 이미 배가 불러서 갔는데도 파티 내내 온갖 안주거리를 '무심결에' 움켜쥐고 있는 거야. 끝날 때까지 얼마나 먹고 마셨는지 생각하고 싶지도 않아. 나는 내가 불안을 가라앉히기 위해 계속 먹었다고 생각하지 못했어. 다른 사람들도 모두 나만큼 불안할 거라고 생각했거든."

만약 6유형이 인상적으로 보이기 위해 살을 찌운다면(방어의 한 형태로 공격하기 위해 "덩치를 키울 수 있다"), 이 두려움의 문제를 먼저 다루어야 한다. 그렇지 않으면 한편으로는 몸무게를 줄이고 싶어 하고, 한편으로는 더 크고 강하게 보이기 위해 몸무게를 늘려야 한다는 그들의 양가적 욕구를 마주하게 될 것이다.

정리하면 다음과 같다. 자기보존 6유형은 필요성과 위협에 초점을 맞출 것이다. 사회적 6유형은 공동체와 사회구조를 창조하는 것이다. 성적인 6유형은 일대일 관계에 있다. 이것은 분명히 어떤 하위유형이 더 살이 찌기 쉬운지에 영향을 미칠 것이며, 성적인 6유형은 자기보존 6유형보다 스포츠에 더 열광하는 경향이 있다.

---

[72] 길을 잃은 구루라는 개념은 마리아나 캐플런의 'Do You Need a Guru?, Thorsons, 2002'를 읽고 나서 떠올랐다. 이 책에서 그녀는 "깨달음"에 대한 대가로 성적인 착취를 요구한 구루들에 대해 말한다.

에니어그램 유형 중 가장 모호한 유형인 6유형은 어느날 갑자기 프로그램을 받아들일지도 모른다. 그리고는 다음 날 바로 거부하고 그러다가 미안함을 느끼고 또 다시 시작한다. 마치 시계추처럼 반대 방향으로 갔다가 다시 처음에서 시작하는 것과 같다.

운동

운동은 6유형의 긴장과 불안을 해소하기 위해 필수적이다. 나는 6유형이 운동을 할 수 없을 때 밤새 우울해 하는 것을 알고 있다. 으르렁거리는 늑대를 막는 방법은 사냥개다. 그들이 운동하도록 동기를 부여하는 것은 만약 운동하지 않으면 무슨 일이 일어날지 모른다는 두려움이다. 대부분의 6유형은 몸을 잘 유지하는 것이 노년의 건강 유지법이라는 것을 알고 있다. 하지만 누가 말해줘도 소용없고 자신이 스스로 알아내야 한다. 의사가 몸에 글루텐이 어떤 작용을 하고 있는지, 관상동맥과 알츠하이머의 위험을 어떻게 증가시키는지를 아무리 자세하게 설명해도 건강한 노년기를 보내려면 식단을 바꿀 필요가 있다는 것을 본인 스스로 연구해서 깨닫기 전에는 행동하지 않는다.

"도피"형 6유형의 경우, 신체 단련=안전이며, 이는 그들이 두려움에서 탈출하는 방법이다. 그들은 주로 전통적인 운동 즉, 달리기, 걷기, 팀 스포츠, 사이클, 골프, 또는 체육관에서 운동하는 것 등을 선호할 가능성이 크다. 그들은 규칙적인 운동을 즐기고 몇 달 동안 같은 운동을 반복하면서도 지루해 하지 않고 행복해 한다. 이것은 규칙적으로 운동한다는 면에서는 좋지만 그들이 일정 정도 이상으로 자신을 밀어붙이지 않으리라는 것을 상상할 수 있다. 여기에 그들의 근면하고 충실한 본성이 나타나는데, 운동이 아무리 지루하고 고통스럽더라도 끝까지 계속하려 한다. 만족감은 운동을 하는 행위보다 운동했다는 데서 온다. 예를 들어 매일 같은 수영장에서 4시간씩 규칙적으로 훈련하는 수영선수를 상상해 보라.

이 말은 6유형은 3유형처럼 경쟁적이지 않고 신체 단련 목표를 가지지 않는다는 말이다. 그들은 자신이 신뢰할 수 있는 개인 트레이너나 코치와 같은 권위자의 지도를 잘 따른다. 그들은 혼자 운동하는 것이 행복하다[73]. 그렇지만 만약 그들이 파트너를 선택해야 한다면, 그것은 그들이 믿고 편안함을 느끼는 사람이어야 한다. 그들은 경쟁상대가 아닌 친구나 팀원에게 매우 관대하고 참을성이 있다. 나는 6유형 친구가 한 명 있는데 함께 걸을 때 내가 너무 느려서 짜증이 났을 텐데도 끝까지 내 옆에서 함께 걸어 주었다. 6유형들은 경험에서 집중력, 평화, 안전을 찾는다. 그래서 지나치게 시끄러운 음악, 그들을 실망시키는 팀원이나 코치, 또는 너무 빡빡한 수업은 그들을 짜증나게 할 것이다. 양가적인 6유형은 어느 날은 조용하게 집중하다가, 어느 날에는 사람들과 어울려 수다를 떨 수도 있다.

그들은 운동이 그들의 건강과 장기적인 안전에 중요하다고 생각한다. 그렇지만 동시에 너무 운동을 많이 하면 부상을 초래할 수 있다는 두려움을 갖고 있다. 그들이 공포대항형 타입이 아니라면, 그들은 패러글라이딩이나 파도타기 같은 고위험 스포츠는 하지 않으려 한다. 그들은 다치거나 잘못되는 것에 지나칠 정도로 염려한다.

전설적인 파도타기 선수 앤디 아이언스(Andy Irons)는 사망 직전의 인터뷰를 바탕으로 추론해 보면 공포대항형 6번이다. 아이언스는 대단히 용감했다. 그렇지만, 나이가 들수록 두려움과 취약성이 커지게 되고 양극성 장애를 일으켜 점점 더 많은 마약과 약을 먹게 되었다. 그가 호텔 방에서 숨진 채 발견된 것은 큰 대회 직전이었다[74](사망이 우발적인지 아닌지는 알려지지 않았다.).

6유형에게 조직의 일원이 된다는 것은 스포츠 행사의 마지막 순간까지 참여 한다는 것을 의미한다. 팀의 일원으로서 그들은 모든 것들을 하나로 묶는 접착제가 되려 한다. 주전 혹은 해결사. 그들은 아무런 어려움 없이 매일 계획적으로 운동한다. 5유형처럼 그

---

73) Dr. Scott Harrington, Favorite Exercises on, http://www.dietnosis.com/enneagram-types/enneagram-type-six/. accessed in September 2017.
74) 영화 'Kissed by God' 중, 앤드 아이언스의 일생에 관한 Tetron Gravity Research.

들도 마지막 순간에 계획을 변경하는 것을 좋아하지 않는다. 만약 그들이 점심시간에 가벼운 달리기를 하는데 상사가 갑자기 이 시간에 회의를 소집하면 그들은 자신의 일상생활이 침해받았다고 짜증을 낼 수 있다. 나이키 광고에서 "그냥 해! (Just Do it!)"라고 말하듯이, 6유형은 훈련은 '해야 하는 것'이지 '즐기는 것'이 아니라고 생각한다. 그들은 친구들과의 하이킹은 여유시간으로 보지만 체육관에서 하는 체력단련은 훈련으로 본다.

남아프리카에서 내가 제공받은 건강보험은 회원을 위한 온라인 체력단련 보조자가 있고 회원에게 다양한 혜택을 제공했다. 운동을 하거나 건강식품을 구매하면 포인트를 적립하여 무료 스무디, 스포츠 시계, 스포츠 매장 할인 등의 혜택과 함께 다양한 단계에 가입할 수 있다. 또 여러 가지 건강검사를 받거나 체중감량 프로그램을 잘 따라하면 포인트를 받는다. 심지어 친구들이나 다른 회원들과 함께 다양한 스포츠와 다이어트 목표에 도전할 수 있다. 이런 것들이 6유형을 위한 완벽한 프로그램이다. 즉 그들은 성과를 추적하고, 건강을 최적화하며, 자신이 그룹에 속해 있다고 느끼는 것을 즐긴다.

큰 스포츠 행사 전날 같은 경우 6유형의 두려움이 나타나는데, 만일의 사태를 대비하느라 잠을 못 잔다. 혹시 경기하다 다치면? 비가 와서 경기가 열리지 않는다면? 만약 내일 아침에 갑자기 아프면? 컨디션이 안 좋아서 경기를 망치면? 팀을 실망시키면 어쩌지? 등등. 말 그대로 두려움이 그들을 마비시킬 수 있다. 아마도 악몽을 꿀 때 도망치고 싶지만 다리가 얼어붙는 그런 느낌일 것이다.

6유형은 행사나 연습이 끝난 후의 커피 타임 또는 팀이나 파트너들이 함께 즐기는 모든 것들에서 동지애를 느낀다. 그것은 열심히 일한 것에 대한 사회적 보상이다. 그들은 그 행사를 되돌아보고, 그에 관해 이야기를 나누고, 사람들 앞에 나서지 않고 뒤에서 다른 사람들과 팀원으로 즐기려 한다. 만약 시기하는 사람들이 공격하면 민감해지는데, 자기비하적인 농담으로 자신들의 승리를 깎아내리려고 한다.

영감을 주는 방법

두려움은 6유형의 핵심 문제이다. 그들이 체중감량 프로그램에 참여하도록 고무시키는 방법은 운동을 하는 것이 집단이나 군중의 일원이 될 수 있는 길이라는 것을 알게 하는 것이다(무리 속에서의 안전). 그 집단이 그들을 지원하고 보호할 것이다. 식이요법의 관점에서 볼 때 더 건강해 진다는 것은 질병이나 질환의 발생 가능성이 적다는 것을 의미하고 결과적으로 두려움도 줄어들 것이다. 건강해진다면 더 빨리 달릴 수 있거나(도망가기) 더 강해지면(싸우기) 더 안전하다고 느끼게 될 것이다.

건강 수준

▶ 건강한 수준

건강한 6유형은 따뜻하고, 책임감 있고, 다정하고, 매력적이다. 이들이 편안한 식습관을 가졌다면 그들이 자신을 신뢰하고 자신감을 가지는 법을 배웠다는 것을 의미한다. 이것은 그들이 식사나 운동계획을 고무할만한 자존감을 가지고 있다는 것을 의미한다. 그들은 자신들이 그럴 가치가 있다고 느낀다. 그들의 책임감은 다른 사람에 대해서만이 아니라 자신의 건강에 있어서도 최선을 다하려는 것으로 나타난다.

이상한 두려움이 나타날 수 있지만, 건강한 6유형들은 불안감에 사로잡히지 않는다. 그들은 훌륭하고 충성스러운 리더가 될만한 자신감이 있고, 성공하기 위해서는 어려움이 있다는 것을 이해하고 모범을 보임으로써 팀을 이끈다. 그들이 가진 내적 지식은 상대 팀이 계획한 것을 직관적으로 "알 수 있음"으로써 팀의 자산이 된다.

그들은 대체로 자신에게 긍정적이다. 그들은 다른 사람들에게 질문하는 것을 좋아한다. "당신의 운동 루틴은 무엇입니까?" "어떻게 그렇게 살이 많이 빠지게 되었는지 자세히 말해주세요?" 그들은 더 건강해지려고 노력하는 다른 사람들과 자신의 성공담과 조언을 나눌 수 있어서 행복하다. 그들은 진정으로 다른 사람들에게 관심이 있다. 그리고 동료들에게 명랑하고 쾌활하게 대해서 사랑받는다.

▶ 보통 수준

불안이 그들의 삶을 지배하기 시작하면 보통수준의 6유형들은 자신의 결정을 의심하기 시작한다. 진정으로 "아는 것"이란 무엇이며, 그들의 머릿속을 혼란하게 하는 것은 무엇인가? 어느 것이 올바른 식단인가? 도움을 요청할 권위자는 누구인가? 그들의 자존감은 떨어지고 비록 그들이 규칙적인 운동이나 식이요법을 고수할지라도 그것은 좋아서 하는 것이 아니라 의무이기 때문에 하는 것이다. 그들은 권위 있는 인물들을 의심하기 시작하고 그들에게 반항할 수 있다. 여기에는 코치, 영양사, 의사 등도 포함된다. 이들은 진정으로 그들을 도우려고 애쓰고 있지만 그들의 동기는 의심받을 수 있다. 그들이 점점 불건강할수록 자신을 도우려는 사람들에게 "언제는 도와주더니 이제는 도와주지 않는다."고 비난할 수 있다.

그들은 자신의 몸과 건강에 대해 더 걱정하게 된다. "내 몸이 정말 지탱할 수 있을까?" ("내가 병에 걸렸나?", "나는 심장마비가 오려나? 공황장애를 겪고 있나?") 그들에게 걱정하지 말라고 말하는 것은 도움이 되지 않는다. 오히려 당신이 그들의 불안감을 잘 알고 있다고 느끼게 할 필요가 있다.

▶ 불건강한 수준

이 수준에서 6유형은 종종 편집증이 강하게 나타난다. 6유형은 다른 유형보다 스트레스를 가장 다루지 못한다. 아무도 없는 곳에서 적을 만난 것처럼 군다. 그들을 도우려는 바로 그 사람들이 그들의 공격 대상이 된다. 그들은 특정 신념과 그들이 구루 또는 시스템으로 여기는 사람들에게 집착할 수 있다. 한편으로는 그들이 제공하는 안전함을 원하고, 다른 한편으로는 그것에 반항한다. 그들은 이들에게 지지를 잃을까봐 두려워하면서도 자신이 해야 할 것은 확실히 하려 한다. 그들의 가장 두려워하는 것이 현실이 되기 시작한다. 매우 회의적이고 반응적이며 냉소적인 그들은 극도로 잘 속아 넘어가고 사기꾼과 거짓 약속에 희망을 건다. "커피만 마시는 다이어트", 기적의 결과를 보장하는 값비싼 다이어트 알약, 그리고 그릇된 확신을 주는 누군가에게 재정적 지원과 헌신을 하면 날씬하고 건강한 몸(그리고 깨달음)을 가지게 될 것이라고 믿는다.

자기 파괴적인 행동이 나타나며 중독이 자신의 건강과 행복을 망치고 있다는 것을 알면서도 패닉 상태가 되어서 지나친 방종으로 이끌리게 된다. 이들은 좁은 침대에서 비만이 생명을 위협하는 것을 알면서도 여전히 많은 탄산음료와 기름기 가득한 배달 음식을 주문한다. 그들은 더는 자기 자신(또는 다른 사람)을 신뢰하지 않는 것처럼 자기 내면의 소리도 신뢰할 수 없다. 그들은 쉽게 발끈하고 지나치게 민감해진다. "살 빠졌네? 그 드레스 잘 어울린다."라는 단순한 말도 칭찬으로 듣지 않고 그들의 노력을 과소평가하는 비꼬는 말로 왜곡되게 받아들일 수 있다.

그들은 자신이 최고인 것처럼 보여서 스트레스 수준을 은폐하려고 할 수도 있다. 왜냐하면 이것이 더 편하기 때문이다. "나는 이제 다이어트 안 해." 그러나 그 반대가 사실일 수 있다. 자신의 감정을 빼고 침착하게 보이려 한다. 그렇지만, 그들의 변덕스런 마음과 행동은 그렇지 않다는 것을 나타낸다.

그들은 과식하다가 갑자기 굶으려 할 수 있다. 술을 남용할 수 있으며, 불안정하고 이유 없는 기분 변화를 느낄 수 있다. 자포자기하고 절망에 빠져 더욱더 안전을 추구하고 더 예민하게 반응한다.

만약 6유형이 공포에 대한 아드레날린 반응으로 마음이 격렬하게 흔들릴 때 차분함과 안정감을 찾으려 노력한다면 바뀔 수 있다. 깊게 심호흡 하라. 숨을 내뱉을 때마다 불안감을 놓아버려라. 마음 챙김으로 "원숭이 마음"을 바라보라. 언제 두려움을 다른 사람에게 투사하고, 또 언제 있지도 않은 위협을 느끼는 지를 생각해 보라. 당신은 내면을 아는 엄청난 재능을 타고 났다. 다른 사람에게 검증 받을 필가 없이 자신을 신뢰하는 법을 배워라. 용기 있고, 현실에 기반을 두며, 연민을 가진 사람이 되기 위해 노력하라.

요약

6유형이 살을 빼려면 그들이 가진 두려움과 스트레스 유발 요인을 확인할 필요가 있다. 이것을 의식하지 못하면, 그들은 안전이 흔들릴 때 오래된 식습관으로 돌아가려는 유혹을 받게 된다. 명상, 운동, 요가, 호흡 운동 등 그들을 진정시키고, 그들이 항상 "행동하는 것"이 아닌 "존재"만으로도 충분하다는 것을 깨닫게 하는 어떤 것도 유익할 것이다. 6유형의 스트레스와 우울증 유발 요인은 4유형과 5유형처럼 내부 요인이라기보다는 외부에서 시작된다는 점을 아는 것이 중요하다. 6유형은 스트레스의 외부 원인을 인정하고 그런 상황에 대한 긴장을 완화하기 위해 노력함으로써 우울증을 회복할 수 있다. 자격을 갖춘 전문가에게 도움을 요청하는 것이 가장 좋다.

"공포대항형" 인지 "공포형"인지를 알면 살찐 6유형과 마른 6유형을 이해하는 데 도움이 된다. 식이프로그램을 결정할 때 자기 내면의 안내를 따르라. 당신의 힘을 다른 사람에게 넘기지 마라. 그들로부터 배우되 그들을 맹목적으로 따르려 하지 말라. 열심히 일하고, 몰입하고, 계획을 따르려 하는 당신의 타고난 욕망은 체중감량 프로그램에서 큰 장점이다. 그렇지만, 가끔은 장미꽃의 향을 맡으며, 자신을 진정시키는 시간을 가져라! 한 가지 더, 만약 지금 건강하다면 병이나 건강상의 문제에 대해 지나치게 걱정할 필요가 없다.

◈ 7유형 낙천가 ◈

맛집을 탐방하는 미식가 또는 안목 있는 외식가

주요 사항

7유형은 (경험, 음식, 음료, 마약 등으로부터) 즉각적인 만족을 추구한다. 7유형에게 음식은 기대와 흥분을 느끼게 하는 모험이다. 그들은 모든 것을 원하며 그들이 원하는 것을 즉시 따라간다. 하지만 마음 속 깊은 곳에서는 박탈감을 두려워하기 때문에 점점 소유하려 하고, 항상 미래에 살며, 먹고 싶은 것 또는 하고 싶은 것을 미리 계획한다. 그들에게 활동은 걱정과 불안에서 탈출하는 방법이다. 고통을 느끼는 대신 걱정을 밀어 넣듯 음식도 그런 식으로 먹는다.

7유형은 자신을 제재하는 어떤 것도 싫어한다. 그들에게 "다이어트 = 제한"이기 때문에 다이어트는 7유형에게 매력적이지 않다.

7유형의 개요

7유형과 함께 있으면 즐겁다. 그들은 카리스마 있고, 자발적이며, 외향적이고, 판단이 빠르다. 당신이 그들을 따라하는 것은(또는 따라하려 시도해보는 것) 피곤한 일일 수 있다.

7유형은 행동에 기초한 낙관주의자로 매력적이고 매혹적으로 열정을 발산한다. 그들은 매우 생산적이고 에너지 수준이 높으며, 다양한 것에 호기심을 가져 창의력과 상상력이 풍부하다. 그들은 또한 부지런하고, 실용적이며, 전형적으로 즐거운 파티를 좋아한다.

7유형은 무언가를 행하는 사람이다. 함께 있으면 좋은 사람들이어서 '항상 삶의 긍정적인 면을 보기'(몬티 파이선(Monty Python), 브라이언의 생애(The Life of Brain)에 나오는) 때문에 모임의 분위기를 고조시킬 수 있다.

그들은 모험을 즐기고, 긴장감을 즐기며, 외부활동이나 행사를 계획하는 것을 좋아한다. 7유형은 점심을 먹으려고 계획한 곳으로 가다가도, 가는 길에 새로 생긴 베이커리가 흥미로우면 그리로 들어가는 타입이다. 그들은 자유롭고 미래지향적이며 어떤 것에도 제약받는 것을 싫어하기 때문에 때로는 평생 어른이 되지 않는 피터 팬(Peter Pans)처럼 보이기도 한다. 7유형은 선택권을 계속해서 열어두려 하며, 떠도는 행성처럼 가만히 있지 못하고 계속해서 움직이려 한다. 그들은 생산적이면서 동시에 다산적이기도 해서 세부적인 것에 얽매이기보다는 프로젝트의 전체적인 비전을 보려한다. 7유형은 건강한 상태일 때는 계획한 것을 뜻한 대로 이뤄낸다. 포모증후군의 FOMO는 기회를 놓치는 것에 대한 두려움(Fear of Missing Out)을 뜻하는 단어로 7유형을 위해 만들어진 것이라고 할 수 있다. 그들은 모든 산을 등산하고, 모든 종류의 음식을 맛보며, 모든 다양한 나라를 여행하고, 모든 강을 건너고 싶어 한다. 그 무엇도 그들을 막을 수 없다. 4유형은 자신이 판단하기에 지루해 보이는 사람들을 피하지만, 7유형은 사람만이 아니라 지루함을 일으키는 모든 것들을 피한다.

그들은 관심의 중심에 있는 것을 즐기며 약간의 과장을 가미하는 훌륭한 이야기꾼이다. 그들은 또한 오래 상처받지 않고 빠르게 회복한다. 버진 그룹의 회장 리처드 브랜슨의 이야기처럼 7유형들이 큰 재산을 축적했다가 망한 후에도 아주 쉽게 다시 일어났다는 이야기를 들을 수 있을 것이다. 비트코인과 같은 암호 화폐는 7유형에게 안성맞춤이라 할 수 있다.

7유형이 건강하지 않은 상태일 때 멋진 아이디어는 가지고 있지만 대체로 그 아이디어를 성과로 연결하지 못하는 경향이 있다. 다시 말하면 그들은 산만하고 하나의 생각에서 또 다른 생각으로 넘나들며 어떠한 것도 완성하지 못한다. 7유형은 이야기를 더 흥미있게 만들거나 그들의 업적을 더 커 보이게 하려고 실패나 잘못된 점은 얼버무리고 과장하기도 한다. 그들은 자신이 한 행동의 영향력에 대해 제한하려 할 수 있다. "그래요, 우리는 회사 규모를 줄였고 출혈은 컸지만, 그래서 지금의 우리가 있는 것입니다"라는 말은 7유형이 많은 직원을 해고한 이유를 설명하는 방법이다.

보통 수준에서 7유형은 직감을 따르는 편이다. 좌절감과 조급함이 일어날 경우, 그들은 '무엇이든 할 수 있지만, 아무것도 제대로 하는 것이 없는 사람'이 된다. 이것은 마치 그들의 엉덩이 밑에 뜨거운 석탄이 있는 것과 같다. 그들은 관심을 요구하고 통제력을 잃는다. 그리고 "즐기세요, 인생은 짧아요."라고 말한다.

건강하지 못할 경우 7유형의 자극에 대한 욕구는 자기 방종, 불안정함 그리고 쾌락주의적 삶을 만들어낸다. 이 경우 그들의 삶은 불안하고 아슬아슬한 위험에서 벗어나지 못한다. 그 결과 그들은 유치하고 난폭한 태도로 다른 이들의 삶까지 혼란에 빠지게 하는 현실도피자가 되기도 한다. 계획은 더 거칠어지고, 삶은 더 쇠약해지며, 자아 제동 장치가 작동하지 않게 되어 버린다! 이때, 7유형은 에너지가 소진될 위험이 있고 술과 약물에 중독될 수 있다.

7유형은 2가지 선택을 할 수 있다. 하나는 고통스러워도 차근차근 걸어가면서 마무리하거나, 다른 하나는 지쳐 쓰러질 때까지 계속 달려가는 것이다. 만약 그들이 전자를 선택했다면 외부의 경험보다는 내면의 즐거움으로 만족할 수 있을 것이다. 그들은 그들의 요구는 모든 수준에 있으리라는 것을 확신할 수 있다. 건강한 5유형처럼, 7유형은 장미를 관찰할 뿐만 아니라 감사하며 꽃의 향을 맡으며 시간을 보낸다.

직업 선택

7유형들은 다중업무자, 기업가, 마케팅, 광고·홍보 분야의 전문가, 영업사원, 여행작가, 파티플래너, 모험안내자, 스턴트맨, 수렵감시인, 국립공원 관리원, 코미디언, 다양한 분야의 사업가, 예술가, 영화감독, 음식비평가, 부동산 중개인, 프로 운동선수, 레스토랑 경영자, 음악인, DJ, 도박사 등 기본적으로 재미있어 보이거나 사무실의 지루한 일에서 벗어나 계속 움직일 수 있는 직업 또는 활동에 종사하고 있다. 누군가의 감독을 받으면서 일하는 것을 원하지 않기 때문에 7유형은 결국 자신의 사업을 시작하게 되는 경우가 많다. 그들은 평생 같은 직업에서 종사하려 하지 않고 다양한 종류의 직업을 추구하는 경향이 있다. 러스 허드슨이 그들을 "르네상스 시대의 사람들"이라 표현한 것처럼[75] 7유형은 많은 재능과 위험을 감수하는 태도의 소유자로 탐험을 두려워하지 않는다.

식욕 유발 원인

7유형은 현실도피주의자이기 때문에 감정적인 고통이 찾아올 때, 무언가 다른 계획을 만들어 이러한 감정(두려움, 걱정, 실패, 한계 또는 신체적 고통, 건강 문제 등)에서 벗어나려 한다. 이 계획 중에는 식사, 음주, 마약 또는 스릴 있는 활동들을 포함한다. 음식은 흥분을 일으키는 방법의 하나로 각각의 맛은 새로운 경험을 선사한다.

7유형은 음식을 포함하여 궁핍하고 부족한 느낌을 피하고 싶어 하며 감정적으로 고통스러운 경험은 어떤 형태라도 피하려고 한다. 이것은 그들에게는 상처다. 그들은 가만히 멈춰 있으면 불편하고 고통스러운 감정이 되살아나기 때문에 쾌락을 찾아 바쁘게 살려 한다.

그들이 감정적으로 덜 건강해질 때 그들은 공황 상태에서 통제 불능 상태로 바뀔 수 있고, 조금이라도 회피할 수 있다면 조증과 울증 상태를 심하게 넘나들며 마구 먹거나 담배를 피우거나 술을 마시는 등의 행동을 한다.

---

[75] Riso, Hudson. Discovering Your Personality Type. p.146.

음식에 접근하는 방법

　당신은 지금 휴가 기간이다! 열대의 파라다이스에서 맛난 음식과 온갖 것들이 포함된 휴가 상품을 즐기고 있다. 윈드서핑, 스쿠버다이빙, 스노클링 등을 배울 수 있고 원하면 요트도 탈 수 있다. 래프팅, 비치발리볼을 할 수도 있고, 해변에 누워서 한 손에는 칵테일을 들고 바다에서 카이트 서핑(당신은 내일 개인지도 예약을 잡아 두었다)을 하는 사람들을 바라보며 여유를 누릴 수도 있다. 거기다가 식사는 또 어떤가? 열대지방 최고급 호텔 뷔페를 상상해 보라. 맛있는 뷔페 음식들이 끝없이 펼쳐져 있다. 식욕을 돋우기 위한 전채요리로는 훈제 연어, 바닷가재, 완두콩, 라디치오 샐러드, 페스토 드레싱을 곁들인 따뜻한 판체타 브리치즈 말이, 염소 치즈와 파를 곁들인 필로 컵, 신선한 굴 혹은 새우 칵테일, 참치 테린, 속을 채운 담백한 칼라마타 올리브, 타이식 조개죽, 크림 버섯 수프 등이 있다. 이어서 메인 코스가 있고 크레올식부터 케이준까지 그날의 특선 구역이 따로 있다. 싱싱한 구운 생선, 라임 드레싱을 곁들인 칠리 오징어, 카르보나라, 아라비아타, 봉골레, 라자냐 등을 선택할 수 있는 여러 종류의 파스타 구역. 바베큐 구역에는 사과 소스와 꿀을 발라 구운 육즙이 가득한 돼지고기, 소금에 절인 로즈메리 크러스트와 민트소스를 곁들인 양고기 다리, 요크셔 푸딩과 그레이비 소스가 뿌려진 소고기가 있다. 채소는 바삭한 구운 감자, 파마산 치즈와 함께 구운 갈색 버섯, 허브 살사를 곁들인 콜리플라워 튀김, 쌀과 견과류로 채운 버섯 롤, 멸치, 아몬드 그리고 완두콩, 호두와 함께 제공되는 통곡물 주스 그리고 당근 오렌지 주스 등이 있다. 거기에 더해 다양한 드레싱을 곁들여 먹을 수 있는 산처럼 높이 쌓인 샐러드도 있다.

　이런 곳이 7유형의 천국이라 할 수 있다. 하지만 7유형이라면 벌써 식사 후 먹을 디저트와 치즈를 생각하고 있을 것이다.

　음식을 선택해야 할 때 7유형은 모든 것들을 조금씩 다 먹어 봄으로써 음식 선택의 어려움을 줄이려 한다. 그런 식으로 그들은 어떤 것도 놓치거나 박탈감을 느끼지 않으려 한다.

자기가 좋아하는 것은 물론 다른 사람들이 맛있다고 하는 음식 또한 놓치지 않고 가져온다. 문제는 접시에 음식들이 산더미처럼 쌓여 있어 음식 각각의 매력적인 모습은 온데간데 없고 샐러드 소스가 모든 음식에 묻어 음식 고유의 맛과 식감이 사라지게 된다는 것이다. 이런 곳에서 하는 음식을 마음껏 먹을 수 있어도 그들은 무언가가 부족하다고 느낀다. 그것이 바로 7유형의 딜레마이다.

외식법

다양성은 7유형에게 매일 먹는 밥과 같다. 그들은 무언가를 선택하기 그리고 색다른 경험하기를 사랑한다. 시내에 새로 개업한 식당에 대해 알고 싶은가? 최근에 개업한 육가공품 전문점에 대해서 알고 싶은가? 당신의 7유형 친구는 이미 그곳에 가보았거나, 가보지 않았어도 그 장소에 대한 유용한 정보들을 알고 있을 것이다. 7유형(3유형처럼)은 변화를 두려워하지 않고 새로운 일에 제일 먼저 도전하는 사람들이기 때문에 새롭고 특이한 것으로 끊임없이 관심이 옮겨간다.

음식에 관한 지식이나 요리 전문 지식을 알고 있다는 것을 자랑스러워하는 감정가이기도 한 그들은 고급 와인 한 병과 좋은 친구들에 둘러싸여 이 지식을 공유할 때 더 행복하다고 느낀다. 그들은 다른 사람들과 함께 있는 것을 좋아하고 즐거움을 사랑하는 유형으로 만약 새로운 식당에서 새로운 음식을 먹으며 그런 경험을 한다면 즐거움은 배가될 것이다. 유용한 팁 하나를 주자면 만약 당신이 음식점을 홍보할 일이 있다면 7유형의 친구들을 많이 초대하는 것을 잊지 말기를 바란다.

7유형은 미식가들로서 와인과 음식에 대해 감상적으로 말하는 것을 좋아한다. 또한 그들은 창의적이거나 실험적인 방법을 사용하는 훌륭한 요리사이기도 하다. 그들은 일반적인 요리법을 그대로 따라 하지 않고 새로운 방식을 만들어 요리하려 한다. 14살짜리

7유형 아들을 둔 클레어는 이렇게 말했다. "아들이 스폰지 케이크를 만들 때 체리를 추가하고 바닐라보다는 초콜릿을 넣는 식으로 요리법을 바꿔요. 아들은 기본 요리법은 완전히 익혔고, 이제 새로운 것을 탐색하고 싶어 하거든요." 월요일에는 볼로냐 스파게티, 화요일에는 구운 채소 등과 같이 식단을 미리 짜놓는 사람들은 7유형일 가능성이 거의 없다.

한 내담자가 회상하면서 말했다. "제가 아주 어릴 때부터 어머니가 음식을 준비하면 부엌에서 함께 있는 것을 좋아했어요. 요리는 어머니의 위대한 사랑으로 만드는 예술이지요. 그러나 어머니는 평범한 음식을 준비하는 것은 정말 지루하다고 말씀하시곤 했어요. 어머니는 지루한 일은 절대 하지 않았습니다.

저는 저의 평범한 입맛이 어머니를 실망시킬까봐 두려웠어요. 어머니가 만든 사과 파이는 일반적인 요리법이 아닌 새로운 방법으로 만든 게 많았는데, 어느 때는 정말 먹기 어려울 때도 있었어요."

모든 성격유형 중 7유형은 새로운 요리법만이 아니라 새로운 맛에 도전하는 것도 두려워하지 않는다. 한 7유형은 "웨이터가 바닐라 향이 나는 새로운 와인을 홍보하고 있었습니다. 나는 그 와인이 인공적인 맛일 것이라고 생각은 했지만 실제 맛이 어떤지 알고 싶었어요. 와인에 대해 잘 아는 다른 친구가 그 와인은 10대들 취향에 맞춰 만들어진 것이니 시키지 말라고 극구 말렸습니다. 그래도 나는 궁금해서 시켰고 친구들은 내게 미쳤다고 했죠. 시켜서 마셔보니 친구들의 말이 맞았어요. 그 와인은 향이 아주 안 좋았고 결국 남기고 말았죠. 그래도 나는 인공적으로 향을 낸 와인이 어떤 맛인지 알 수 있게 되어서 만족이에요."

7유형은 감당하기 어려울 정도로 지나치게 돈을 쓰는 경우가 종종 있다. 고급 레스토랑의 최고급 와인과 이국적인 요리들은 그들의 소비 본능을 자극한다. 그럼에도 불구하고 여유롭고 긴 시간 식사를 즐기는 프랑스식 식사 방식은 빨리 먹고 새로운 것을 찾아다니기를 원하는 7유형의 마음을 끌지는 못할 것이다.

그들은 요리에 약간의 흥미로움을 더하는 것을 즐긴다. 예를 들어, "생선요리는 좋지만, 초리초 소시지를 넣은 소스를 곁들인 생선요리를 먹겠어요. 이런 음식은 새로운 흥미거리를 주잖아요." 그들은 다른 사람들이 자신이 선택한 메뉴를 고르는 것을 좋아하지 않는다. 이 때문에 7유형은 자신의 요리를 누가 대신 주문해 주는 것을 원치 않는다. 그런 것은 7유형의 선택을 제한하는 것이기 때문이다. 그들은 세트 메뉴나 단일 요리를 파는 식당보다 다양한 종류를 맛볼 수 있는 식당을 선호하는 경향이 있다.

그들은 한 가지만 시켰을 때 혹시 맛없는 음식만 먹게 될까 봐 먹을 수 있는 양보다 더 많이 주문한다. "우리 부부는 외식을 자주 하는 편인데, 그때마다 나는 메뉴에 있는 음식을 다 먹어 보고 싶어해요. 그래서 우리는 전채요리와 주요리를 이것저것 주문하여 모두 맛본답니다. 사실 이런 방법은 음식을 지나치게 많이 주문하는 것이라 돈을 낭비한다고 생각할 수 있어요. 하지만 이렇게 하면 요리사가 어떻게 요리하는지 알게 해주는 장점이 있어요."라고 어느 레스토랑을 공동 운영하는 사업가인 7유형 존이 말했다.

"내가 경험한 것 중에 최고의 식사는 주방장이 몇몇 사람만을 위한 특별요리를 만들어주면서 최고급 와인을 제공해 주는 레스토랑에서 일류 음식 평론가와 함께 식사한 것입니다. 모두 10가지 요리가 나왔는데, 모든 음식들이 아름답게 준비되었지요. 그것은 정말 환상적인 경험이었어요." 라고 7유형의 어느 광고 회사 사장이 말했다.

7유형은 적극적인 성격유형이기 때문에, 만약 주문한 음식이 그들은 기준에 미치지 못한다고 생각이 들면 다시 만들어 오라고 서슴없이 말하고, 서비스가 마음에 들지 않으면 매니저를 불러 많은 것을 요구하기도 한다. 7유형은 지식 습득이 빠르므로 식사 중에 요리와 와인에 대한 다양한 지식을 열정적으로 말하려 한다. 이럴 때 그런 주제가 관심 사항이 아니거나 이미 다 알고 있는 사람들(5유형과 같은 사람들)에게는 짜증스런 상황일 수 있다. 이러한 일이 발생하는 이유는 7유형은 정확히 많이 알지 못해도 어떤 주제에 대해 토론하고 의견을 낼 권리가 있다고 생각하기 때문이다. 즉 완벽할 필요가 없다고 생각한다.

낙천적인 7유형은 가장 좋은 측면을 보고 거기에 집중하는 경향이 있다. "맞아. 음식은 별로였고 가격은 너무 비쌌어. 하지만 밴드는 즐겁지 않았니?"와 같은 의견은 7유형이 다른 사람들이 실망스럽다고 표현할지도 모르는 저녁 시간을 받아들이는 전형적인 모습이다. 좋지 않은 식사 경험은 새롭고 보다 나은 무언가를 찾는 과정에서 금방 잊혀진다.

7유형과 9유형은 약속 장소에 가장 늦게 도착하는 에니어그램 성격유형이다. 9유형이 늦는 이유는 일의 우선순위를 잘못 매겼기 때문이고, 7유형이 늦는 이유는 비슷한 시간에 계획된 사교활동 여러 개이기 때문이다. 7유형은 식당에 오는 도중에 친구에게 빌린 물건을 돌려주고, 고객을 만난 후, 동료와 간단하게 차 한잔 할 계획을 했을 지도 모른다. 각각의 일을 하기 위한 충분한 시간을 할당하지 않았기 때문에 늦을 수밖에 없다. 그러나 그들은 카리스마 있는 매력으로 대충 사과하고 넘어가는 경향이 있다. 만약 현재 다니는 회사가 그런 7유형의 행동을 용인하지 않는다면 그들은 금방 이직하려 할 것이다.

언급했던 것처럼 7유형은 (5유형, 6유형처럼) 미래지향적인 성향을 지닌다. 7유형에게 음식과 음료, 레스토랑에 가는 것(앞으로 일어날)에 대한 기대는 매우 중요하다.

"저녁때 나는 엘마초 레스토랑에 가서 전채요리로 나초를 주문하고 스테이크를 먹을 거예요. 그 다음 브라우니를 먹고….", "새로운 레스토랑에 갈 계획이 있으면, 나는 어떤 메뉴를 선택할지 미리 인터넷에서 검색해 봐요. 특정 메뉴를 고집할 생각은 없지만, 식사에 대해 미리 생각하는 것만으로도 즐거워요." 러스 허드슨과 돈 리소는 이와 같은 식사 또는 경험에 대한 기대를 초콜릿 증후군(기대, 갈망, 과잉)이라고 설명했다[76].

7유형이 모일 경우 그들은 보통 사람들이 일반적으로 가보지 않은 특별한 곳으로 가자고 서로 격려하기도 한다. "우리 50대 북클럽은 어느 한 7유형에게 설득당해서 셔츠를 입지 않고 서빙하는 멋진 남성 웨이터가 있는 버거 전문점에 가게 되었어요. 미리 계획한 것은 아니었지만 우리가 경험할 수 없었던 박진감 넘치는 저녁 시간이었어요."라고 한 여성은 회상한다.

---

76) Riso, Hudson, The Wisdom of the Enneagrams. p.279

그래픽 디자이너인 샌드라는 다음과 같이 설명한다. "제가 시내에서 떨어진 곳에서 직장을 다닐 때인데, 가장 가까운 카페가 걸어서 10분 거리에 있었습니다. 저는 저의 업무에 맞춰 하루 일과를 계획하는 것이 아니라 먹는 시간에 맞춰 하루 일정을 계획하곤 했죠. 예를 들어 11시는 감자 칩 한 봉지를 사러 가는 시간이고, 오후 1시는 요거트와 사과를 사러 가는 시간, 이런 식이었어요. 그때 제가 먹던 것들은 사실 많은 양이거나 특히 건강에 해로운 것들은 아니었고, 비만하지는 않았지요. 하지만 기대와 보상으로 음식에 계속 초점을 맞추는 것은 건강한 행동은 아니었죠. 또 큰 문제는 아니었지만 하루를 분절시켜서 차분하게 일할 시간을 갖기 어렵게 했어요.

7유형은 관대하므로 실제로 예산이 감당하기 어려운 상황이라도 식비를 자신이 지불하기도 한다. 다른 성격유형들은 자신이 먹고 마신 음식의 비용에 따라 신중하게 식비를 부담하려 하는 반면에 7유형은 이런 상황을 지루해하고 맘에 들어하지 않는다.

집으로 식사 초대

오후 6시 15분, 초대한 손님들은 한 시간 이내에 도착할 예정이다. 그런데 7유형은 장을 봐서 지금 막 집에 도착했다(힘들면 힘든 대로 하면 된다!). 양고기가 메인 요리라는 것 이외에는 어떤 요리를 대접할지 결정된 것이 없다. 나오는 길에 업무처리와 내일 있을 일에 대한 통화가 생각보다 길어져서 늦어진 것이다. 하지만 7유형은 '준비! 요리 시작!(Ready, Steady, Cook)[77]' 하면서 빠르게 부엌으로 입장한다! 그들은 무게를 재고 양을 측정해서 요리하는 것을 지루하게 여기기 때문에 재료를 이것저것 분주하게 조금씩 넣으며 요리를 한다.

7유형은 훌륭한 요리를 해서 낭만적인 친구들과 호화로운 음식을 즐기는 것을 좋아한

---

77) Ready, Steady, Cook은 1994년 BBC에서 처음 방영한 요리 프로그램이다.

다. 작은 해안 어촌마을을 배경으로 한 덴마크 영화 바베트의 만찬(Babette's Feast, 음식을 좋아하는 이들을 위한 고전 영화)에서, 바베트는 음식에 들어가는 이국적인 식재료를 공급받기 위해 어떤 고생도 마다하지 않는다. 원하는 8개의 코스요리가 멋지게 준비되었다면 7유형은 음식을 만들기 위해 들어간 노력과 비용은 개의치 않는다. 이러한 풍성함은 7유형에게 매우 중요한 부분이다. 사실 대부분의 음식은 여러 식품점이나 전문점에서 반조리 된 것들을 사왔기 때문에 실제로 요리를 했다기보다 조금 손을 봐서 내놓는 수준에 가깝다. 그들은 먹는 것을 좋아 하는 것이 아니라, 그들이 준비한 새로운 요리나 음료에 대해 장황한 설명을 늘어놓거나, 식재료를 구매한 전문점에 대해 이야기 하는 것을 더 좋아한다.

일반적으로 먹는 "한 종류의 고기와 채소 두어 가지로 구성된 음식"은 너무 단조로우므로 7유형의 관심을 끌지 못한다. 보여지는 것이 중요하기 때문에 7유형은 요리를 놓기에 적당하고 멋있는 접시와 그릇들에 신경을 더 쓴다.

사람들은 7유형이 새로운 것을 배우기를 좋아한다고 생각할지 모르지만 꼭 그렇지만도 않다. 학습은 구속하고 지루하며 너무 많은 시간이 걸리기 때문이다. 새로운 음식을 경험하는 것은 '좋아요'지만, 시간이 많이 걸리는 요리 수업은 '싫어요'다.

7유형은 자신이 의도한 만큼 손님들이 즐겁게 시간을 보내길 원하고, 그를 위해서 비용을 아끼지 않으려 한다. 일반적으로 그들은 깔끔한 편은 아니다. 질서정연하게 정돈된 것보다는 편안하면서도 멋있는 것을 선호한다. 그래서 7유형의 공간은 이제 막 파티를 시작하였거나 파티를 준비하는 듯한 모습이다. 대체로 밝은 색상으로 꾸며져 있고, 최신 유행 음악이 흘러나오며, 이국적인 칵테일들을 자유롭게 마실 수 있을 것이다.

음식 선택

7유형에게 식재료 구입을 위한 장보기는 일종의 탐험이다. 그들은 와인이나 트러플(송로버섯) 오일을 찾기 위해서 여기저기 돌아다닐 것이다. 그들은 식재료와 요리에 대해 알아가는 것을 즐거워한다. 만약 그들이 부자라면 여러 대륙을 횡단하며 탐험할지도 모른다. 하지만 식재료나 음식은 반드시 보기 좋아야 하고 그래서 포장이 중요하다. 7유형은 플라스틱 봉투에 상업적으로 포장된 것이 아닌, 멋지게 디자인된 갈색 종이포장지에 노끈으로 묶인 살라미 소시지를 선택할 것이다(이런 점에서 4유형과 닮았다고 할 수 있다.)

3유형처럼, 7유형 또한 패스트푸드를 즐겨 먹을 수 있다. 끊임없이 일하기 때문에, 그들은 앉아서 여유롭게 식사할 시간이 없다. 대신에 드라이브 스루에서 주문해서 먹는 것이 그들에게는 완벽한 선택이다. 이런 방법이 그들이 운전 중에 휴대전화로 통화를 하면서 허기를 채우는 방법이다.

7유형은 에너지 소비 열량이 높아서 대부분은 섭취한 칼로리를 매우 빠르게 소진한다. 반면 어떤 사람들은 지루함을 덜어줄 흥밋거리나 프로젝트 등에 빠져서 음식 생각이 사라지기도 한다. "사고" 유형인 그들은 신체 혹은 신체적 욕구와의 연결고리를 끊기도 한다.

만약 그들이 채식주의자가 되기로 결정했다면 그것은 아마도 최신 유행하는 식생활이거나 식생활을 바꾸는 것이 더 많은 음식 선택 기회를 제공하기 때문일 것이다. 만약 6유형의 날개를 많이 사용한다면 동물에 대한 동정심으로 채식주의자가 될 수도 있다.

그들은 음식접근법도 실제 먹어 보고 시행착오를 거치는 방식이다(이것을 먹어봐야겠어. 만약 별로면 그때 바꿔도 되잖아? 내가 좋아하는 맛이 아니라 해도 일단 먹어봐야 제대로 고를 수 있지. 흠…. 어떤 걸 먹어야 할까? 트리플 아이스크림, 치즈케이크, 또는 에클레어?). 뷔페에 갔다면 다양한 디저트를 제공하기 때문에 어느 하나 놓치지 않기 위해서 모든 디저트를 조금씩 다 가져다가 먹어보려 할 것이다. 그들은 건강한 선택을 하게 하는 영적 자아와의 깊은 연결고리를 잃는다.

타이타닉호에 승선한 사람들이 침몰하는 운명의 밤에 디저트를 먹지 않기로 결정한 것에 대한 우스갯소리를 알고 있는가? 그들은 망설이다 기회를 놓쳤다는 것이 포인트다. 결국 어떻게 되었는가? 그들은 결국 배를 채우지 못한 채 죽었다. 7유형에게 이런 경험은 유쾌한 일은 아니다.

7유형에게 인생은 너무 짧다. 식생활도 마찬가지이다. 1유형은 체중을 증가시키는 음식들을 피하고 규율을 지키는 것에 자부심을 느끼지만, 7유형은 정반대로 행동하는 것에 즐거움을 느끼고 그로 인한 결과 역시 개의치 않는다. 콜레스테롤 수치와 허리둘레에 나쁘다고는 느끼지만 맛있는 치즈케이크 한 조각이 주는 행복감을 포기하지 못한다. 세상은 경험하고 싶은 일들로 가득 차 있다는 사실이 7유형에게 때로는 피곤하게 느껴질 수 있다. 외식할만한 곳이 얼마나 많은가? 선택할 메뉴는 또 얼마나 많은가? 선택하기 힘들게 하는 요소들이 얼마나 많은가? 이렇게 많은 기회가 있다는 것은 흥미롭긴 하지만, 모두 경험할 수는 없기에 7유형들은 완전히 만족할 수 없다.

7유형은 일반적으로 잔뜩 쇼핑하는 것을 좋아한다. 여기에는 식료품과 와인 등을 쇼핑하는 것도 해당된다. 판매자에게는 이상적인 고객들이다. 왜냐하면, '신상품'이라는 단어만 붙여 놓으면 7유형은 그것이 무엇이든 반드시 사려고 할 것이기 때문이다. 그들은 1인분 정도의 식재료를 구매하러 왔다가도 즉흥적으로 많은 제품을 구매할 가능성이 있다. 그들은 음식이나 와인에 통달한 척하는 것을 좋아하기 때문에, 매장 내 일반 브랜드는 그들에게 인기가 별로 없다. 그들은 넉넉하게 쇼핑카트에 물건을 가득 담는다.

7유형에게는 상점 주인과 치즈 원산지에 대해 이야기를 나누는 것은 즐거운 일이다(5유형도 이와 같은 행동을 하는데, 그 이유는 에니어그램에서 7유형이 5유형 방향으로 성장하기 때문이다.). 그리고 그들은 이렇게 알게 된 흥미로운 이야기들을 저녁 식사 시간에 이야기할 것이다. 그들은 충동적으로 파테, 별난 수입품, 디저트 등과 같은 이색적인 제품들을 구매하지만, 채소나 렌틸콩과 같은 평범하고 단조로운 식재료들은 가급적 사지 않으려 한다.

7유형은 지루함을 느낄 때 아무 생각 없이 군것질한다. 그들은 아무런 계획도 없을 때 생기는 걱정에서 벗어나기 위해서 짜거나 단 것을 간식으로 먹는다.

당신이 볼 수 없는 것

"어떻게 지내요?" 7유형에게 질문하면 "끝내줘요! 잘 지내요! 모든 게 잘되고 있어요!"라는 일반적인 답변을 듣게 된다. 7유형은 다른 사람들에게 우울하고, 외로우며, 행복하지 않은 자신을 보이고 싶어하지 않는다. 어느 7유형의 남편과 두 명의 아이들이 칼을 지닌 두 명의 강도에게 공격을 당한 일이 있었다. 그들은 다친 곳 없이 무사히 위기를 벗어날 수 있었다. 하지만, 그것은 매우 끔찍한 상황이었다. 그녀 가족의 건강과 안녕에 대한 나의 질문에 그녀의 대답은 "아주 좋아요!"였다. 내가 그녀의 딸과 남편의 트라우마 상담을 권유했을 때 그녀는 듣지 않았다. "아이와 남편은 괜찮아요. 별 일 없을 거예요."

7유형들은 파티가 끝난 다음 날 아침의 모습, 쓰레기장처럼 어질러진 집, 보톡스를 다시 맞아야 할 것 같은 늙어 보이는 얼굴, 사랑하는 사람이 떠났을 때의 모습, 숨겨둔 코카인을 찾을 때와 같은 모습을 다른 사람들에게 보여주고 싶어 하지 않는다. 7유형이 불건강해질 때 환각 상태와 같이 슬픔을 긍정의 가면에 가리려 하는데 이는 그들이 통합되지 못하고 점점 더 취약해 지고 있다는 것을 나타내는 것이다.

그러한 상황으로 가고 싶지 않기 때문에, 그들은 행복한 곳으로 자신을 몰고가기 위해 바쁘게 활동하는 것이다. 내가 어느 7유형이 슬픔의 감정을 어떻게 조절하는지를 조사하였을 때 그들은 "저는 차 한잔 마시며 책을 읽어요. 아니면 파도타기 하러 바다에 가기도 하고요. 그렇게 하면 괜찮아져요. 저는 사람들이 왜 우울한지를 이해하지 못하겠어요."라고 답했다.

자신의 몸을 보는 관점

7유형의 문제는 너무 바빠서 자신의 신체적 욕구를 돌보지 못한다는 것이다. 그들은 식사를 거르고, 몸에 좋지 않은 간식거리로 끼니를 때우기도 한다.

나에게 어느 7유형은 "저는 제가 거의 물을 마시지 않는다는 것을 알았습니다. 별로 맛도 없고 특별하지도 않으니까요. 하지만 탈수는 건강에 정말 좋지 않죠. 저는 항상 어떤 일을 끝내기도 전에 다른 일을 얼른 하고 싶었습니다. 저녁 시간이 되면 저는 너무 목이 말라 술을 벌컥벌컥 마십니다. 제가 물을 충분히 마시지 않는다는 것을 알았기 때문에 커피나 와인을 마시기 전에 먼저 물을 한 컵씩 마시려고 노력하고 있습니다. 이것이 저의 건강 유지에 매우 도움이 되었습니다."

7유형은 그들은 매력적으로 보이기를 원하는데, 이는 매력적인 몸을 가지면 사람들과 어울리기 좋을 뿐 아니라 자기 스스로도 멋져 보인다고 생각하기 때문이다. 7유형이 자신의 몸에 실망을 느끼거나 혹은 매력적이지 않다고 느낄 때 몸은 앞으로 다가올 즐거움을 망치는 적이 되기도 한다. 그래서 그들이 신체적인 결함을 빠르게 해결하는 방법으로 성형수술에 빠지기도 한다. 그들은 옛날의 아름다운 모습을 되찾기 위해서 또는 지금의 매력적인 모습을 유지하기 위해 극단적으로 행동할 수 있는데 자칫하면 성형수술 중독이 될 수도 있다.

7유형들은 부정적이거나 고통스러운 것은 피하려 하기 때문에 건강 이상에 대한 경고 신호를 무시할 수도 있다. 예를 들어 7유형은 몸에 이상이 있어 병원에 가고 싶지만 의사가 심각한 병이라고 할까봐 의사와의 예약을 미루거나 의도적으로 "잊어버린다." 그래서 초기에 대처했으면 예방할 수 있는 병을 너무 오랫동안 방치해서 큰병으로 키우기도 한다.

그러나 나이가 들어가면 건강에 대한 관심이 점점 커져서 작은 불편함도 불평하곤 한다. 그들은 기본적으로 고통스럽거나 몸이 불편해 자유롭게 움직이지 못하는 것에 대해 보통 사람들보다 더 염려한다. 모험과 즐거운 일을 만드는 것은 이런 두려움이 생기는 것을 피하는 방법이다. 7유형에게 가장 끔찍한 경험은 척추 수술을 하여 2주 동안 꼼짝없이 누워서 모든 것을 간호사나 간병인에게 의존할 수밖에 없는 상황일 것이다. 이는 누구에게도 유쾌한 일은 아니겠지만, 특히 7유형에게는 끔찍한 일이다. 인생을 다양하고 자극적인 경험을 즐기는 것으로 생각하는 7유형에게 이러한 상황은 완전한 고문이다.

중독

7유형은 중독되기 쉬운 성격유형이다[78]. 그들은 계속해서 '그들의 인생 게임'에서 최고의 자리를 유지해야 한다고 느낀다. 7유형은 항우울제 또는 마약보다는 카페인, 암페타민, 엑스터시, 술, 설탕, 코카인 등 정서적인 자극을 일으키는 흥분제에 매료된다. 끊임없이 계속되는 일과 파티에도 쳐져 있지 않고 강한 텐션을 유지하기 위해서는 약물이 필요하다고 느낀다.

패션은 그들에게 또다른 즐거운 경험이다. 그들은 대체로 한 가지 옷에 금방 질려하고 새로운 옷을 구매하는 것을 좋아한다. 그들은 최신 유행을 잘 알고 있다. 밝고 강렬하고 흥미로우며 '독특한' 것을 좋아한다. 이멜다 마르코스가 1,220켤레 이상의 구두를 가지고 있는 것처럼 쇼핑 중독이 될 수 있다.

마음 깊숙한 곳에 자리 잡은 두려움과 걱정(보통은 그들 주변 혹은 내면에서 보이지 않게 떠돌고 있는)은 7유형의 스트레스 원인이 되고, 이러한 스트레스를 보통 먹는 것으로 푼다. 그러나 이렇게 만들어진 스트레스 이완 상태는 일시적일 뿐이어서 시간이 흐르면 스트레스가 다시 쌓인다. 먹거나 마시는 것에 중독되는 것은 7유형이 감정을 억누르고 긴장을 완화하는 방법의 하나로, 힘들 때 즐겨 택하는 일종의 '도피'를 제공한다. 스트레

---

[78] Riso, Hudson. The Wisdom of the Enneagrams. p.351.

스가 강할수록 스트레스에서 벗어나려고 중독성 물질에 대한 소비 욕구가 더 강해진다.

스트레스 상황일 때 7유형은 몰래 폭식하는 영양사처럼 자신은 건강하지 못한 식습관으로 몰래 먹으면서 다른 사람들의 나쁜 식습관을 지적하고 교육하려 한다. 이는 건강하지 못한 1유형과 비슷하다. 그들은 자신이 가진 1유형의 에너지를 자신의 식욕을 통제하고 더 혹독하게 자기 제어하는 데 사용할 것이다. 하지만 그들은 억압되고 제도에 얽매이는 것을 싫어하기 때문에 결국에는 자신의 이런 통제방식에 저항하고 굴복하고 말 것이다. 건강하지 못한 1유형처럼 이러한 저항은 보통 폭식으로 나타나고 그런 다음 죄책감과 수치심을 느낀다.

끊임없이 즐거운 경험을 하고 싶다는 욕구는 다른 곳에서 일어나는 일은 모두 즐거운 것처럼 느껴져 지금 여기에 집중하지 못하는 결과를 초래한다. 그들은 더 새롭고 더 좋은 것을 찾아 헤매는 욕망의 노예가 된다.

자신이 매력적인 존재가 되어서 유행을 주도하려는 것 또한 중독의 일종이다. 그들은 특정한 사람들과 함께 매력을 발산할 수 있다. 그러나 더 흥미로운 일이 생길 것 같으면 그들을 쉽게 떠나기도 한다. 당신이 파티에서 7유형과 대화를 나누고 있을 때, 더 재미있어 보이는 손님이 도착하면 그를 바라보느라 당신의 이야기를 집중하여 듣지 않는 것을 경험한 적이 있는가? 현재에 집중하지 못하고 더 흥미로운 것을 찾는 이러한 중독성 행동으로 7유형은 가벼운 사람으로 보일 수도 있다.

어떠한 형태의 재활 프로그램이라도 7유형에게는 전혀 매력적이지 않을 것이다. 중독 회복을 위한 모든 프로그램의 본질은 '제한'이다. 그래서 '박탈감'으로부터 도망치는 삶을 살아온 7유형에게 이 방법은 너무 느리고 참을 수 없는 방법이다. 수렁에 빠진 듯한 기분을 느끼게 되면 7유형은 "즐거움"을 위해 자유를 찾으려 할 것이며 프로그램에 참여한 다른 모든 사람들을 지루하다고 생각할 것이다. "자! 즐기세요. 인생은 한 번뿐이잖아요."라는 말은 그들이 다른 이들이 노선을 바꿔서 자신과 파티를 즐기도록 설득하기 위해 사용하는 말이다.

어린 시절

음식은 양육과 관련이 있다. 모두 그런 것은 아니지만 엄마가 양육자인 경우가 많다. 만약 7유형이 어렸을 때 양육자와 단절된 경험 혹은 그런 느낌을 받았거나 또는 일관되지 않고 신뢰할 수 없는 양육을 경험한 경우 자신을 돌보아 줄 양육자를 외부에서 찾으려 한다. 충분하지 못한 양육 환경은 아이가 박탈감을 느끼고 불안해하는 요인이 된다. 7유형은 상실의 고통을 극복하려 하기 보다는 회피하려 하고 이를 위한 수단으로 오락을 배운다[79]. 감정적 욕구를 충족시키려고 노력하는 것이 아니라, 자신이 통제할 수 있는 외부 대상으로 욕구를 전환하려 한다. 어린아이에게 외부 대상은 장난감일 수도 있고 나중에는 음식, 약물과 같은 것일 수도 있다.

"폭식"은 7유형과 관련이 있고, 음식과 술뿐만 아니라 모든 경험도 그런 식이다[80]. 7유형이 어린 나이라면 스스로 자신을 보살피려 한다(만약 내가 원하는 것을 가질 수 없다면, 내가 직접 쟁취할 거야.).

어느 7유형은 그녀가 어머니로부터 분리된 경험을 다음과 같이 묘사하였다. "엄마가 저를 임신하기 전부터 아버지는 바람을 피웠습니다. 엄마는 당연히 매우 속상해 했고 우울하셨습니다. 생각해 보면 엄마는 나를 사랑했지만, 엄마의 관심은 나를 돌보는 것보다 자신의 충족되지 않은 욕구에 더 집중되어 있었어요."

7유형은 가난하거나 아니면 빠듯한 예산으로 걱정하는 부모를 통해 궁핍한 어린 시절을 경험했을 수도 있다. 원인이 무엇이든지 결과적으로 '충분하지 않은' 느낌을 피하고 싶어하는 아이가 된다. 마치 올리버 트위스트가 '제발요 선생님, 조금만 더 먹으면 안 될까요?'라고 애원하고 거절당하는 것처럼 말이다(찰스 디킨스의 소설 '올리버 트위스트'에서 올리버는 배고픔을 이기지 못해 죽을 더 달라고 요구했다가 장의사의 도제로 팔린다.).

---

79) Riso, Hudson. personality Types. p.265.
80) 나란조(Naranjo)는 폭식을 "행복을 위한 열정"으로 표현하였다. Character and Neurosis. p.151.

5유형처럼 7유형도 결핍에 대한 두려움은 가능할 때 가능한 많이 비축하는 것으로 나타난다. 왜냐하면 7유형은 "나중에 내가 정말 배고플 때 아무것도 없으면 어떡하지?"라고 생각하기 때문이다. 7유형은 이러한 자극과 경험에 대한 욕구는 "기회가 있을 때 가능한 모든 것들을 경험하고 싶다."라는 생각으로 나타난다. 그들은 자신의 욕구가 충족되지 않는 것에 대한 두려움을 발달시켜 왔다. 그들은 두려움을 활동으로 전환할 방법을 찾아낸다. 쳇바퀴 위의 다람쥐가 쳇바퀴가 멈추면 불편한 두려움과 마주하게 될까봐 계속해서 움직이는 것처럼 말이다

　　어느 7유형의 부모님은 두 번의 세계 대전을 겪었고, 결과적으로 음식에 관해서도 매우 '조심스러웠다'. 배급식량에 익숙한 그들은 아이들에게 식사 전 빵 한 조각을 먼저 먹게 해서 더 '좋은' 음식이 나오기 전 아이들의 배를 미리 채우게 했다.

　　"음식은 아주 정확한 양이 준비되었어요. 우리 식구가 5명이었는데 5조각의 고기, 5개의 구운 감자, 5개의 옥수수와 같이요."

　　예상치 못한 손님이 식사 시간에 방문할 경우 어머니는 자신은 배가 고프지 않다고 말하고 그 손님이 식사할 수 있도록 했다.

　　"저의 결혼식 때 저는 음식의 양이나 종류를 지나칠 정도로 많이 준비했어요. 그래도 저는 이것을 마음껏 즐겼답니다." 그녀는 설명을 이어갔다. "전 제가 느꼈던 것처럼 손님들이나 가족들이 부족하다는 느낌을 절대 받게 하고 싶지 않았어요."

다이어트 방법

　　7유형에게 세상은 먹고 싶은 대로 먹을 수 있는 곳이지만 문제는 언제 그만 먹어야 할지 모른다는 것이다("날 제한하려 들지 마세요!").

　　6번 날개를 사용하는 7유형의 마음에는 반항자의 성향이 남아 있다. 다이어트에 대해

서 말하자면 7유형은 초반에는 잘 따르는 것처럼 보일지 모른다. 하지만 점점 지루해하고, 얼마 지나지 않아 흥미로운 일들을 하고 싶은 유혹을 거부하지 못한다. 다이어트는 제한이 너무 많다. 간단히 말하자면 재미가 없다! ("인생은 즐거운 것을 하기에도 너무 짧아요!") 박탈에 대한 두려움으로 인해서 7유형은 어떠한 형태의 다이어트도 오래 지속하지 못한다. 그들에게 다이어트는 박탈을 의미하기 때문이다. 7유형에게는 운동으로 몸무게를 줄이는 것이 식단을 조절하거나 먹는 양을 줄이는 방법보다 더 쉽다.

7유형은 영양사, 의사, 건강 상담사 등을 자신의 자유를 제한하는 사람으로 여기는데, 이는 이들을 어릴 적 가장 중요한 욕구를 충족시켜 주지 않은 부모님에 대한 기억을 떠오르게 하는 지루하고 강압적인 사람들로 인식하기 때문이다. 7유형에게 그러한 기억은 고통스러우며 그들은 어떤 일이 있어도 고통을 느끼고 싶어하지 않는다. 체중조절을 위해 건강 전문가에게 상담을 받는다는 것은 그들에게는 피하고 싶은 불편한 경험이 될 것이다.

정해진 식단을 지키지 않고 있다는 사실을 드러내지 않으려고 영양사의 관심을 다른 데로 돌리거나, 자신의 매력을 드러내 행동을 정당화하려고 노력할지도 모른다 .

"저는 다이어트를 하기 위해서 다이어트 클럽에 갔습니다. 하지만 편안하게 따라 할 수가 없었어요. 그래서 잘 하려 노력하지 않고 체중을 재고 측정하는 모든 과정을 그럴 듯한 유머로 바꿔버렸지요. 저는 잘 따라하지 못하는 이유에 대하여 장황하게 설명하였어요. 책임자가 뭐라고 하면, 저는 고치거나 따르려고 하지 않고 오히려 다이어트의 본질, 다이어트 정보, 음식 과민증 등에 대한 긴 이야기를 늘어놓거나 농담으로 문제를 대충 모면하려고 하였습니다."

이러한 방법으로 그들은 영양사를 자신의 친구로 만들기도 한다. 친구는 서로의 즐거움을 제한하지 않기 때문이다.

매우 건강이 좋지 않은 비만인 7유형이 나에게 이렇게 말했다. "저는 악성 종양이 있습니다. 간 주변에 꽤 큰 종양 2개가 있어요. 그렇지만 저는 항암치료를 하지 않기로 마음 먹었어요. 종양 전문의는 제게 엄격한 식단을 권고하였습니다. 아침에는 건강한 식재료로 만든 것을 마셔야 하지만, 저녁에는 와인을 마시지요. 그것도 아주 많이요!"

이것은 7유형의 전형적인 대답이다. 체중을 재고, 음식량을 측정하고, 섭취를 제한하는 것은 받아들이려 하지 않는다. 그들에게 다이어트는 즐거워야 한다.

과체중이 신체에 부정적인 영향을 미칠 수 있다는 의사들의 경고에도 불구하고 7유형은 자신이 체중 문제가 있다는 것을 애써 부정하면서 식습관 조절을 거부할 것이다. 위에서 언급한 바와 같이 음식을 제한하거나 매주 몸무게 또는 식사량을 상세하게 기록하는 것 등은 7유형에게는 효과가 없다. 얼마나 많은 쿠키를 몰래 먹었고, 몇 번이나 식사 계획을 지키지 않았는지를 기록하는 것들보다 더 흥미로운 일들이 세상에는 널려 있다. 그들은 말주변이 좋고 영리한 접근법을 사용한다. 그들은 더블 크림 로키 로드 아이스크림을 수저로 퍼먹다가 현장에서 걸리더라도 발견한 사람이 오히려 미안해하게 하는 재주가 있다.

파티에서 그들은 얼마나 많은 카나페를 먹었는지 알지 못한 채 무의식적으로 먹을 것이다. 이것은 식단을 조절 중인 사람들에게는 위험할 수 있는데, 특히 만약 술까지 더해진다면 몇 잔의 술로 그들은 자신이 정해놓은 선을 넘고, 모든 제한 사항들을 무시해 버린다. 7유형들은 두려움에 대한 문제가 있다. 술과 마약은 그들의 두려움을 잠재운다. 이는 병적으로 낙관적인 7유형의 뒤에는 겁먹고 불안한 어린아이가 있기 때문이다.

7유형에게 "당신의 두려움이 무엇입니까?"라고 묻는다면 그들은 도망가버리고 말 것이다. 자기 성찰을 하려하지 않기 때문에 문제를 해결하기 위해 치료를 받으러 가는 것을 몹시 싫어한다.

7유형은 내적으로 감정을 다스리려 하기보다는 바깥으로 표출하는 경향이 있다. 고통스러운 감정이 차오르기 시작하면, 7유형은 그 감정을 음식이나 술 등을 포함한 새로운 경험으로 빠르게 전환하려 한다. 음식은 7유형을 행복하게 하고 기분 전환을 돕는다.

"규율" 또는 "다이어트 프로그램"이라고 말하면 7유형은 달아나 버릴 것이고, 그 대신에 "흥미롭고 새로운 라이프스타일의 변화"라고 말하면 주의를 끌 수 있다. 영양사들은 7유형에게 저항을 겪게 된다. 7유형은 특히 억제하려고 하는 사람들의 의견을 들으려 하지 않고 오히려 자기 자신이 원하는 대로 행동하려 한다.

"3군데 병원에서 검사를 했는데 의사들마다 저의 체중으로 인한 건강 위험 문제에 대해 걱정했고 영양사에게 가보라고 했습니다(제2형 당뇨병은 저의 가족력입니다). 저는 체중감량의 필요성을 느꼈고 얌전히 앉아 관련된 정보를 모두 들으며 며칠간 노력했습니다. 하지만, 또 다른 자아가 마음속에서 올라와 '이게 무슨 소용이 있겠어. 당장 내일 버스에 치여 죽을지도 모르는데, 왜 오늘 나를 억누르면서 살아야 하지?'라고 말하죠. 체중을 측정하는 날이 오면, 저는 이야기의 주제가 저의 식생활이나 다이어트 실패가 아닌 다른 주제로 바뀔 때까지 온갖 이야기를 해서 영양사의 동정심을 얻어냅니다. 그중에 한 병원에서 있었던 일인데 좀 과장하자면 '엄청난 거구'를 저에게 보내 과체중의 위험을 알리려 했던 기억이 나네요. 하지만 효과가 있진 않았어요. 부끄러움은 빨리 사라졌답니다. 전 살을 빼고 싶었지만, 통제나 제약을 받아야 한다는 것에 대해 마음의 준비는 되어 있지 않았어요. 전 제가 돈을 내면 다이어트 프로그램을 따르게 될 줄로 생각했어요. 아까우니까요. 하지만 그렇지 않았어요. '알게 뭐람'이란 마음의 소리가 더 강했던 거죠."

포만감을 느끼려는 욕구와 먹는 속도의 부조화로 7유형은 필요 이상으로 먹기도 한다. 식욕 조절 중추가 작용하기 훨씬 전부터 식욕이 두뇌를 지배하고 있다. 하지만, 이는 단순한 식욕이나 영양 섭취가 필요해서 나타나는 것이 아니라 삶 자체에 대한 욕구다. 7유형은 실행하고, 경험하고, 될수록 많이 갖는 것이 아무것도 놓치지 않는 방법이라고 생각한다("더 많이 먹을수록, 진정한 삶을 살고 있지 않다는 두려움을 덜 느낀다.").

당신이 7유형이라면 아래의 방법을 시도해 보라.
- 입에 넣을 음식량의 평소의 절반만 넣는다.

- 삼키기 전에 적어도 20번은 씹는다.
- 식사를 마치는 데 걸리는 시간을 2배로 늘리고, 먹는 것에만 집중한다.
   더 천천히 씹어 먹을수록, 음식의 미묘한 맛과 식감을 알아차리기 시작할 것이다.
- 먹으면서 핸드폰을 보거나, 이메일 답장을 보내거나, 컴퓨터를 동시에 하지 말라.
- 배가 고프면 나중에 또 먹으면 된다고 생각하고 평상시 먹는 양의 절반만 그릇에 담는다.
- 한 입씩 먹을 때마다 시간을 들여 미묘한 맛을 음미한다. 회피하려는 욕구를 내려놓고 현재 먹고 있는 음식의 맛에 집중한다.
- 신선하고 아삭한 당근, 미묘한 맛의 오이, 바질 잎이 올려진 잘 익은 토마토처럼 싱싱한 음식을 즐겨보기를 바란다.
- 동반자나 가까운 친구들에게 두려운 느낌에 관한 이야기를 나눈다. 그들이 두려움을 "치유"해 줄 것이라고 기대해서가 아니라, 당신의 두려움을 스스로 느끼고 인정할 수 있는 여유를 주기 위해서다.
- '언제 지루함을 느끼고, 무언가를 피하고 싶을 때 어떤 감정이었는지'를 스스로에게 물어보라. 이러한 감정을 느껴 보는 것만으로도 치유가 된다.
- 앞에 있는 음식에 감사해라. 이 음식을 만들기 위하여 열심히 준비한 사람들에게 감사해라.

빨리 먹는 습관

2유형은 자신의 먹는 습관에 대해 창피해 하기 때문에 음식을 빨리 먹는다. 반면에, 7유형은 무언가를 놓칠까봐 혹은 다음 코스/경험으로 넘어가기 전에 가능한 많이 먹기/경험하기를 원하기 때문에 음식을 빨리 먹는다.

7유형인 한 학생이 말했다. "체중이 늘기 시작한 시기를 정확하게 짚어보면, 학업을 마치고 몇 달간 유럽 여행을 하면서 돈을 벌기 위해 런던 술집에서 일시적으로 아르바이트할 때인 것 같아요. 그전까지는 엄청나게 말랐었어요. 술집에는 선택할 수 있는 다양한 음식들이 있었지만, 건강한 음식은 아니었죠. 낮에는 여행을 하고 밤에는 일을 했으니 술집에서 주는 무료 음식은 감지덕지였습니다. 소화하기 힘들고 너무 오래 익히고 가끔은 너무 기름지기도 했지만 하루 5달러로 견뎌야 할 때니 공짜 식사는 가장 고마운 혜택이었습니다. 감자튀김, 소시지, 파이, 으깬 완두콩 등이었으니 음식의 질이 어떤지 아시겠죠? 4시간 교대근무 후, 저는 배가 너무 고파 뭐든 먹어 배를 채웠습니다. 손님들이 먹고 있는 모습을 보고 있으면서도 저는 먹을 수 없었던 상황(결핍)이었기 때문에 그 음식들은 너무 맛있었습니다. 얼른 먹고 술집을 정리하고 문을 닫아야 하기 때문에 늘 서둘러 먹어야 했어요. 음식을 먹는데 시간을 오래 쓰면 다른 직원들이 짜증을 내기 때문에, 많은 양을 빠르게 먹는 것밖에 답이 없었죠." 이것이 7유형의 전형적인 생각이다.

또 다른 7유형이 나에게 말했다. "저는 아이를 너무 빨리 가진 것 같아요. 재택근무와 집안일에 육아까지 삶이 너무 고됐죠. 그래서 항상 밥은 쫓기듯이 먹고 아이가 남긴 것들은 뭐든 먹어 치웠어요. 이메일 회신을 하면서, 혹은 2살 된 아이 밥을 먹이며 치즈-햄 샌드위치를 먹고, 빨랫감을 널면서 비스킷 몇 개를 입에 밀어 넣곤 하였습니다. 다른 사람들을 챙기느라 정작 나 자신을 챙길 시간은 아예 없었습니다. 남편이 재택근무를 할 때 자신의 점심을 만들기 위해 온갖 정성을 들여 훌륭한 샐러드와 건강한 수프를 만드는 것을 보며 저는 믿을 수가 없었어요. 남편은 저처럼 서둘러야 한다는 압박감을 느끼지 않는 것 같았습니다.

말할 것도 없이, 아이 한 명을 더 낳을 때마다 저는 점점 체중이 늘었고, 건강한 음식을 만들고 편히 앉아서 먹을 시간을 주지 않는 나 자신에게 화가 나기 시작했습니다. 항상 저는 바삐 서두르기만 했죠. 지금 돌아보면 정말 바보 같은 짓이었어요. 건강하게 먹기 위해 30분 정도의 여유를 가지는 것이 그렇게 불가능한 일이었나 싶어요. 지금도 허겁지겁 먹는 습관은 없어지지 않았답니다. 전 제가 음식을 다 먹었을 때 다른 사람들은 아직 먹는 중이라는 것이 항상 신경 쓰였어요. 음식을 빠르게 먹으면 식욕조절중추가 작동할 틈을 주지 않기 때문에 필요량보다 더 먹게 된다는 내용을 읽은 적이 있습니다."

식욕조절중추는 뇌에 존재하는 가설적인 부위로 시상하부 또는 뇌하수체 부근에 있을 가능성이 큰 것으로 알려져 있다. 식욕조절중추는 식욕을 조절하는 것을 돕는 기능을 한다. 당신이 당신의 몸에 대해 자각하고 있다면 당신은 배가 불러서 그만 먹어야 한다는 몸의 소리를 들을 수 있을 것이다. 식욕조절중추가 최적으로 작용할 경우 (호르몬 작용의 결과인 것으로 알려진) 지방 조절 체계를 작동해서 배가 부르면 뇌에 신호를 보낸다. 하지만 이 두 가지 체계는 특히 너무 빨리 먹는 사람들의 경우 잘 작동하지 않을 수 있다. 뇌와 뇌 신경전달물질이 배부른 느낌을 인식하고 전달하기 위해서는 약 20분 정도가 소요된다. 너무 빠르게 먹을 경우 배부른 느낌의 신호가 작동하기 전에 실제로 필요한 양보다 더 많은 양의 음식을 먹게 된다. 빨리 먹더라도 적게 먹으면 처음엔 배고프다고 느낄 수 있지만 식욕조절중추가 작동하면 배부름을 느끼게 된다. 만약 식사를 하고 20분이 지나기 전에 포만감을 느꼈다면 먹어야 할 양보다 더 많은 음식을 먹었다는 것을 나타내는 확실한 신호이다.

7유형들은 기대에 들떠 살고 있기 때문에 어떤 요리를 먹으면서 다음에 먹을 요리를 생각한다. 때문에 어느 것도 충분히 즐기지 못하고 식욕이 생각을 지배한다. 7유형에게 식욕은 삶 자체이다. 그들은 가능한 한 많은 것을 먹고 경험한다. 이러한 방법으로 그들은 삶에서 아무것도 놓치지 않으려 한다.

운동

7유형은 온종일 걱정을 키우고 결과적으로는 스트레스를 높이며 생활한다. 그들은 자신이 어떻게 느끼는지에 대해서 정확하게 인지할 수 없으므로 자신이 스트레스 상황에 있다는 것을 부정한다. 많은 양의 음식과 술을 먹는 것은 7유형이 스트레스와 두려움을 억누르는 방법이다. "오늘 정말 열심히 일했으니까 이 정도의 재미/맛있는 음식/음료를 누릴 자격이 있다."라는 생각에서 나오는 행동이다. 7유형이 스트레스를 도전적인 운동으로 해소하는 것은 매우 도움이 될 것이다.

건강하지 않으면 고통스러움과 박탈감이 올 수 있다는 것을 알게 하는 것이 7유형에게 운동의 동기를 부여하는 방법 중에 하나다. 하지만 두려움은 이상적이고 장기적인 동기부여 방법은 아니다. 운동은 고통스러울 수 있으며, 알다시피 고통은 7유형의 두려움이다. 7유형은 고통을 두려워하기 때문에 지나치게 고통스럽지 않고, 편안하고, 즐거운 운동이 좋을 수 있다.

7유형은 다른 유형(8유형은 제외하고)에 비해 자존감이 매우 높은 편이기 때문에 어떤 체형이라도 체육관에 가는 것을 그다지 걱정하지 않는다. 멋스럽고 유행을 따르려 하면서도 '약간'의 과체중은 그들에게 그다지 문제가 되지 않는다. 그들은 미래에 살고 있어서 과거의 실패들은 빠르게 잊어버린다. 중요한 시합에서 졌더라도 다른 성격유형보다는 더 빠르게 회복한다. 긍정적인 방법으로 신체를 이용하는 도전과 경험을 사랑하는 7유형의 특성을 사용하라. 흥미로운 운동을 해라. 꼭 높은 곳에서 낙하산을 타고 내려오는 패러글라이딩과 같은 운동이 아니라도 즐길 수 있고 자극이 될 수 있는 운동이면 좋다. 예를 들어 서핑은 웨이트 트레이닝보다 더 긴장감 넘치고 종류가 다양하며 재미있는 운동일 것이다.

윈드서핑, 패들보드, 에베레스트 등산 또는 산악자전거 등은 7유형이 즐기는 운동인데, 지루하게 반복하지 않고 계속해서 새로운 도전과 아드레날린 분비를 일으키기 때문에 매력적이다.

"저는 윈드서핑을 운동으로 여겨본 적이 없습니다."라고 어느 7유형이 말했다. "그동안 운동은 저에게 지루함과 반복이었습니다. 하지만 매번 새로운 파도가 저에게는 터득해야 할 새로운 도전이었습니다. 저는 그 당시 날씬했었습니다. 윈드서핑은 체중 유지를 위해서라기보다는 재미가 있어서 했죠. 저는 윈드서핑을 정말 좋아했습니다. 아이가 생겨 할 수 없게 되었을 때 정말 아쉬웠어요. 그걸 못하니 결국엔 체중이 늘어났죠."

파도와 가파른 산 등은 7유형이 가지고 있는 두려움으로 여겨질 수 있다. 이것을 극복하는 활동을 통해서 두려움을 해소하고 스트레스 수준을 낮추면 과식 또는 과음하려는 욕구가 해소된다.

운동을 잘하기 위해서는 반복과 연습이 필요하다. 반복적 훈련을 자신을 제한하고 지루하다고 느끼는 7유형들에게는 문제가 될 수 있다. 7유형이 정해진 운동 시간에 나타나지 않고 운동을 그만두는 이유는 단순히 더 큰 자극을 찾고 있기 때문이다.

7유형에게 팀 스포츠에서 승리 후 뒤풀이 또는 팀의 사기를 올리기 위한 이벤트 등은 실제 경기만큼, 어쩌면 그보다 더 중요하다. 그들은 팀 내에서 교류하고 팀의 한 일원이 되는 것을 좋아한다. 여행의 기회를 제공하는 스포츠면 더 좋다. 그들의 타고난 긍정적인 본성은 팀의 사기와 동기부여에 큰 도움을 준다. 그들은 또한 승리를 좋아하고 어떤 스포츠 경기에서든 우승하기 위해 전력을 다하여 경쟁하는 측면도 있다. 하지만 성공적인 스포츠 스타가 되었다 해도 반복적인 일상이 계속된다고 느끼면 선수 생활을 그만두기도 한다.

무슨 수를 써서라도 이기고자 하는 욕망이 있다는 것은 7유형이 3유형처럼 경기력 향상을 위해서 약물을 사용할 가능성이 매우 크다는 것을 의미한다. 3유형은 승자로 인정받고 최고의 자리에 있기를 원하는 데 반해 7유형은 가능성에 도전하고 이기기 위한 긴장감을 원한다. 그들을 다음 단계의 도전으로 나아가게 하는 것은 바로 승리의 짜릿함이다. 3유형은 승리를 위해서 힘든 훈련도 마다하지 않지만 7유형은 훈련은 하지 않고 쉽게 이기기를 바란다.

영감을 주는 방법

오늘 집에 오다가 "파티는 당신의 몸무게를 날려버릴 것이다"라는 스티커가 붙은 차를 보았다. 그 스티커가 의미하는 것은 파티에서 춤을 추면 살이 빠질 것이고, 몸이 건강해진다는 것이다. 그 스티커를 본 모든 7유형은 그 내용에 끌릴지도 모른다. 7유형의 관심을 끌기 위해서는 재미가 있어야 한다.

하지만 그들의 몸무게 때문에 느끼는 아픔을 회피하려 하기 때문에 조심해야 한다. 그래서 그들은 남들이 자신들의 진짜 문제를 알려고 하고 제대로 확인하려 하면 발을 빼려 하고, 껄끄러운 문제는 재밌는 이야기와 유머로 포장해 드러내지 않으려 한다. 그들은 분위기가 너무 무겁거나 지루하면 멍해지기 때문에 끝까지 활기차고 유쾌한 분위기를 유지해야 한다. 7유형은 자신에게 집중할수록 더 많이 느끼고 더 깊은 경험을 즐길 수 있다[81]. 외부적인 경험이 아닌 내면의 세계를 탐험하는 것이 참된 즐거움을 찾는 것이라는 걸 이해할 필요가 있다. 그렇게 함으로써 그들이 원하는 진정한 즐거움과 자유를 창조할 수 있다. 건강하고 활동적인 신체를 가지는 것은 내면을 탐험하기 위한 좋은 방법이며, 또한 그들이 건강하지 못한 신체와 고통에 갇혀 있지 않다는 것을 확인시켜주는 방법이기도 하다.

건강 수준

▶ 건강한 수준

---

[81] Ben Saltzman, Keys to Facilitating Enneagram Transformations for Coaches, Therapists and Change Agents - lecture by from the 2017 Enneagram Global Summit Lectures.

건강한 수준일수록 7유형은 집중을 더 잘하고 덜 산만하다. 계획한 일들을 완성한다. 생각과 식습관이 느긋해진다. 그들은 음식을 건강을 의식하며 고를 수 있다. 자신을 충분히 채워야 한다는 충족 욕구는 다음에 먹을 음식의 맛을 상상하기보다는 지금 먹는 음식을 천천히 그리고 음미하는 능력으로 대체된다. 이제 충족은 목표가 아니라 존재하는 상태다. 그들이 도망치고 싶고 때로 벗어나고 싶었던 감정과 두려움을 음식에 의지하지 않고서도 마주할 수 있다. 그들은 이제 자신들의 진정한 욕구를 살펴보고 이것을 충족시키려 노력한다. 그들은 자제력과 만족감을 배운다. 그들은 아무리 많은 양의 초콜릿 케이크도 깊은 내면의 열망을 채울 수 없다는 것을 깨닫게 된다.

그들은 수용적인 사고방식을 가지고 있다. 이런 높은 의식의 단계에서는 자신의 욕구가 충족될 것이라 믿기 때문에 아주 작은 것에도 행복을 느낀다. 그들은 마치 오직 한 벌의 옷을 걸치고 이 마을 저 마을을 순례하는 순례자 같다. 감정적인 삶의 짐들을 모두 뒤로한 채 정신적으로 건강한 7유형은 더는 박탈과 고통의 두려움에 지배당하지 않는다. 그들은 현재의 경험에 진정한 즐거움과 감사함을 느낀다.

▶ 보통 수준

덜 건강한 7유형과 보통 수준의 7유형에게 미래는 중요하다. 그래서 그들은 입안 가득히 치즈의 맛을 즐기며 피자를 먹고 있으면서도, 오히려 후식으로 먹을 초콜릿 퍼지 아이스크림의 맛을 상상한다.

지금 여기에 집중하지 않는다면 삶을 진정으로 즐길 수 없다. 과거의 창피함과 후회에 집중하거나 거의 일어나지 않을 두려운 미래에 자신을 투영시키기 때문이다. 불교 신자들은 이러한 마음의 상태를 "아귀"와 같은 상태라고 말한다. 이 경우 7유형은 절망적인 상황에 부닥치게 된다. 마음은 항상 미래의 더 큰 보상을 기대하고 있기 때문에 욕구는 오직 더 큰 열망을 만들어낼 뿐이다. 폭식은 만족이 없다.

그들은 현재 먹고 있는 것을 충분히 감사하게 여기지 않기 때문에, 음식에 대한 즐거움이 줄어드는 것이다. 불건강해질수록 그들은 욕심이 많아지고 다른 이들의 욕구는 무시하고 자기 자신의 욕구만을 충족시키려는 이기심이 생겨난다. 먹음으로 해서 얻어진 "해결책"은 내면의 욕구를 잠깐은 만족시켜 주기 때문에 무분별하게 먹는다. 그들은 자신의 과체중을 "몇 kg 조금 더 들고 다니는 것"이라고 희화화하면서 체중 문제 또한 심각하게 받아들이지 않을 수 있다.

7유형은 음식을 먹고 맛을 즐기는 것보다 새로운 음식에 대한 기대가 더 크다. 이것은 음식뿐만 아니라 장소에도 적용할 수 있다. 그들은 집 근처의 프랑스풍의 레스토랑에서 식사를 하면서도 영화에서 본 프랑스의 레스토랑에서 식사하는 모습을 상상하고 있을지 모른다. 한 걸음 더 나가 그런 경험을 초조하게 기다리기까지 한다. 그래서 결국 그들은 '아귀'가 되어 현재의 식사는 즐기지 못하고 더 나은 경험을 상상한다.

어느 7유형이 내게 말했다. "만약 제가 소고기를 주문하면, 제 파트너가 시킨 양고기가 더 맛있어 보입니다. 내가 분열의 방향으로 갈수록 새로운 음식을 경험하고 싶은 열망은 더 강해집니다. 요즘은 특정한 커피에 빠져 있어서 그 커피를 마시기 위해서 먼 거리를 운전해서 다녀오기도 합니다. 저는 특정한 부위의 고기와 와인만을 고집합니다. 다른 것들은 만족스럽지 않기 때문이죠. 하지만 그 와인을 마시고 있을 때조차도 나는 이미 다음 식사 때 마실 와인을 생각하고 있습니다."

▶ 불건강한 수준

7유형은 충격적이거나 불안정한 어린 시절을 더 많이 보냈다면 정서적인 공허함을 더 많이 느낄 가능성이 있다. 그러면 그들은 그 공허함을 채울 수 있는 무언가를 찾으려고 계속적으로 노력하게 된다.

정서적으로 건강하지 못한 수준에 있을 때(종종 신체의 불건강함까지 나타나기도 한다), 7유형은 자제력이 거의 없고 순간의 만족감에 지배당한다. 그들은 건강하지 않은 음식과 음료에 중독되어서 술, 탄산음료, 커피, 케이크 등에 지나치게 빠지게 된다. 음식은 그들의 걱정과 두려움을 피하게 해주는 중독제다.

그들의 건강하지 않은 생활 습관이나 식습관에 대해 전문가에게 경고를 받아도 이러한 경고는 단지 그들이 즐길 권리를 제한하는 것이라고 생각하고 주의를 기울이지 않는다. 그들은 또한 이러한 경고에 대해서 반격할 만한 내용을 스스로 찾아보기도 한다. 예를 들어, 내 친구 폴은 혈중 알코올이 너무 많다는 혈액 검사 결과에 대해 자신이 복용 중인 항생제를 조사하여 항생제 부작용 중 하나가 혈구 수치가 부정확하게 측정될 가능성이 있다는 것을 알아냈다. 이러한 정보를 이용하여 그는 혈액 검사 결과(그에 따른 그의 음주량)를 무시하였다.

7유형은 다른 유형보다 변화에 쉽게 적응하지만, 이 변화가 다이어트를 위한 것이라든지 또는 음식이 부족하기 때문이라는 것을 알게 되면 그들은 변화를 거부한다. 더 건강한 선택지에 반발하고 나중에 식습관에 심각한 영향을 미치고 건강을 해칠 수 있음에도 지금 당기는 것들을 즐긴다. "인생은 짧으니, 먹고 마시고 즐겨라!"

건강이 더 나빠질수록 7유형은 자기 조절력을 잃고 음식, 약물, 음주에 이르기까지 심각한 대식가가 된다. 그들은 자신을 더욱 함부로 대하고, 충동적이며, 규율이 없고, 저항적으로 변할 수 있다. 이러한 특징들은 잘 조절된 식습관과는 거리가 멀다. 그들은 자신의 선택에는 관대하고 타인의 욕구에는 둔감해질 수 있다("나는 파스타가 좋으니까 저녁으로 파스타를 먹을 거야. 만약 당신이 밀가루 알레르기가 있으면 알아서 다른 것 만들어 먹든지."). 내가 아는 병적으로 비만인 한 남자를 예로 들 수 있을 것이다. 그는 건강이 나빠져 위태롭다는 것이 분명한 데도 식습관을 바꾸는 것을 거부했다. 그에게는 박탈감에 대한 두려움이 죽음에 대한 두려움보다 더 강했다.

7유형은 자신이 피하고 싶은 고통과 박탈감을 타인에게는 무모할 정도로 강요할 수도 있다.

7유형은 자신의 이러한 파괴적인 행동이 어떤 결과를 낳을지 알게 된다면, 그들은 건강을 향한 사다리를 기꺼이 다시 올라갈 것이다. 아무리 많은 것을 먹는다 해도 그들이 원하는 지속적인 만족감과 성취감을 가지지 못한다는 것을 이해해야 한다. 진정한 행복은 내면에서 우러나오며 현재를 사랑함으로써 얻어진다. 진정한 즐거움은 계획을 세운다고 해서 얻어지는 것은 아니다. 오늘을 향유하는 것, 진심을 다해 오늘을 살아가는 것이야말로 인생을 풍요롭게 하는 만찬이다.

요약

7유형은 식습관이나 운동습관만이 아니라 자신이 하는 모든 것에 더 주의를 집중할 필요가 있다. 이를 통해 그들이 가지고 있는 두려움을 직면하고 이겨내야 한다. 두려움을 억누르기 위해 먹고 마시는 것이 아니라 자신의 경험 자체를 즐겨야 한다. 만약 이렇게 하지 않는다면 그들은 갈망하고 소비하는 악순환을 계속할 것이다.

더 건강해질수록 그들은 박탈감 없이 자제력을 발휘하게 될 것이다. 그들은 자신을 진정으로 만족시키는 것들이 무엇인지 깊이 있게 이해하게 되었기 때문이다. 그들이 가진 무책임한 피터 팬 같은 자아는 정서적으로 성숙하여 자신에게 정직해진다. 내면의 욕구, 무책임함, 그리고 박탈감에 대한 두려움은 감사함과 기쁨으로 바뀐다. 그들은 자신의 욕구는 어떻게든 채워진다는 것과 자신이 가치 있다는 것을 직관적으로 알기 때문이다. 이렇게 되면 그들은 진정한 행복을 누리게 될 것이다.

⬢ 8유형 지도자 ⬢

폭식하는 불량배 또는 너그러운 연회의 손님

주요 사항

만화책에서 전통적으로 대장은 종종 덩치가 큰 사람으로 묘사된다. 모든 8유형이 덩치가 큰 것은 아니지만 대체로 넓은 가슴을 가지고 있다. 이들은 자신을 강한 사람으로 보이기 위해 몸을 부풀리는 소위 "헤비급"이다. 자신의 취약한 부분을 숨기려 하는 그들은 강하고 자신감 있어 보인다. 그들은 건장하며 원하는 것(음식도 포함함)을 추진력과 열정으로 가지려 한다. 그리고 제한이 없다! 이것은 체중 감량 전략에는 좋은 징조는 아니다.

8유형의 개요

8유형은 영웅적인 성격이다. 8유형이 방으로 걸어 들어올 때 당신은 그들이 분위기를 장악한다는 것을 즉각적으로 느낄 수 있다. "나를 건들지 마!"라고 말하는 것처럼 보일 것이다. 8유형이 좋아하는 또 다른 명언은 "네가 거칠게 굴면, 나는 점점 더 거칠어진다!"이다. 8유형은 말 그대로 힘을 휘두른다. 비즈니스적인 측면에서 그들은 유력자이고 영향력 있는 사람이다. 그들은 일을 성사시키며 다른 사람들도 똑같이 하도록 격려한다. 그들은 도전과 성공의 달콤함을 즐기고 위험을 감수한다. 그들은 (흔히 신체적으로) 강인하며 삶에 열정을 가지고 있고, "한번 해보자."라는 강한 태도를 보인다. 이런 삶에 대한 열의는 무언가 또는 누군가에 대한 열정이 생길 때 신속하게 나타난다.

그들은 임기응변이 뛰어나고 독립적이며 부하보다는 우두머리가 되는 것을 즐긴다. 그들은 직설적으로 얘기하며 자신의 욕구에 맞지 않은 사람들을 존중하지 않는다(그들은 대항하려 한다.).

8유형은 마음이 넓은 사람들이다. 그들은 자신의 영향력 내에 있는 사람들을 보호하지만 자신 또는 자신과 가까운 사람들에게 위협을 가하는 이들에게는 복수하려 한다. 8유형은 자유를 원하며 타인에 의해 통제당하거나 이용당하는 것을 두려워한다(하지만 역설적으로 그들은 다른 사람들을 통제하기도 한다.). 그들은 어떤 식으로든 연약하게 느껴지는 것을 싫어한다.

그들은 적극적이고 행동 중심적이며 경쟁을 즐긴다(자신이 이길 것이라고 생각할 때 말이다!). 이러한 이유로 그들은 극심한 반대파가 되지만, 건강할 때 그들은 존경받고 신뢰받는 사람이다. 그들은 고집이 세며 타인을 조종하려는 경향이 있으며, 때로 주변에 있는 사람들의 욕구, 희망, 필요는 무시한 채 자신과 동일시 하려 한다. 그러나 두려운 상황을 스스로 찾는 성향인 역(逆)-공포형 8유형은 자신을 위한 것보다는 그들이 관심을 가지는 사람들을 위해 더 마음을 쏟는다.

그들은 계획을 세우고 일을 성사시키는 생존자들이다. 8유형인 프랭크 시나트라의 "마이웨이(My Way)"는 8유형의 삶에 대한 접근법을 잘 설명하고 있다[82]. 그들은 가장 건강할 때 약자들을 보호할 수 있는 능력을 가지고 있다(영화 쉰들러 리스트의 오스카 쉰들러처럼 말이다.). 하지만 건강하지 못할 경우 남을 괴롭히는 사람이 될 수 있다.

8유형은 스트레스를 받을수록 성질을 더 자주 낸다. 그들은 황소같이 버럭 화를 내 놓고는 곧 잊어버려(만약 그들이 승리했다고 생각이 들면) 뒤끝이 없다. 그들은 지는 것을 '절대' 싫어한다. 만약 그들이 부당한 취급을 받았다고 느끼면 한발 물러난 것처럼 보일 때도 실제로는 확실하게 복수하기 위한 적절한 때를 기다리고 있는 것이다. 타인을 격려

---

[82] 배리 콜탐(Barry Coltham)이 2011년 에니어그램 일일 워크숍에서 8유형의 예시로써 연주한 노래이다.

하는 것은 타인에게 군림하는 것으로 서서히 변한다. 그들은 "거칠게 굴면 더 거칠게 나간다.", "토 달지 마", "내 방식을 따르든지, 아니면 떠나라"와 같은 말들을 좋아한다. 또는 알 카포네의 고전 인용문 "나의 약자에 대한 친절함을 오해하지 마라. 나는 모든 사람에게 친절하지만, 나에게 친절하게 굴지 않는 사람은 나를 '약하다'고 기억하지는 못할 것이다."

그들은, 자신의 물건이나 혹은 사람들을 완전히 통제하고 소유하려고 한다. 점차 자기중심적으로 변하며 그들의 성취를 과장한다. 그들은 사람들을 비인격적으로 대하고 자신이 원하는 것을 쟁취하기 위하여 위협하고 겁을 주기도 한다. 스스로 나약해진다고 느끼면 자신의 우월함을 내보이기 위하여 과대망상적인 방법으로 타인들의 삶을 파괴할 수 있다.

그들이 불건강한 5유형처럼 다른 이들의 생각, 신념 등을 파괴하기 위해 화를 내거나 고립시키는 행동을 하기 시작하면[83] 그들이 건강하지 않다는 것을 의미한다. 만약 누군가가 자신을 배신했다고 생각이 들면 그들에게 복수하기 위해 무엇이든 하려 한다. 그들은 자신이 친구, 종업원, 가족 등을 화나게 하는 것은 개의치 않는다. 그들은 자신이 최고의 위치에서 통제하기를 원하며, 다른 사람들에 대한 인간적인 감정을 잃기 시작한다.

건강한 8유형은 용기 있고, 임기응변이 뛰어나며, 따뜻하고 관대하며, 정직하고 용서할 줄 알며, 열려 있고 사랑이 가득한 마음을 가지고 있다.

직업 선택

8유형이 종사하는 직업은 현장 관리자, 트럭 운전사, 경호원, 매니저, 기업가(특히, 7번 날개를 가지고 있는 사람), 영업사원, 영업부장, 정치가, 마케팅 관리자, 부서장, 직업군

---

[83] Riso, Hudson. The Wisdom of the Enneagrams. p.27

인, 부동산 개발업자, 복싱 선수, 군장교, 식당주인, 요리사, 범죄 조직 보스, 심지어 종교 지도자 등이다. 그들은 많은 세부 사항들과 서류작업을 좋아하지 않으며 섬세한 업무를 하는 사무원은 절대 원하지 않는다.

식욕 유발 원인

8유형은 삶이 활기차다. 만약 그들이 원하는 것을 발견하면 그들은 그것을 즉시 갖고 싶어 한다. 그들은 또한 생존의 문제를 가지고 있다. 이 두 가지를 합치면 "내 행복은 여기에 달려 있다."고 말하면서 그들이 원하는 것(음식을 포함한다)을 열정적으로 추구하는 사람이다.

8유형에게는 '더 많은 것=안전'한 것이며, 강한 것이기 때문은 재정적으로 부족하더라도 항상 많은 것을 가지려 한다. 그래서 그들은 구걸하거나, 빌리거나, 심지어 훔쳐서라도 성취감을 느끼고 원하는 것을 얻으려고 한다. 어느 한 8유형이 나에게 "저는 빚을 졌어요. 빚을 갚으려면 일하러 가야 해요!"라고 말했다. 예를 들어 우둔살 스테이크를 먹고 싶은데 햄버거를 살 돈밖에 없어도 앞뒤를 따지지도 않고 스테이크를 주문한다. 조절이 안 될 때, 나약하다고 느낄 때, 수렁에 빠진 것 같이 느껴질 때 폭식할 수 있다. 그들은 매우 화가 날 때 또는 반격하기 위한 계획을 세울 때 게걸스럽게 먹는다.

음식에 접근하는 방법

8유형은 까다롭게 먹는 유형이 아니기 때문에 만들기 어려운 음식들로 잘 차린 식탁은 별 의미가 없다. 음식은 자신처럼 크고 대담해야 한다. 감자튀김이 곁들여진 거대한 스테이크와 적색 포도주 한 병 또는 맥주 두어 잔이면 그들의 활기찬 욕구를 채울 수 있다.

그들은 건강 문제에 대해 거의 신경 쓰지 않으며, 아무런 망설임 없이 메뉴판 중 가장 크고 좋은 음식을 주문한다. 음식은 타인을 지배하고 경쟁하는 여러 방법 중 한 가지기 때문에, 만약 당신이 600g짜리 스테이크를 주문한다면, 8유형은 1kg 스테이크를 주문함으로써 분위기를 압도하는 것을 중요하게 생각한다.

그들은 생활이 활기찬 만큼 식사법 또한 활기차다. 그들은 메뉴판 또는 식당에서 자신이 먹고 싶은 것을 발견하면 원래 먹으려 했던 것을 너무나도 빠르게 잊어버린다.

외식법

8유형은 음식을 먹을 때 열정적인 갈망 때문에 쉽게 과식한다. 한번은 내가 8유형과 식사를 할 때 그는 우리가 먹을 수 있는 양보다 더 많은 음식을 주문했는데 (당연히 8유형들은 자신을 위해서 기꺼이 주문한다), 그 이유가 단지 어필하고 싶었기 때문이라고 했다. 나를 포함해 대부분의 사람들은 괜찮아 보이는 메뉴 중에서 하나를 선택하는 반면에 8유형은 괜찮아 보이는 모든 메뉴를 주문한다. 8유형은 이러한 사치를 누릴 자격이 있다고 느낀다. 그들이 "베이컨을 내가 사왔기 때문에" 그 보상으로 실컷 먹을 자격이 있는 것이다.

8유형은 밀어붙이는 경향이 있다. 이러한 성향은 식당에서 음식이 늦게 나오면 주방으로 들어가 음식을 빨리 달라고 요구하거나, 자신을 무시했다고 생각되는 웨이터에게 화를 내는 것으로 드러나기도 한다. 8유형의 이러한 행동은 때로는 유머러스한 방식으로 도발하려는 것인지 아니면 진지하게 의도한 것인지 헷갈리게 만들기도 한다.

테이블 서비스에 짜증 난 어느 8유형과 식사를 했을 때인데, 그는 레스토랑 매니저에게 전화를 걸었다. 매니저가 전화를 받자 그는 "서비스가 아주 엉망입니다. 7번 테이블로 즉시 웨이터를 보내주세요."라고 말했다. 이것이 전형적인 8유형의 반응이다. 곧이어 종업원들과 함께 매니저가 종종 걸음으로 우리 테이블로 왔다.

자신의 욕구를 잘 알고 있는 8유형들은 결정을 빠르게 내린다. 스테이크를 먹을지 파스타를 먹을지 결정하기 위해 메뉴판을 한가하게 보고 있는 모습은 8유형에게는 흔하지 않은 모습이다. 그들은 자신이 무엇을 원하는지 알고 있으며, 또한 당신이 원하는 것도 알고 있다고 믿는다.

그들은 식탁의 생명과 영혼이다. 현재에 존재하며 매 순간들을 즐긴다(하지만 이런 행동이 좀 더 예민한 유형의 사람들에게는 고압적으로 보일 수 있다.).

평범하거나 섬세하지 않은 음식들도 8유형은 잘 먹을 것이다. 소스를 살짝 뿌린 메추리알과 상추는 불만스러워 할지도 모른다. 그들은 전형적으로 고기를 즐기는 사람들이다. 그들은 '가성비가 있는' 것을 좋아하기 때문에 특별 대우, 할인 또는 특별한 음식 준비 등을 기대하기도 한다.

집으로 식사 초대

9번 날개를 사용하는 8유형은 가족이나 가까운 친구들에게 둘러싸여 있는 식사 자리 또는 좀 더 친밀한 환경에서 주목받는 것을 특히 좋아한다[84]. 반면 7번 날개를 사용하는 8유형은 친구들과 함께 도시에 나가 여러 클럽을 돌아다니며 노는 것을 선호할 것이다. 그들은 특히 오겠다고 약속해 놓고 나타나지 않는 사람들을 좋아하지 않는다.

8유형은 가족과 친구들이 함께 하는 풍성한 모임들을 즐긴다. 그들의 감각적인 본성은 강하고 대담한 풍미를 만들어내는 음식 준비에까지 영향을 미친다. 내 생각에는 유명한 TV 요리사인 고든 램지(Gordon Ramsay)는 8유형 요리사의 좋은 예일 것이다. 강하고,

---

84) Riso, Hudson, The Wisdom of the Enneagrams. p.293.

고집스러우며, 까칠한 성격을 가진 그는 게으른 사람들과 마주하는 것을 두려워하지 않고 자신만의 방법으로 이들을 다룬다. 주의사항: 8유형은 늦게 도착한 손님들에게 매우 화를 낸다.

8유형의 집은 자신들처럼 따뜻하고 매력적일 것이다. 만약 그들이 9번 날개를 사용한다면 그들은 예술 애호가일 것이며[85], 대담하고(섬세한 동판화가 아닌), 비싸며, 밝은 예술 작품으로 꾸며져 있을 것이다.

8유형인 내 이웃의 '간단한 바비큐 파티'에서는 큰 안심과 등심 스테이크, 치킨 케밥, 양 갈비, 베이컨/돼지고기 케밥, 다양하고 푸짐한 샐러드를 볼 수 있다. 이러한 음식에 앞서 풍성한 전채요리를 먹는다. 만약 8유형의 집에 초대받았다면 몇 끼를 굶고 가도 충분할 것이다.

음식 선택

8유형은 소유욕이 많아서 일반적으로 가족 또는 친구와 함께 쇼핑하는 것을 좋아한다. 내가 아는 어떤 8유형은 외국 물품을 구하기 어려운 지역에 살고 있다. 그래서 그는 외국에 나갈 때 대부분의 시간을 쇼핑몰에서 보낸다. 휴가를 마친 후 집에 도착하면 곧이어 다양한 물건들이 배달되기 시작한다. 구입한 물품 중에 다양한 종류의 고급 식료품과 주방 기구를 가장 좋아했다.

8유형은 그들이 구매한 물건이 고가의 한정판이라는 것을 즐긴다. 이는 더 큰 만족감을 주기 때문이다. 그들은 그 제품을 차지하기 위해 더 열심히 노력해야 한다고 느낀다. 쉽게 얻을 수 있는 제품은 승리감이 없어 흥미를 잃는다. 좋은 음식은 승리자와 같은 느낌을 받기 위해 꼭 먹어야 한다. 만약 8유형이 1년에 50병만 생산하는 와인에 대해 듣

---

[85] 예술가 배우자와 결혼한 예술가로서 나의 후원자 중 많은 사람이 9번 날개를 사용하는 8유형인 것을 알아차렸다.

게 된다면 그 와인을 구하기 위한 치열한 경쟁을 시작할 것이다. 한정품은 탐스러운 것을 의미하기 때문이다.

  8유형의 극히 일부만이 채식주의자이다. 8유형의 세계에서는 "잡아먹거나, 잡아먹히는 것"이 법칙이며, 고기를 먹는 것은 전투에서 이기는 것 혹은 적응해서 생존하는 것을 의미한다. 건강상의 이유로 고기를 안 먹을 수는 있지만 자발적으로 고기를 안 먹는 8유형은 거의 없다.

  8유형의 에니어그램 열정은 관능(lust)이다(열정은 에니어그램에서 오랫동안 사용된 용어다. 예수의 열정(고통)처럼, 열정은 우리에게 고통을 수반하는 행동을 의미하며, 이 고통은 8유형의 집착이 된다. 열정에 사로잡히면 완전함을 경험하지 못하게 된다). 9가지 열정은 성경의 7가지 죄악 그리고 기만(3유형), 겁(6유형)과 관련이 있다.

  8유형에게 관능의 열정은 그들이 원하는 것을 즉각적으로 추구한다는 것을 의미한다. 8유형은 매장에 들어가 둘러보고 물건을 고른 후 망설임 없이 신용카드를 꺼내는 사람들이다. 그들은 무언가를 탐하고, 그것을 획득하는 느낌을 좋아한다. 그들에게 음식에 대한 탐욕은 누군가와 성관계하고 싶은 갈망과도 같다(내가 원하고 필요로 하는 것을 가장 빠르게 얻어내는 최상의 방법은 무엇인가?). 이러한 점에서 비용은 거의 걱정거리가 되지 않는다. 전희와 마찬가지로 음식에 대한 감각적인 만족은 매우 중요하다. "아침에 도착한 이 신선한 굴은 매우 훌륭합니다. 40개밖에 남아있지 않습니다."라는 말은 8유형의 관심을 확실하게 끌 것이다. 그들은 성관계처럼 애타게 하고, 감각적이며, 군침이 돌고, 유혹적인 음식을 원한다.

당신이 볼 수 없는 것

  8유형은 그들의 자신이 연약해질지 모른다는 두려움을 허세라는 두꺼운 갑옷 뒤에 숨긴다. 다른 사람들은 이 강인하고, 자신감 있고, 강렬한 외모 속에 돌봄과 친밀감을 갈망하는 전형적인 작은 아이의 모습이 있다는 것을 믿기 어려워한다. 그들은 어떻게든 도움이 필요한 사람으로 보이고 싶어하지 않는다. 그들은 누군가가 자신을 지켜주거나 지지해준다고 느끼면 최후까지 그들을 보호하려 한다. 8유형의 부드러운 면모가 나타나기 시작한다. 8유형이 폭식 후에 죄책감을 느끼는 모습 역시 거의 볼 수 없다. 그들 자신도 그런 느낌을 거의 가지지 않는다.

자신의 몸을 보는 관점

대부분의 8유형은 자신의 외모를 의식하지 않는다. 하지만 7번 날개를 사용하는 8유형의 경우 자신의 패션을 의식하거나 잘 차려입을 것이다. 8유형은 옷차림에 관해서는 "받아들이거나, 아니면 거절하거나"라는 양가적인 관점을 가지고 있다[86]. 그들은, 상황이 좋지 않을 때보다 기분이 좋고 조절력이 있을 때 더 멋지게 차려입는다. 덜 건강한 8유형은 스트리트파이터처럼 찢어진 티셔츠와 청바지 등 입는 것을 개의치 않는다.

그들은 매우 자신감이 넘치기 때문에 자신이 실제 모습보다 더 잘생겼다고 생각한다. 이러한 자신감으로 인하여 그들은 부, 권력, 멋진 배우자 등을 가질 자격이 있다고 믿는다. 그들은 주변 사람들보다 신체적으로 더 강하고 상황판단이 빠른 최고의 사람이라는 우쭐한 기분을 즐긴다. 이러한 이유로 그들은 심장마비 또는 뇌졸중이 나타나기 전까지 자신을 강철이라 믿고 자신을 강하게 밀어붙이거나 다른 사람들이 위험하게 생각하는 스포츠 등을 즐긴다.

8유형은(도널드 트럼프처럼) 큰 체격을 가지고 다부지고 투박한 체형을 가지고 있다.

---

86) Katherine Chernick Fauvre, Enneastyle: The Nine Languages and Personal Presenta-tions of the Nine Enneagram Types, from the Enneagram Global Summit Lectures June 2017. p.7

나약함은 무시된다. 그래서 그들의 몸은 위압적일 필요가 있다고 생각한다(전반적으로 이런 느낌을 주기 위해 그들은 크고, 두툼하며, 반짝거리는 보석을 착용하기도 한다)[87]. 8유형의 경우 허약한 신체는 타인에게 의존해야 한다는 것을 의미한다. 독립과 자립을 추구하는 8유형에게는 자신이 허약하다는 느낌은 불편하다. 그들의 신체는 남을 조종하고 제압하기 위한 수단이기 때문이다.

8유형은 신체적인 질병을 종종 무시할 수 있다. 8유형은 걱정하는 배우자에게 "너무 바빠서 병원을 갈 시간이 없어요."라고 소리칠지 모른다. 몇 달 동안 통증을 느끼면서도 무시하며 버틸 수 있다('남자는 울지 않는다'라는 말처럼 악착같이 버틴다.).[88] 그들의 이런 생활 방식은 심장 질환에 걸릴 위험을 높일 수 있다.

중독

8유형의 성격은 자신이 천하무적이라 믿으며 자신을 강하게 밀어붙이는 A타입의 성격이다[89].

미래에 대한 걱정이 거의 없고 양이 많은 음식과 술을 좋아해서 8유형 자신은 알지 못한 채 중독으로 빠질 수 있다. "전 파티를 즐길 뿐이예요."라는 말로 중독을 감추려 할 것이다. 그들은 "나는 내가 중독되었다고 믿는 다른 사람들보다 더 위대한 존재다."라는 신념을 가지고 있을 수 있다. 그 결과 그들은 도움이 필요 없다고 믿는다. 자신은 강하고, 무슨 일이든 잘 처리할 수 있으며, 원할 땐 언제든지 그만둘 수 있다고 생각하고 타인에게 도움받으려 하지 않는다. 자신이 중독상태를 통제할 수 없다고 인정하는 것은 그들에

---

87) Dr. Scott Harrington, Enneagram Type Eight Fasion http://www.dietnosis.com/ enneagramtypes/enneagram-type-eight/.accessed Nov. 2016.
88) Claudio Naranjo, Character and Neurosis, p.146.
89) Riso, Hudson, The Wisdom of the Enneagrams, p.351.

게는 매우 어려운 일이다. 도움을 받는다는 것은 자신이 상황을 제어할 수 없다는 것과 같다. 알다시피 이것은 8유형이 바라는 바가 아니다.

만약 회복 프로그램에 참가한다면 그들의 멋대로 하려 할지 모른다. 그들은 프로그램 지도자나 그룹의 다른 사람들이 선을 넘으면 대립할 뿐만 아니라, 통제하려 한다. 건강하지 않은 상태일 경우 그들은 자신을 도우려는 사람들을 무기력하게 만들 목적으로 연고를 따지거나 파벌을 조성하기도 한다[90].

그들이 진정한 힘을 보여주기 위해서는 맞서거나 솔직함만으로는 충분하지 않고 오히려 사랑과 존중의 마음이 있어야 한다는 것을 이해할 필요가 있다. 자신은 부족하고 나약하다는 것을 인정하고 진심으로 도움을 구할 때 8유형은 회복의 여정을 걷게 될 것이다.

어린 시절

어린 시절 받아들여지지 않으리라 생각하고 억누르고 있었던 것들은 성장하면서 자신의 그림자가 되어 외부 세계에 투영된다. 그래서 강인하고 천하무적인 8유형은 자신이 약하고 도움이 필요한 사람들에게 둘러싸여 있다고 느끼는 것이다[91]. 8유형은 어린 시절 자신의 나약함을 억누르고 있어야 했다. 그들은 "사나이는 울지 않는다."와 같은 말들을 부모(대부분 자신의 중독성을 견뎌내고 있는 부모)에게 들으며 자랐다.

그들은 어린 시절 학대를 받았거나, 자신이 아끼는 사람들이 학대당하는 것을 보며 자랐을 수도 있다. 때문에 그들은 피해자로 겪은 고통을 다시는 경험하지 않을 정도로 강해지려 한다. 그들은 자신이 어린 동생들을 돌봐야 한다는 것을 알고 부모님이 하지 못

---

90) Jerome Wagner, Integrating Our Inner Polarities From a 2013 workshop, with Russ Hudson, The Inner Critic in Cape Town.
91) Ben Salzman, Keys to Facilitating Enneagram Transformations for Coaches, therapists, and Change Agents - lecture by from the 2017 Enneagram Global Summit Lectures. p.9.

한 리더십과 보호자 역할을 맡는다. 책임을 맡는다는 것은 때로는 자신의 욕구를 인정하지 않거나 심지어 불평하지 않고 극도의 역경을 이겨내야 하는 것을 의미하기도 한다. 삶이 특히 힘들고 양육을 거의 받지 못했다면 8유형은 지나칠 정도로 독립적인 성인으로 변해 사람이든 사물이든 어떤 것에도 의존하지 않으려 한다.

음식면에서 이것은 다른 사람에게서 어떤 것도 공급받지 않겠다는 것으로 바꿔 말할 수 있다. 베어 그릴스의 삶처럼 다른 사람들이 자신에게 의지할 수는 있지만, 자신은 완전한 자립 생활을 하려 한다. 유명한 TV 프로그램 '인간과 자연의 대결(이 전에는 '생존자'라 불림)'에서처럼 생존의 문제는 8유형에게 동기부여를 한다. 시련이 크면 클수록 그들은 더 강해진다.

다이어트 방법

음식은 8유형이 싸움을 하기 위한 연료다. 이것은 "영향력을 가질 수 있는" 방법이다. 8유형이 영양사 또는 의사의 상담실로 들어갈 때는 완벽한 방어 태세를 갖춘다. 이런 상황에서 그들은 자신이 나약하게 느껴지는데 알다시피 그들은 나약하고 연약한 느낌 자체를 혐오한다.

심지어 그들은 자신에게 체중을 줄이라고 말하는 사람을 자신에게 권력을 내려놓으라고 하는 사람으로 치부한다. 그래서 가끔 8유형은 사람들을 위협할 수도 있는데, 그 대상은 주로 대립을 피하는 유형이거나 이전에 8유형들을 경험하지 못한 사람들이다[92]. 성질대로 하게 두면 8유형은 의사를 꼭두각시로 만들려 할 것이다. 이것은 당연히 그들에게 도움이 되지 않는다. 이러한 상황을 만들지 않으려면 의사는 8유형의 분노를 이해하

---

92) Jerome Wagner. Intergrating our Inner Polarities - lecture by from the 2017 Enneagram Global Summit Lectures. p.11.

고 공격적이지 않으면서도 솔직하게 건강 문제에 집중할 것을 제안할 필요가 있다.

8유형은 자신은 강압적으로 말하면서도 다른 사람이 자신을 강제하는 것은 좋아하지 않는다. 그들은 자신이 무언가를 통제하고 있다는 느낌이 필요하고 그 대상에는 그들이 먹는 음식 또한 포함된다. 만약 8유형이 스테이크를 먹지 않기로 결정한다면 그것은 괜찮다. 하지만 만약 당신이 그들에게 스테이크를 먹을 수 없다고 말하는 것은 황소를 향해 빨간 깃발을 흔드는 것과 같다. 그들이 스스로 인정한다면 성공할 가능성은 더욱 커질 것이다. 자제력은 8유형과는 잘 어울리는 단어는 아니다.

앞서 말한 것처럼 8유형은 삶을 향한 욕망을 품는다. 그들은 바라는 것을 (즉시) 가지기를 원한다. 이러한 생각은 제한을 두어야 하는 다이어트에 도움이 되지 않는다. 8유형은 즉각적인 만족감과 보이는 결과를 원한다("저는 1주일 동안 탄수화물을 먹지 않았는데 200g밖에 빠지지 않았어요. 이 프로그램은 효과가 없어요."라고 한다.). 8유형을 고무시키는 방법은 건강해지면 연약함은 줄어들고 강해진다는 것을 이해시키는 것이다. 건강해지면 더 강해지고 성적 매력을 풍기게 될 것이다. 건강한 사람은 약한 사람보다 다른 사람 앞에서 더 당당해질 수 있기 때문이다. 8유형이 이것을 이해한다면 그들은 8유형의 본성인 강인함, 열정적임 그리고 확신으로 프로그램에 참여할 것이다.

운동

"적자생존"은 8유형의 좌우명이다. 하지만 강해지기 위해서는 헌신이 필요하다. 8유형은 리더가 되거나, 이기거나, 힘과 권력이 보상으로 주어진다면 좋아한다. 그들은 팀을 이끄는 위치에 있는 것을 좋아하기 때문에 이렇게 되기 위해 열심히 노력할 것이다. 8유형은 럭비, 태권도, 유도, 킥복싱, 수구, 아이스하키, 레슬링, 복싱과 같이 신체적 접촉이 많은 스포츠를 선호한다. 그들은 격투 스포츠에서 오는 생동감과 강렬함을 즐긴다. 맨손으로 싸우는 데서 오는 만족감만큼은 아니지만 근육을 단련하는 역도 또한 즐긴다. 역도는 그들의 몸을 단련시켜 위협을 물리칠 것 같은 강한 느낌을 주는 운동이다.

역경을 이겨내는 것은 8유형들에게는 매우 만족스러운 일이다. 그것을 통해서 그들의 강건함과 힘을 확인하고, 그들은 영웅으로 탄생한다. 7번 날개를 사용하는 8유형은 파도타기, 번지 점프, 낙하산 타기, 파워 보트 경주, 산악바이크 경주, 카이트 서핑 등과 같은 모험적인 스포츠에 끌린다. 이러한 운동 경기에 참가하는 것만으로도 8유형에게는 매우 큰 자신감을 준다.

8유형은 혼자 하는 운동이 아니라 경쟁하여 상대를 제압하는 훈련 프로그램을 선택할 가능성이 크다. 8유형은 매우 경쟁심이 강하다. 그들에게 정서적인 강건함은 신체적 강건함으로 해석된다. 지배하고 싶은 욕구는 그들이 정서적으로 건강할 때 팀을 더 높은 수준으로 성취하게 만든다. 반면에 정서적으로 최악일 경우 그들의 강함은 약한 구성원들을 비난하거나, 못마땅하게 여기거나, 심하면 다른 사람들을 괴롭히고 야단치는 것으로 표출된다. 심지어는 경기장까지 데려다준 운전기사나 시설 관리원 등 경기와는 별 관련이 없는 사람을 비난하기도 한다. 삶이 별로 성공적이지 못하다고 느낄 때 그들은 스포츠에서 성취감을 느끼기 위해서 지나치게 몰입하기도 한다.

8유형은 코치나 주장이 그들의 경기나 훈련을 통제할 경우 그들과 충돌하기도 한다. 이는 자신이 그들보다 더 강한 지도자가 될 수 있다고 믿기 때문이다. 무언가를 지시하는 것은 8유형에게는 거의 효과가 없다(그들은 오히려 스스로 하도록 역할을 맡기는 것이 낫다!). 그들은 리더의 권위를 약화시키기도 한다.

8유형은 특히 개인 경기에서 지면 평소와는 다르게 조용히 물러나서 다시 도전할 기회를 노린다. 상대는 단순히 경기에서 이긴 것으로 생각할지 모르지만, 8유형은 이것을 선전포고로 생각하고 다음 전쟁에서 승리할 계획을 세우고 있을 것이다. 패배는 복수심을 불러 일으킨다. 이 경우 그들은 다음 경기를 위해 새로운 기술을 연마하는 동안 그들의 약점을 감추기 위해서 함께가 아니라 혼자서 비밀리에 훈련하려고 할지도 모른다.

영감을 주는 방법

당신이 훈련 매니저라면 8유형이 당신의 체중 감량 프로그램에 참가하는 것을 싫어한다는 것을 한 눈에 알아볼 수 있다. 그들은 나약해지거나 통제 당하고 싶어하지 않기 때문에 은밀한 또는 공개적인 분노 행동으로 당신의 위치를 약화시키려 할지도 모른다. 당신은 그런 시도에 주눅 들지 말고 현재 상황을 받아들이는 것이 좋다. 그래야 8유형을 설득하여 영감을 줄 수 있다. 즉, 운동을 통해 더 건강하고 강해지는 것이 진정한 힘을 경험하고 자신을 보호할 수 있다는 것을 이해시킴으로써 8유형에게 영감을 불어 넣을 수 있다.[93]

진정한 힘은, 타인을 짓밟는 것이 아니라, 억압받고 있는 사람들을 도움으로써 온다는 것을 8유형들에게 이해시키기 바란다. 진정한 영웅은 용기 있고, 용서하고, 사랑이 충만하며, 이타적이다.

건강 수준

▶ 건강한 수준

8유형이 최상의 상태일 경우 그들은 아무리 불리한 상황이라도 자신을 성장시키고 자신이 거듭날 기회로 바꿀 수 있다. 건강 문제도 그렇다. 그들은 스스로 최선을 다하고자 하는 의욕이 강하기 때문에, 신체적으로나 정서적으로 건강을 유지하기 위해 식이요법, 운동, 그 밖에 필요한 일들을 계속할 것이다. 건강한 8유형들은 자신이 겪었던 것을 바탕

---

[93] Ben Saltzman, Keys to Facilitating Enneagram Transformations for Coaches, Therapists, and Change Agents- lecture by from the 2017 Enneagram Global Summit Lectures.

으로 고통받고 있는 다른 이들을 격려하기도 한다. 그들은 타인에게 영감을 줄 뿐만 아니라 혜택 받지 못한 아이들이나 약자를 도와주며, 대의를 위해 싸우기도 한다. 여기서 그들의 관대한 마음이 밝게 빛난다. 진정한 영웅들은 더는 세상을 통제할 필요를 느끼지 않는다. 그들은 식욕을 억제할 수 있고, 자신이 리더가 되어야 한다는 욕구를 가지지 않고, 타인을 위해 기꺼이 봉사한다.

▶ 보통 수준

8유형이 덜 건강해짐에 따라, 삶은 더 강한 것들과 맞닥뜨려야 하는 큰 도전처럼 보인다. 그로 인해, '세상에 대항하는 나'로 변하게 된다. 운동은 단순히 건강하기 위한 것이 아니라 강인해지기 위한 것이다. 먹는 것은 싸움을 위한 연료를 충전하는 것이다. 클수록 좋다. 이는 알통과 이두박근에도 해당한다. 타인을 통제하려는 욕구는 더 강해진다.

8유형은 2유형처럼, 자신의 우울한 감정을 달래기 위해 음식을 먹으며 폭식을 할 수 있다(8유형의 경우 나약함에서 오는 우울함이다). 그들은 자신의 실제 느낌을 감추려고 한다. 예를 들어 팀의 패배가 매우 중요하지만 별로 중요하지 않은 척하는 것이다. 승리에 대한 기대와 전략으로 다른 사람들을 고무하거나 자신에 대한 격려도 좀 과장되게 한다. 그들은 경기에 임하면 사람들이 자신을 응원하는지 살펴보고 그렇지 않은 사람들을 질책하기도 한다. 그들의 분노가 갑자기 분출되는 경향이 증가하며 심지어 협박하거나 자신을 따르도록 강요하기도 한다.

▶ 불건강한 수준

어떠한 대가를 치르더라도 꼭 가져야 한다는 열망은 이성적이거나 합리적이지 않은 행동을 하게 한다. 그들은 타인을 파괴적으로 대할 수도 있고 자기 자신 역시 그런 식으로 대한다. 나쁜 식습관과 좋지 않은 음식을 과식하는 것, 그리고 제한 없이 술을 마시는 행동은 8유형의 건강을 심각하게 해칠 수 있다(심지어 그들에게 그만 마시라고 말할 수도 없다.). 분노는 난폭운전, 시비 걸기, 치사한 반칙으로 상대 선수를 해하는 것 등으로 나타나기도 한다. 만약 당신이 8유형과의 싸움에서 이겼다면 다음 만남을 조심하는 것이 좋다. 언제 복수하려 들지 모르기 때문이다. 8유형은 자신을 끈질기게 몰아붙이고 위험하고 공격적이기 때문에 심장과 혈압 관련 문제가 발생할 수 있다. 그 크고 따뜻한 심장은 점점 딱딱해진다.

만약 8유형이 자신이 건강하지 못함을 인식할 수 있다면 세상에 맞서 자신을 보호하려는 강한 이면에 있는 어린아이의 모습을 인정하게 된다. 다른 사람들과 맞서는 내가 아닌 다른 사람들과 함께 있는 나를 인정하는 것이다. 그들은 사랑에서 나오는 진정한 힘을 경험한다. 그래서 그들은 경기장에서, 사무실에서 그리고 자신을 괴롭히는 내면의 것들에게 권력을 휘두르는 난폭한 지도자가 아닌 순수하고, 순결하며, 자비롭고 너그러운 용기 있는 영웅이 된다.

요약

활기찬 8유형은 더 건강한 생활 방식을 유지하면 할수록 더 강해지는 것은 물론 더 능력 있고 자신감 있게 살 수 있다는 것을 이해할 필요가 있다. 양보다 질을 높이는 것에 집중하는 것이 도움이 된다. 이렇게 하는 것이 타인을 위한 것이 아니라 자신을 기쁘게 하는 것이라고 이해하면 저항이 줄어들게 된다.

건강한 삶의 방식을 하고 싶은 것을 못하게 하는 것이라고 생각하지 말고, 인생 목표를 성취하기 위한 도전이라고 생각하라. 경쟁은 잊어버려라. 승리만이 아니라 과정만으로도 충분히 가치 있다. 당신의 성공을 당신만큼의 노력과 추진력을 가지지 못한 사람들을 격려하고 영감을 주는 데 사용하라.

앞서 말한 것처럼 몇몇 건강 보험 회사는 당신이 다른 사람들과 경쟁하게 하고, 인정받고, 당신 개인의 목표를 달성하게 해 줄 수 있다고 선전한다. 그러나 변화는 당신 자신이 유혹에 저항하고 자신의 존재를 느낄 때 일어난다. 스테이크도 좋지만 샐러드를 먹는 도전을 해보자. 내면의 지략을 발휘하여 더 건강한 자신을 발견하기를 바란다. 더 건강해질수록 결국 진정한 생존의 능력을 가지게 된다.

9유형 중재자

게으른 폭식자 또는 평온한 건강 추구자

주요 사항

9유형들은 무의식적으로 그들의 분노를 음식으로 가라앉힌다. 평화를 유지하려면 분노를 억제할 필요가 있다. 분노를 인정하거나 느끼고 싶지 않은 것은 자기 자신을 무감각하게 만드는 것이고, 그 결과 신체와 단절되고 분리된다. 신체적인 자아와 분리되어 있기 때문에 그들은 빨리 먹거나 배가 불러도 음식이 다 없어질 때까지 먹는 경향이 있다. 일부 9유형들은 심한 과체중이 될 수 있고(무의식적으로 먹음으로 인하여), 또 어떤 경우는 심하게 저체중일 수도 있다(신체적 배고픔의 욕구를 무시하고 먹는 것을 잊음으로 해서).

9유형의 개요

9유형들은 느긋하고 호감형이며 마음 편하게 산다. 그들은 위협적이지 않고, 리소와 허드슨이 '평화주의자'라고 이름 붙였듯이, 어디에 있든 조화로운 분위기를 만드는 것을 좋아한다. 그들은 훌륭한 시민이며, 상대방의 의사를 따르는 인내심과 평정심이 있다.

그들은 복잡하지 않고 편안하고 온화하며 주변과 어우러져서 행복해 하고 평온하고 침착하다. 그들은 '키 큰 양귀비'-키 큰 양귀비 증후군 또는 다른 사람 위에 서 있는- 가 되는 것을 두려워하는데, 소소한 존재이길 바라는 무의식적인 욕망으로 인해 그들의 잠재력은 방해받을 수 있다. 따라서 겉으로 드러나는 우두머리 위치에는 있지 않으려 한다. 이런 점은 가끔 그들을 겸손도 병이게 한다. 그들이 개방적이고 자연스럽고 자발적이며, 건강할 때는 거의 어린아이 같은 장난기를 가지고 있다.

그들이 추구하는 평화를 유지하기 위해 그들의 욕망과 분노를 승화시키고 주변 사람들과 융합한다. 5유형과 함께 있으면 9유형은 조용하고 신중할 수 있으나, 7유형들과 함께 파티를 할 때는 "최고로 유쾌한 사람"이 될 수도 있다. 어떤 9유형은 "나는 7유형들에게 부동산 중개를 성사시킨 적이 많았다. 나는 그들이 하는 파티와 재미를 추구하는 생활방식에 잘 융합하였기 때문에 심지어 그들은 내가 자신들과 같은 유형일 것이라고 생각했다."고 회상한다. 9유형들은 남을 지나칠 정도로 잘 수용하기 때문에 때때로 자기 유형을 확인하기 어려울 수 있으며 여러 가지 유형으로 보일 수 있다.

9유형들은 사랑스러운 애완동물들과 소파에서 편안하게 뒹구는 것을 좋아하는 사람들이다. 그들은 남들을 편안하게 달래고 치유하는 능력을 가지고 있는데 이 때문에 다른 사람들이 호감을 갖는다. 9유형들은 주변을 편안하게 만드는 지지적인 친구들로서 자신의 의견을 말하는 것은 어려워하면서도 자녀나 동료, 또는 가까운 다른 사람들에 관한 것일 때는 자기주장을 할 수 있다.

그들은 억제된 자신들의 분노에 대해서는 대부분 자각하지 못한다. 어떤 9유형이 내게 "내가 나이 지긋한 독일 치료사에게 많은 검사를 한 적이 있는데, 내가 모든 분노를 병에 담아 내 안에 품고 있다고 했어. 나는 혼란스러웠지. 왜냐면 나 자신은 전혀 그렇게 느끼지 못했거든. 그녀가 말이 옳다는 것을 깨닫는 데 30년이 걸렸어."고 말했다.

그들의 에니어그램 열정이 게으름(태만)[94]이라 하더라도, 그것은 그들이 신체적으로 게으르다는 것이 아니라 자신들에 관한 일은 게으름을 피우고 결정을 미뤄 속 터지게 하는 경우다. 9유형들은 세상 일에 호들갑스럽지 않다. 이 때문에 9유형들은 배우자나 직장 상사에게 종종 정서적 쓰레기장처럼 취급받으면서 심하면 정서적 학대, 압박 그리고 방임을 당할 수도 있다. 9유형들은 행복하지 않은 상황이 발생하면 해결하는 것이 아니

---

94) Riso, Hudson. The Wisdom of the Enneagrams. p. 23.

라 시간을 끌며 피하려 한다.

9유형들에게 잔은 항상 반이나 차 있다. 대형 마트의 복잡한 주차장에서 자리를 찾을 때나, 새로 사업을 시작할 때나 그들은 언제나 잘 될 것이라 생각한다. 그들이 건강할 때는 자신들이 맘 먹은 대로 일을 추진하지만 덜 건강한 상태에서는 잘되기를 바라는 마음만 있을 뿐 움직이지 않는다. 그들은 텃밭 가꾸기, 예술활동, 독서 또는 장시간 TV보기 같은 것을 즐기면 움직이려 하지 않는다.

자신들의 분노(가끔 갑자기 터지고 폭발함)를 표현하기를 전전긍긍하기 때문에 9유형이 덜 건강해지면 수동적 공격 성향(소심한 복수와 같은)을 보이고 고집스러워질 수 있다. 그들은 자신들의 행복한 세계를 흔드는 어떤 것 또는 어떤 사람도 원치 않는다. 어떤 당황스러운 상황도 직면하고 싶지 않은 마음은 정서적으로 현실성 없는 일종의 멍한 상태로 갈 수 있다.

불건강한 9유형들은 억압받은 사람이 되거나, 강한 부정론자, 현실과는 거리가 먼 백일몽을 꾸는 사람이 된다. 그들의 모든 것을 운명이라고 체념하고 다른 사람들의 도움을 고집스럽게 거부할 수도 있다. 그들은 세속적인 문제는 관심이 없다고 자기 자신에게 최면을 걸거나(거짓 깨달음), 아예 부정하면서(어떤 부정적 측면도 관여하지 않겠다는) 점점 더 시야가 좁아져 변화를 거부하면서 문제를 회피한다.

9유형들이 분열의 원인을 잘 모를 때보다 이런 정보를 갖고 있을 때 좀 더 통합의 방향으로 간다.

직업 선택

9유형은 대체로 창의적이고 상상력이 풍부하다. 그들의 적응력은 상당히 여러 분야에서 활동할 수 있게 하는데 미술 창작으로 하다가 작가로 변신하고, 판매직으로 갔다가 제조업자가 되기도 한다. 일반적으로 그들은 정해진 규율이 있는 회사에서 일하는 것을 즐기지 않고 오히려 혼자 일하는 것을 선호한다. 그들은 스트레스 받는 것을 질색하기 때문에 반려견과 함께 차 한 잔의 여유를 누리며 집에서 일하는 것을 택한다. 만약 그들이 8번 날개 쪽으로 더 기울어져 있다면 그들은 탁월한 지도자가 될 수 있다. 그들은 협상을 잘하고 앞에서 끌고 가려고 하기보다 뒤에서 밀어준다. 이것이 9유형의 강점이다.

그들은 불편한 감정을 피하기위해 일에 파묻혀 산다. 갈등이 있는 곳에 머무는 것을 피하려 한다. 식물관리사, 게임 관리자, 공원관리원(야외는 평화롭다), 수의사, 작가, 화가, 음악가, 교사, 요가강사, 상담가, 중재자, 사회복지사, 편집자 그리고 집에서 느긋하게 인터넷을 서핑하며 일하는 직군에서 9유형들을 많이 발견할 수 있다. 또한 9유형들이 건강할 때는 함께 있는 것만으로도 치유가 되는 좋은 대체 치료자가 될 수 있다.

식욕 유발 원인

9유형들은 부조화를 만들고 싶지 않기 때문에 자신들의 불안, 혼란, 화 그리고 행복하지 않은 느낌들을 억압한다. 무감각해지기 위해 건강하지 않은 음식을 아무거나 먹고, 술을 마시고, 때론 약을 하기도 하는데 이것이 평화를 만드는 특효약이 되거나 사적인 감정을 가두어 두는 단단한 빗장이 된다고 생각하기 때문이다. 이런 백일몽의 공간에서 의식하지 못한 채 너무 많이 먹고 마실 수 있다. 또한 스트레스를 받으면 건강에 문제가 있다는 것을 완강하게 부인할 수도 있다("나는 건강검진을 받아본 적이 없어. 아무 문제가 없을거야. 나는 너무 바빴어.", "나는 비만이 아니야. 나는 단지 몇 킬로만 더 무거울 뿐이야"). 불건강한 5유형들과 마찬가지로 그들은 다른 사람들이 자신들을 이용하도록 방치할 수 있다.

9유형들은 정서적 고통을 피하기 위해 주변에서 일어나는 일에 무감각하게 구는데 이는 그들이 집중하기를 바라는 사람들에게 엄청난 좌절감을 줄 수 있다. 그들은 "방 안에 있는 코끼리(금기시 되는 주제) 시나리오"의 전형적 특징을 나타낼 수 있다("문제? 무슨 문제? 아무 일 없는데?"). 자신들의 감정을 표현하거나 분출할 수 없기 때문에 9유형들에게는 음식이 그들의 분노를 묶어두는 하나의 수단이 된다.

음식에 접근하는 방법

2유형들은 사랑받지 못한다는 느낌을 억누르려고 먹지만 9유형들은 화나는 감정을 억누르기 위해 먹는다. 그들에게 있어 분노는 표현하는 것이 아니라 삼키는 것이다. 그들에게 배고픔은 결코 해결되지 않는데, 그 이유는 먹어서 해결되는 배고픔이 아니기 때문이다("만약 음식이 있다면 먹기는 할거야. 그러나 내가 원해서 먹는게 아니라 다른 사람들이 먹으니까 그냥 먹어주는 거야."). 9유형들은 나쁜 음식을 먹는 것에 대해 크게 염려하지 않는다. 나쁜 음식을 계속 먹으면 장기적으로 나쁜 영향을 미치는 것은 알지만 아주 먼 일로 알고 무관심하게 생활한다.

9유형들은 특정한 음식, 예를 들면 단음식 등을 피해야 한다고 말은 하면서도 만약 다른 사람이 푸딩이나 치즈가 가득한 피자를 시키면, 평소의 원칙은 사라지고 "추가 크림 하나는 내꺼야!"라며 다른 사람들보다 더 먹으려 한다. 그들은 접시가 다 비워져야만 멈출 것이다. 그들은 배부르다는 것을 의식하지 못한다.

9유형들이 혼자 있을 때는 먹는 것을 크게 개의하지 않는다. 작은 노력으로 편하게 지낼 수 있는 방법, 즉 간단히 시켜 먹거나 냉장고에 있는 것들로 대충 먹을 수도 있다. 고민이 필요 없는 맥도날드 셋트 요리나 김밥은 9유형들을 위한 맞춤 식사다.

외식법

외출 준비를 하는 경우, 9유형들은 필요하지도 않은 일을 하거나 우선 순위가 아닌 것들을 하느라 시간을 보낸다. 이런 습관으로 그들은 모임에 언제나 늦게 나타난다. 그럼에도 초대한 사람이 크게 화를 내지 않는 한 크게 고민하지도 않는다.

다음은 어떤 9유형이 자신의 시간 관념 문제를 언급한 내용이다.

"약속시간에 늦게 가려고 한 것도 아닌데, 하필 그때마다 무슨 일에 생겨. 나는 미술 학원을 다니는데 선생님께서 늦지 말라고 당부하셨거든. 그날도 미술 수업하러 가는 길에 옆집에 잠깐 들러 무언가를 주고 금방 가려 했어. 그런데 옆집 여자가 커피 한 잔 하고 가라고 권하더라고. 거절하기도 어렵고, 생각해 보니 시간 여유가 조금 있어서 그렇게 했어(게다가 그녀의 기분을 상하게 하고 싶지 않았다). 시간 맞춰 주차장으로 걸어가고 있는데 또 다른 친구를 만난 거야. 길에서 잠깐 인사나 하고 헤어지려 했는데, 늦을 것 알면서도 친구가 권하니 어쩔 수 없이 잠깐 와인 한 잔하고 왔어. 결국 그날 30분이나 늦었잖아."

1유형의 날개를 가진 9유형이라면 예외적으로 초대한 사람이 화내는 것을 피하기 위해 정시에 도착한다(1번은 시간을 안 지키는 것을 좋아하지 않는다.).

칵테일 파티에서 9유형들은 무의식적으로 먹기 때문에 배가 부르다는 것은 의식하지 못한 채 앞에 있는 간식거리를 끊임없이 집어 먹는다. 만약 9유형들이 외롭다거나 난처할 때 계속 간식을 먹는 것은 그 불편함을 처리하는 하나의 방법이다.

식당을 선택할 때, 9유형들은 자신들이 선호하는 곳이 있다 해도 다른 사람의 말에 쉽게 휘둘린다("오! 너는 커리를 원하니? 좋아, 문제없어. 그러면 피자집보다는 그곳으로 가도록 하자."). 어린 시절에 그들은 자기 자신보다는 다른 사람들의 욕구가 더 중요하다고 믿고 자랐기 때문에 그들은 재빠르게 뒤로 물러선다. 그렇지만 날개가 1유형보다는 8유형 쪽으로 좀 더 기울었다면 좀 덜 할 것이다. 식당에서 앉는 것도 8번 쪽인 9유형들은 좀 다르지만 거의 대부분의 9유형들은 다른 사람들에게 먼저 선택권을 주려 한다.

9유형들은 다른 사람들이 시키는 것을 따라서 주문할 것이다. 그들은 무엇이 진정 자신들이 원하는 것인지 확신이 없을 수도 있고 또는 단순히 그 집단의 구성원임을 느끼길 원할 수도 있다. 만약 가장 비싼 음식이 먹고 싶어도 9유형들이 먼저 나서 주문하지는 않는다. 왜냐면 그렇게 하면 남들 눈에 띨지 모르기 때문이다. 그들은 대체로 다른 사람들이 주문한 것이 무엇인지 살피고 그것을 따르는데 그러다 보니 제일 마지막에 주문하는 경우가 많다.

하지만 스테이크를 먹고 싶은데 계속해서 초밥을 먹어야 한다면 참았던 분노가 폭발할 수도 있다. 9유형의 주변 사람들이 알면 좋은 것이 몇 가지 있다. 그들은 자신들의 의지를 억누르는 데 너무 익숙해져 있거나 심지어 그런 상황이 일어나고 있는 것조차 모르고 있을 수 있다는 것이다. 또 그들은 자신들이 상황에 대해 전혀 개의치 않는 것처럼 보일 수도 있다.

만약 주문한 음식과 다른 음식이 나왔을 때도 크게 뭐라 하지 않고 나온 음식을 그냥 먹는다. 대립을 싫어하기 때문에 다른 사람들이 식당에서 불평하면 당황스러워 한다.

집으로 식사 초대

9유형들의 집은 편안하지만 다소 어수선하다. 5유형들처럼 9유형들도 비축해 놓으려 하는데(이유는 다르지만)-오래된 잡지들, 언젠가 쓸 잡동사니들, 깨진 물통들 등등. 그들은 어느 날 필요할지도 모른다고 생각하기 때문에 물건을 버리기 싫어한다. 그러나 만약 성격이 강한 배우자(파트너)와 살고 있다면 9유형들은 자신의 방식보다는 배우자의 취향을 더 반영할 것이다. 낡았지만 익숙한 양탄자에 개털로 뒤덮인 소파 위에서 반려동물들과 행복하게 햇볕을 쬐고 있는 것이 9유형 집안의 전형적 풍경일 수 있다.

1유형들이 9유형의 집을 방문했을 경우 이런 어수선하고 혼란스러운 상태를 심란해 할 수 있다. 사실 9유형들이 치우지 않는 것은 아니다. 치우기는 하지만 금방 지루해 해서 정리를 끝내지 못할 수도 있고, 또는 잘 정리한다 해도 며칠 안에 다시 뒤죽박죽으로 만들 수도 있다.

어떤 9유형이 말하길 "집이나 사무실을 정리하는 것이 내겐 가장 어려운 과업이다. 하고 나면 뿌듯하고 좋은 것은 알지만, 나는 미루다 미루다 어쩔 수 없을 때가 되어야 정리를 한다. 하지만 다음 날이면 예전의 어수선한 상태로 되돌아가기 때문에 치우는 것이 다소 무의미해 보인다."

일부 9유형들은 2유형처럼 초대한 사람들 한 명 한 명의 취향에 맞는지 확인하며 배려하면서 요리하기를 진심으로 즐긴다. 그러나 자신들을 위해 요리하는 경우에는 자신의 취향 따위는 전혀 고려하지 않는다.

그들은 관대한 주인들로 손님들을 편안하게 해주는데 이것이야말로 9유형들이 가지고 있는 놀라운 재능이다. 만약에 그 집 고양이가 당신 무릎 위에 올라와 웅크리고 있거나, 그 집 개가 침을 흘리며 당신의 양고기를 쳐다보는 것을 개의치 않는다면, 9유형의 집은 당신의 집처럼 편안함을 느낄 것이다. 상대방의 기분을 맞추기 위해 음식은 풍족하면서도 먹음직스럽게 준비한다. 만약 요리를 즐기는 9유형과 식사를 한다면, 당신은 색과 향의 조화가 어우러진 음식을 먹게 될 것이다. 저녁 식사 후 보드게임이나 카드게임을 하면서 좀 더 머물다 가라고 해도 별로 놀랄 일은 아니다. 9유형들은 실내 게임을 하며 여유를 가지는 것을 아주 좋아한다.

음식 선택

다른 사람들의 선택을 중요하게 여기기 때문에 9유형들은 자신들이 먹고 싶은 것을 공개적으로 요구하는 경우가 거의 없다. 그러나 다른 사람들과 함께 있지 않으면 9유형들은 이런 순응주의에 반기를 들고 먹고는 싶었지만 남들을 생각해서 먹지 못했던 것들을 탐닉할 수 있다. "나는 사무실 용품을 사러 문구점에 가는 것을 좋아했다."고 어떤 9유형이 회상했다. "왜냐하면 그 옆에는 내가 다른 사람에게 평가받고 있다는 느낌 없이, 캐러멜 치즈 케이크와 달콤한 카푸치노를 주문할 수 있는 카페가 있었기 때문이었다. 그건 내가 파트너나 동료들이 나를 판단한다고 느낄 때는 결코 경험할 수 없는 일종의 즐거운 모험이었다."

가족이나 친구들과 함께 있지 않을 때 9유형은 가족에게 먹이기에는 너무 매운 카레, 가족 건강을 위해 피해왔던 더블 치즈 피자, 그들을 행복하게 하는 대형 초콜렛 등 그동안 억눌러 왔던 자신의 선호음식을 선택한다. 일반적으로 9유형들은 아주 좋은 사람들이어서 다른 사람들은 9유형들이 모든 사람들의 행복을 지키기 위해서 그들의 취향이나 선택을 승화시키고 있다는 것까지는 생각하지 않는다.

만약 9유형들이 채식을 즐기거나 채식주의자라면, 대부분 그 이유가, 그들의 배우자나 친구들이 채식에 대한 강한 의견을 가지고 있어 그들과 마찰을 최소화하는 방법으로 선택한 것이거나 혹은 채식을 하는 것이 더 행복한 세상을 만드는 길이기 때문이다("불쌍한 동물들의 영상을 보고 나니 고기를 먹으면 마음이 불편해. 그래서 고기를 안 먹는 거야.").

주부로서 가족들을 위해 식재료를 사는 것은 긴 여정이 될 수 있다. 한 제품을 고를 때도 한쪽으로는 경제성을 따지고 다른 쪽으로는 가족들이 좋아하는 것들을 이리 따지고 저리 따지면서 고민한다(존은 냉동 혼합 야채를 좋아하는데, 제인은 완두콩만 먹을 텐데, 어쩌지?).

당신이 볼 수 없는 것

많은 사람들이 알지 못하는 것은 9유형들이 매우 독립적인 사람들이란 것이다. 9유형들은 그들 자신의 행복한 세상에서 자신들의 일을 하길 좋아한다. 결과적으로 그들은 매달리고 요구하는 배우자가 되려 하지 않는다. 다른 사람들의 필요나 욕구를 맞춰주기 위해 자신의 요구를 묵살하다 보면 분노가 커지게 되는데 이것은 딜레마의 원인이 된다. 왜냐하면 자신들의 분노를 표현한다는 것은 그들이 그토록 원하는 평화를 깰 수 있다는 것을 의미하기 때문이다. 그러나 내면의 분노가 쌓이면 결국 평화는 깨지게 된다.

"우리 부부는 한 번도 싸운 적이 없다."고 어떤 9유형이 내게 자랑스럽게 말했다. 내가 건강한 결혼 생활을 위해 꼭 그렇게 할 필요는 없다고 말했을 때 그는 충격을 받았다. 그는 자신이 화가 나 있다는 것조차도 모를 것이다.

그러나 주변 사람들이 알아야 할 것은 9유형들이 겉으로 필요 없다고 말한다고 해서 실제 요구가 없어진 것이 아니라는 것이다. 만약 배우자나 친구가 이것을 이해하지 못한다면 무언가를 요구하기보다는 자신만의 '행복'한 세상 속으로 뒷걸음질 치거나, 먹고 마시는 것으로 자신들이 느끼는 불행감을 억누르려 할 수도 있다. 그러면 다른 사람들은 문제가 무엇인지도 모른 채 그들이 거리를 두고 소원하게 구는 경험을 하게 된다. 왜 이렇게 멀어지려 하는지 자신들도 이해하지 못한다.

이 같은 즐겁고 행복하고 편안한 겉모습 이면에는 터지기 일보 직전의 상태가 기다리는 중이다(정서적으로 덜 건강한 9유형들에게서). 이런 것을 잘 알고 행동하면 마음과 몸을 재연결할 수 있고, 분노를 해소하기 위해 음식과 약물로 욕구를 채우려는 마음을 가라앉힐 수 있다.

특히 세속적이고 관능적인 8유형의 날개를 가지고 있다면 그들은 음식을 즐긴다. 그러나 그들은 몸을 별로 의식하지 않기 때문에 별생각 없이 아주 소식하거나 과하게 먹는다.

자신의 몸을 보는 관점

불편한 주제를 강조하려는 것은 아니지만, 자신들의 몸에 대해 만족하지 않는 9유형들은 거울 보기를 피한다("뉴에이지 광고는 전신 거울 앞에 서서 '내 몸을 사랑한다'고 계속 말하라고 했어. 그러나 나는 내 몸이 사랑스럽다고 느끼지 못했어. 차라리 내 뱃살들을 무시하고 생활하면 오히려 더 잘 지내게 돼").

지방으로 가득 찬 뱃살을 보는 것은 그들의 행복을 방해할 것이므로 9유형들은 이것을 대충 감추려 든다. 그들은 그런 상황을 체념하고 마치 자신은 운명적으로 과체중이어서 그렇게 되었다고 생각한다.

그들이 뚱뚱한 것을 불편해하는 것은 자신이 친구들이나 동료들과는 다르다고 느끼기 때문이다. 그들은 사람들과 어울리고 싶어도 뚱뚱하면 그럴 수 없을 것이라고 생각한다("나는 뚱뚱해서(혹은 말라서) 너무 불행해. 온통 체중 생각뿐이야, 그렇지만 당장 행동에 옮길만큼 심각하다고 생각은 안 해.")

외모에 대한 긍정성은 "뚱뚱한 사람들은 더 행복해."라며 외모에서 오는 열등감을 무시하며 과장할 수 있다. 또는 내가 아는 9유형처럼 생각할 수도 있다. "나는 어릴 때 실제로는 뚱뚱하지 않은데 뚱뚱하다고 생각했었어. 그런데 지금은 실제로 뚱뚱하거든. 그래서 어릴 때 내가 생각한 정도로 돌아가길 바래."

9유형들은 가끔 자신의 몸을 성전으로 보기보다는 고기 덩어리로 볼 수도 있다. 그들의 몸에 대한 생각은 화를 부를 수도 있다. 그들은 편안하길 원한다. 화를 내는 것은 불편하다. 차라리 자신의 몸이 필요로 하는 것에 무감각한 것이 더 쉬운 일이다. 모든 것을 잊고 잠자는 것이 습관이 되고 일상이 된다.

9유형들은 자신들에 대해 태만한데 이것은 기괴한 행동을 할 수 있다. 예를 들면, 어떤 9유형이 내게 말한 것처럼 무언가 중요한 일을 할 때 화장실에 가는 것을 잊어버린다. 심하게 소변을 보고 싶을 때조차도 그런다고 했다. 이처럼 그들이 물을 마시고 싶어도 물을 마시지 않고, 만약 신체적인 고통이 있더라도 신경을 안 쓸 수도 있다는 것이다. 이런 것들이 9유형들의 자기에게 집중하는 능력이 부족함을 드러낸다.

"지난번에 나는 다리가 두 군데나 부러졌었습니다. 일어서 걸으려는데 상상할 수 없을 정도로 아파 너무나 고통스러웠지요. 하지만 일단 잘 추슬러서 어찌어찌 집에 갔어요. 나를 본 남편은 발목이 삔 정도로 가볍게 생각했어요. 병원에 도착해서 간호사가 내 상태를 보더니 나를 응급 환자가 아닌 경증 환자로 분류해 차례를 기다리게 했습니다. 의사는 염좌인 것 같아 문제는 없어 보이지만 X-레이를 찍자고 했어요(의사가 내 발목을 비틀었을 때도, 고통을 참으며 소리 지르지 않았다). 기침하는 아이들과 실밥을 제거하는 정도의 가벼운 처치가 필요한 사람들이 나보다 먼저 치료받았어요. 내가 화장실에 가야겠다고 하니 저쪽으로 가라고 했지요. 일어나서 걸을려고 하는데 걸을 수가 없었어요. 그때서야 간호사들이 상황을 파악하게 된 거예요. 결론적으로 나는 접수 후 거의 4시간 후에야 x-레이를 찍었고, 두 군데가 골절된 것을 보고 의료진들은 난리가 났지요. 나는 곧바로 수술 대기실로 실려 가서 진통제를 맞았습니다. 그 후 나는 비명을 질렀고, 내가 배웠던 이를 악물고 참는 것은 소용이 없었어요."

9유형들은 대부분 민감한 사람들이지만, 자신에게는 그런 주의를 기울이지 않는다. 어떤 다른 유형들은 자신의 관심 분야를 즐기는데 반해, 9유형들은 그 상황이 거북할 수도 있다. 인간관계에서 거절당하는 아픔을 회피하려 하며 그 결과 3번처럼 거절당하는 위험을 감수하기보다는 다른 사람들과의 거리 두기를 선택한다. 그러나 먹거나 요리하는 방식에서는 자주 감정을 표현한다(TV에 나오는 니겔라 로슨 같은 요리사).

중독

9유형에게 술을 마시는 것은 화를 조절하는 훌륭한 방법이며, 마리화나는 9유형이 추구하는 느긋한 공간을 만든다[95]. 전형적으로 알코올 중독자들은 취한 상태를 즐기는데, 그 이유는 술을 두어 잔 마시면 세상이 더 행복해지고 사람들이 친절하다고 느끼기 때문이다. 와인 바에서는 옆자리에 앉은 이방인도 친구가 될 수 있고, 실패의 고통도 가볍게 느껴지고, 문자 그대로 세상이 온통 장미빛으로 보인다. 이것이 바로 9유형이 사랑하는 장면이다. 이런 것들은 9유형들을 껍질 밖으로 나오게 하고, 더욱 사교적이고 친절하게 만든다. 그러나 한편으로는 현실적인 요구는 뒤로 한 채 TV 앞에서 빈둥거리게 하거나, 아니면 술집에 가서 똑같은 사람들에게 똑같은 이야기를 늘어놓으며 술주정을 하려 한다.

9유형들이 분열되면 점점 비효율적으로 변하고 아주 악화된 경우에는 지나치게 긴장을 많이 한다. 그들은 일이 제대로 되고 있지 않으면 해결하려 하지 않고 피하려 한다. 약물은 그들이 직면한 문제 예를 들면 불안이나 억압된 분노, 외로움 또는 좌절, 다른 사람들이 그들에게 쏟아붓는 분노나 화를 피하게 하는 방법이 된다.

재활 프로그램에서 9유형은 모든 규칙과 제안에 동의하는 바람직한 참여자의 모습을 보여준다. 그들은 어떤 형태의 갈등도 좋아하지 않고, 갈등이 일어나는 것 자체도 받아들이지 않는데 그것은 자신들의 행복한 혹은 행복하다고 여겨지는 세상으로 도피하려는 것이다. 치료를 마쳤다 해도 만약 바깥세상이 백일몽에 머무르고 있는 그들에게 너무 위협적이라면 그들은 다시 중독 상태로 돌아갈 수도 있다.

어린 시절

9유형들은 대체로 어린 시절에 주로 무시 당하며 컸다고 말하는데, 형제들 때문이거나 다른 곳에 흥미를 가진 부모들 때문인 경우가 많다. 그들은 자신들이 집안 불화의 표적이 되지 않으려고 레이더망을 피해 다니는 것을 학습했다. 그들은 부모들이 자주 싸우는 상

---

95) Riso, Hudson. The Wisdom of the Enneagrams. p. 351.

황에서 눈에 띄지 않는 것이 살아남는 방법이 된 것이다. 어린 9유형은 누군가의 편을 드는 것보다는 오히려 무감각해지고 또 갈등으로 인한 분노를 내버려 두는 것이 안전하다는 것을 배웠다. 그러나 9유형들에게 어린 시절이 어땠느냐고 물으면 대체로 '행복했다.'고 말한다. 그러나 치료 상황에서 실제를 들여다보면 종종 다른 장면들이 등장한다.

"나의 부모님들은 끝없이 말다툼을 했다."고 어떤 9유형이 말했다. "대체로 매우 사소한 문제들이었다. 별것도 아닌 것으로 자존심을 내세우며 싸웠다. 그래서 나는 한참 응석부리고 놀아야 할 어린 시절에도 책과 고양이를 데리고 나무 오두막으로 피난을 갔다."

또 다른 9유형은 그녀의 어린 시절에 대해 다음과 같이 기록했다. "엄마는 아빠와 다툴 때 내가 엄마편을 들어주길 원했다. 나는 엄마와 있을 때는 그렇게 했지만, 아빠와 있을 때는 그렇게까지는 못했다. 그런 상황이 말 그대로 마음이 찢어질 듯 아팠지만 그때는 엄마아빠에게 자신들의 문제에 나를 관여시키지 말라고 말할 용기가 없었다. 엄마아빠 모두와 잘 지내는 것이 평화를 유지하는 최상의 방법이었지만, 둘 중 하나가 화를 낼까봐 늘 무서웠다. 내가 어떤 확실한 의견을 가질 수 있다는 것을 결코 생각해 본 적이 없다."

9유형이 워크숍에서 우리에게 어린 시절 경험을 말한 적이 있었다. 그는 일곱 살 때 휴가지에서 동굴을 탐험하다가 다리가 부러진 적이 있었다. 부모님은 시골 병원에서 치료하면서 불편하게 있는 것보다는 5시간을 운전해서 집 근처 병원으로 가기로 결정했다. 그는 정말 화가 났지만 불평해서 부모님을 속상하게 하고 싶지 않았기 때문에, 고통스러운 통증을 참으며 5시간을 견뎌야 했던 아픈 기억을 말해주었다.

또 다른 9유형은 그가 4살 때 세 명의 형제 자매들과 소풍 갔을 때 일어난 일을 말해주었다. 소풍이 끝나고 집에 올 때까지 가족들은 모두 그에 대해 잊고 있었다. 가족들이 집에 도착해서야 그를 소풍지에 남겨두고 왔다는 것을 알아차리게 되었다. 이런 것들이 9유형들이 겪은 어린 시절의 전형적인 이야기들이다.

그들이 가족에게 잊혀졌듯이 그들의 욕구 역시 그렇다. 만약 그들이 치킨을 원했는데 삶은 달걀을 주어도 엄마를 행복하게 할 수 있다면 기꺼이 먹을 것이다. 이것은 그들이 배가 불러도 음식을 남기지 않고 다 먹는 것과도 일맥상통한다. 그것이 감사를 모른다고 비난받는 것보다는 낫기 때문이다.

다이어트 방법

9유형들은 변화보다는 편안함을 즐긴다. 그들은 삶이 너무 힘들어지거나 방해받는 것을 좋아하지 않는다. 그들은 고양이와 함께 소파에서 편안하게 휴식을 취하며 사는 삶의 방식을 좋아한다. 9유형들에게 건강 문제를 해결하기 위해 지금의 편안한 일상과는 다른 방식으로 먹고 운동해야 한다고 말하면 그들은 상대가 화내지 않을 정도만큼의 열정만 보일 것이다. 그들은 실제적인 문제는 마주하지 않고 장황하게 변명을 늘어놓으면서 자신들의 행복한 공간으로 돌아갈 수도 있다.

많은 9유형들은 아무 생각없이 식사를 하기 때문에 배가 불러도 먹고, 너무나 빨리 먹기도 해서 그들의 식욕조절 중추가 신호를 보낼 기회가 없다. 또 다른 사람들이 특별한 방식으로 먹거나 마신다면 그 흐름을 따라간다. 결국 9유형들은 다른 사람들이 하는 대로 따라 하면서 자신의 다이어트 식단을 행복하게 포기할 것이다. 9유형들은 다이어트 중이어도 퇴근 무렵 동료들이 한 잔 하자고 팔을 잡아끌면 기꺼이 한 잔 하는 것을 택한다. 마찬가지로 배우자가 어떤 음식을 좋아한다면 9유형들은 특별히 그 음식을 즐기지 않더라도 대부분은 배우자의 식성에 따라간다.

예를 들면 9유형의 배우자가 점심과 저녁에 몸을 만든다고 같은 샐러드와 스테이크만 먹기 시작했다. 이 9유형은 요리를 좋아하기도 했고 잘했다. 처음엔 내키지 않아 배우자와 따로 먹었지만, 자신이 먹을 음식만 만드는 것이 피곤해지자 그녀는 남편과 같은 것을 먹기 시작했다. 그들은 따라하는 것이 더 편하기 때문이다.

저항하지 않는 방식이 9유형의 식습관이 된다. 그들은 자신을 위해 더 건강한 선택을 주장할 정도로 자신이나 자신의 몸을 충분히 가치 있게 여기지 않는다. 그들 또한 자신들을 위한 특별한 요리를 준비하는 경우도 있기는 한대(비록 결국 타인을 위해서지만). 그렇지만 자신보다는 다른 사람들의 요구가 더 중요하기 때문에 자신을 위한 저지방 요리를 만들다가도 가족 중에 누군가가 육류를 먹고 싶어 하면 즉시 육류 요리를 하게 된다. 그러다보니 그들은 남은 음식이나 냉장고에 있는 것을 대충 먹는 경우가 많다. 그들은 자신을 위한 요리가 아닌 가족이나 친구들을 기쁘게 해주려고 많은 양의 음식을 요리하게 되고, 그러다보니 잔뜩 남은 스튜를 며칠째 먹으면서도 괜찮다고 한다.

음식과 다이어트에 대한 9유형의 개념 없는 접근 방식 중에 하나는 처음에는 엄청난 의욕을 불태우며 계획을 시작했다가 끝을 못 보고 중도에 그만 둘 수 있다는 것이다. 예를 들어 그들은 아침 식사 대용으로 곡물가루를 직접 만들어 먹겠다고 계획을 세우고 시작할 수도 있다. 그러나 얼마 못 가 재료를 사고 만드는 과정에서 길을 잃고 포기하게 된다. 때로는 과체중이 문제라고 알고는 있지만 운동과 식이요법이 필요하다는 것을 제대로 인식하지 못하기도 한다.

어떤 사무실 테이블에 사탕 바구니가 있었다. 이것은 다정한 9유형에게는 나쁜 소식이다. 그는 지나가는 길에 무의식적으로 몇 개씩 집어간다. 그들은 특히 단 음식에 민감한데 달콤한 음식을 즐기는 것처럼 그들은 더 달콤한 삶을 열망한다.

영양전문가나 의사들은 그들이 간단한 음식을 선택하고 싶어 한다는 것을 알면 유용하다. 예를 들면 아침 식사용 스무디는 한두 가지 재료로 만드는 것이 효과적일 것이다. 앞에서 언급한 것처럼 9유형들은 종종 변화에 저항하는데 여기에는 그들이 먹는 방법도 포함된다. 그러나 그들이 일단 새로운 방식을 습득하게 되면 또 그것을 유지하려 하는데 그 이유는 변화는 그들의 행복을 파괴할 수 있기 때문이다.

9유형들은 처음에는 의지가 충만해서 식이요법을 시작할 수 있지만, 결과가 즉각적으로 나타나지 않으면 식이요법을 포기하고 매우 빨리 예전 식습관으로 돌아간다. 심지어 계속할 필요가 없다는 느낌을 가진다.

어떤 9유형이 말하기를 "매년 새해가 시작되면 나는 체중 감량 목표를 세워. 그렇지만 연말이 되면 체중이 더 늘어나 있지. 처음에는 목표를 이루려고 투쟁하듯 하지만, 2주 이상 지속되는 경우는 거의 없었어. 그야말로 용두사미야. 무언가를 시도하는 것보다 나의 뚱뚱한 몸을 그대로 받아들이는 게 더 편하거든. 그런 반복이 끝난 것은 남편이 식이요법을 시작했을 때부터야. 처음에는 '이게 무슨 쓸데 없는 짓인가!' 라고 생각하고 10개월 동안 그와 같은 식단으로 식사하기를 거부했어. 그런데 어쩌다 보니 나도 그렇게 먹고 있더라고. 그때가 나에게는 전환점이었어."

9유형들은 은근히 반항하면서 극도로 고집을 부리는 측면이 있다. 그 결과 식이요법을 시작하는 것을 차일피일 미루거나 누군가가 권유하는 일을 아무 이유 없이 거부한다.

식욕조절 중추는 뇌의 가설적 영역인데, 사상하부나 뇌하수체 근처에 위치한다는 이론이 유력하다. 이것의 기능은 식욕 조절이다. 대부분의 사람들은 배가 부르면 그만 먹으려 하지만 9유형들은 그렇지 않다. 식욕조절 중추가 잘 작동된다면 배가 부르면 이것이 뇌에 전달되고, 뇌는 배가 부르다는 신호를 보낸다[96]. 하지만 이 메시지는 쉽게 무시될 수 있는데 특히 아주 빨리 먹을 때다. 빨리 먹으면 이 메시지가 뇌에 전달되기도 전에 다음 음식을 먹게 되므로 필요한 것보다 더 많이 먹게 된다. 빨리 먹거나, 조금 먹거나 아니면 음식을 먹어도 배고픔을 느낀다 해도 식욕조절 중추가 작동하기 시작하면 배부름을 느끼게 된다. 만약 20분이 지나기 전에 배부르다고 느낀다면, 그것은 당신이 음식을 너무 빨리 게걸스럽게 먹었다는 확실한 표시다. 흥미로운 것은 음식을 적절히 흡수하고 소화시키지 않는 것은 9유형들이 불편한 감정을 흡수하거나 소화시키지 않는 것을 반영한다는 것이다.

9유형이 건강하지 않으면 일을 엄청 미룬다. 그래서 9유형들은 식이요법을 곰곰이 생

---

96) http://www.bariatric-solutions.com/wDeutsch/for-patients/adiposity/physiology-and-pathophysiology.php, sourced Nov 2017

각하다가 시작을 미룰 이유를 발견하기도 한다("내 생일이 지날 때까지는 기다릴 거야." "지금은 너무 바빠서 시작할 수가 없어. 그러고 싶지 않지만 조금 덜 바빠지면 시작할 거야."). 이러다 보니 행동하지 않은 채 몇 년이 지나갈 수 있다. 그래서 9유형에게는 '실천적인 동기부여자'가 가까이 있으면 큰 도움이 된다.

9유형이 말하기를 "나의 경우, 다이어트 치료자가 몸무게를 줄이라고 하지 않고 허리둘레를 줄이는 데 초점을 두라고 한 것이 큰 전환이었다. 체중을 재서 기록하고 그걸 보고 죄책감을 느끼는 일은 더 이상 없었다. 나는 식사 프로그램을 고수하면서(부담되는 음식도 없었고, 또 훌륭했다.) 일주일에 두 번 운동했는데, 시간이 지나니 허리둘레가 줄어들었다. 간단하면 따라하기 쉽다."

9유형들은 반복적인 일상을 쉽게 유지하므로, 다이어트 프로그램도 단순한 것을 반복하도록 구성하면 두 주 정도 지나면 쉽게 일상생활처럼 따라 한다.

운동

대체적으로 운동장이나 체육관보다는 컴퓨터를 하거나, TV를 보거나, 보드게임을 하는 9유형을 발견하기가 더 쉽다. 그들은 전형적으로 다른 유형들보다 더 많이 앉아 있고, 경쟁적이지 않고(그들이 3유형을 향해 가는 상태가 아니라면), 어쩌다 운동시간을 내면서도 쩔쩔맨다. 그들이 정서적으로 덜 건강하게 되면, 그들은 삶에 대한 열정을 잃고 행동 동기가 없는 것처럼 보일 수 있다. 자신들이 즐기지 않는 것을 견디지 못하기 때문에 아무리 좋은 의도라도 관심을 두지 않는다.

어떤 9유형들은 불편한 감정을 회피하기 위해 운동 경기나 스포츠 활동에 참여할 수 있다. 운동 경기를 위해 집에서 멀리 떠나거나 바쁘게 연습하는 것은 갈등을 회피하는 매우 좋은 방법이다. 사실 운동하기 위해 집밖으로 나다닌다고 뭐라고 하기는 어렵다.

그래서 중요한 타인(배우자 등)들도 그들이 운동이나 훈련을 위해 시간을 보낸다고 집을 나가도 화를 내지 못한다. 심지어 이런 활동들이 회피 수단임을 안다고 해도 뭐라고 하기는 어렵다.

집돌이 경향이 있는 9유형들은 속도감과 에너지가 많이 사용되는 운동보다는 천천히 오랫동안 달구어지는 운동을 즐기는 경향이 있다. 그래서 장거리 달리기를 단거리 경주보다 선호할 것이다. 정원 가꾸기도 인기 있는 여가 활동이면서 방구석 소파를 벗어날 수 있는 좋은 운동이다. 대부분의 9유형들은 식물 재배 재능이나 식물과 자연에 대한 타고난 친화성을 가지고 있다.

9유형들은 다른 사람과 함께 운동하는 것을 더 즐긴다. 친구들이 요가 수업을 한다면 9유형들도 즐겁게 함께 할 수도 있는데, 이유는 그것이 재미있는 사회적 활동으로 느껴지기 때문이다. 그들은 운동 자체보다 운동 후에 구성원들과 함께 커피를 마시는 시간을 더 즐길지 모른다. 실제적으로 체중 목표를 달성하는 것보다 어떤 사람들과 함께 있는 것이 더 좋은 이런 성향은 사회적 9유형에게서 더 많이 나타난다.

"나는 하루에 8km 걷기를 시작했는데, 이유는 친한 친구와 시간을 보내는 좋은 방법이기 때문이다. 나는 진심으로 집 밖으로 나가는 시간, 친구와의 수다, 특히 운동 후의 커피 타임을 기다린다. 그녀가 아니었다면 나는 게으름을 피웠을 것이고, 운동하지 않는 101가지 이유를 발견할 수 있었을 것이다."

만약 친구나 동료들과의 모임이 가능하지 않다면, 그땐 9유형과 좋은 관계를 가지고 있는 개인 트레이너 또한 효과적일 수 있다. 이런 지인들은 다이어트 과정에서 중요한 역할을 수행할 수 있다. 9유형들은 수업, 동아리 활동 또는 비슷한 수준의 좋은 친구들과 함께 운동하면서 자신들을 동기화시킬 수 있다. 만약 그들이 훈련에 대한 두려움이 있다해도 참여했다는 것만으로도 매우 기분 좋게 느낄 것이다.

앞에서 말한 남아프리카의 건강 보험회사는 이런 또래 방식을 알고 있었다. 그 회사는 각자가 목표에 도달할 수 있도록 서로 격려하고 경쟁할 수 있는 온라인 친구들을 만들어

주었다. 어떤 큰 회사들은 직원들에게 이런 건강관리 보상계획을 제공한다. 만약 더 많은 회사가 이런 과정의 중요성에 관심을 가진다면 회사는 더욱 성장할 것이다. 특히 9유형 구성원들에게 더욱 효과적일 것이다.

태만과 게으름이라는 9유형의 에니어그램의 열정에서 알 수 있듯 그들은 정말로 즐기는 운동을 발견하지 않는 한 체육관에서 적극적으로 운동하려 하지 않는다. 그들은 걸어야 한다고 생각은 하지만 좋아하는 TV 쇼를 보거나 책을 뒤적이는 습관이 그 생각을 이긴다. 9유형들은 함께 하는 규칙적인 것을 즐기므로, 만약 그들이 참여하는 좋은 사람들과의 모임에서 운동을 한다면 그들은 그것을 따를 것이다. 외재적인 요인이 이들을 동기유발시킬 수 있는데, 마음에 드는 사람을 만나기 위해 체중 감량을 하거나 또는 경찰시험에 합격하기 위해 체력훈련을 하는 경우다.

고강도 훈련(HIT)은 그들에게 맞지 않는다. 그들은 느린 속도로 하는 운동을 좀 더 좋아하는데, 즉 요가(많은 사람들이 결국 요가 선생님이 된다), 태극권, 서핑, 또는 자신의 페이스대로 수영하기 등이다.

1유형 날개의 9유형과 8유형의 날개의 9유형 모두 목표 체중을 유지하기가 어려울 수 있다. 1번 날개의 9유형은 활동적인 경우가 많은데 그들은 쉽게 옆길로 빠질 수 있다. 예를 들면 "체육관에 가려는데 전화벨이 울렸고, 내가 전화를 끊고 나니 저녁거리를 사기 위해 가게에 들러야 한다는 것이 생각났어, 그래서 나는 체육관에 못 갔다." 8유형의 날개를 가진 9유형은 좀 더 편안함을 즐기는 경향이 있어 소파를 체육관보다 더 선호할 수도 있다. 그들은 대체로 느리고 육중하고 어기적어기적 걸으며 딘 마틴처럼 약간 풀리거나 졸린 눈을 가질 수 있다. 그들은 과체중일 가능성이 많은 반면에 1유형의 날개를 가진 9유형은 지나치게 말랐을 가능성이 있다.

만약 9유형이 그들의 일반적인 생활양식이 가져올 장기 결과를 알 수 있다면, 건강이 나빠서 부딪히는 불편을 피하기 위해서라도 변화하려 할 것이다.

한 9유형이 설명한 것처럼 "식이요법전문가가 내 혈액검사 결과를 보고, 내가 제2형

당뇨에 매우 근접해 있다면서 나중에 어떤 결과가 나타날지를 말해 주었다. 나는 체중 조절과 건강유지를 위해 무언가를 해야 한다는 것을 깨닫게 되었다. 나는 피할 곳이 없었다. 나는 더이상 그 문제를 회피할 수 없었다. 나는 매일 운동해야 한다는 것이 피곤하고 두렵지만 이제는 계속해야만 한다는 것을 안다."

9유형들은 좀 갈팡질팡할 수 있는데, 더 발전하기 위해 그들 자신을 제대로 밀어붙이지 못한다. 만약 그들이 팀에 소속될 정도의 수준이라면 그것으로 행복하다. 그렇다고 해서 자신이 소속된 팀이(그리고 그들이 좋은 팀 플레이어다.) 자신의 실력 부족으로 불편해지기를 원치 않는다. 팀원들을 능가하고 싶어하지도 않고 사람들에게 이목을 끌고 싶어하지도 않는다. 팀이 뒤쳐지지 않게 하려는 욕망은 그 자체가 좋은 동기 유발 요인이다. 그러나 팀원 중에 누군가가 기분이 상한다면 9유형들은 승리를 포기하기도 한다(종종 무의식적으로 게을러진다).

9유형들이 운동을 포기하지 않고 계속할 수 있게 도와줄 수 있는 좋은 제안 중에 하나는 하루에 만보를 걷지 않으면 삐삐음이 울리는 시계를 차는 것이다. 가끔 프로젝트에 빠져서 삐삐음을 무시할 수도 있지만 9유형은 체중 감량과 건강을 위해 삐삐 경고를 따르도록 고무할 수 있다.

영감을 주는 방법

9유형은 작은 행동부터 시작해야 한다. 태만은 9유형의 열정이다. 이것은 자신을 나타내지 못하게 하는 무능력이며 정서적, 정신적, 영적 또는 신체적 방치로 나타날 수 있다. 오늘 우리가 몸을 살펴보는 것은 우리가 어떻게 무감각하게 되어 활동하지 않음으로써 세상에 존재하는 것에 저항하며 스스로 작아지게 하는지를 살펴보는 것이다. 운동, 달리기, 하이킹, 친구와 함께 자연 속 산책 등 신체 활동을 통해 신체와 연결되고 잠재력을 계발하는 이 모든 것이 자신을 돌보는 방법이다.

9유형은 몸과 연결함으로써 그들의 자아 감각과 연결될 뿐만 아니라 더 완전히 깨어 있고, 살아 있음을 느낄 수 있다. 본질적으로 우리 안에 있는 9가지 유형이 연결되어 있다는 것을 자각할 때, 그들은 삶을 실천뿐만 아니라 다른 이들의 삶도 자신처럼 행할 수 있도록 영감과 사랑을 준다.

건강 수준

▶ 건강한 수준

정서적으로 건강한 9유형들은 우쭐대지 않고, 상상력이 풍부하고, 역동적이며, 삶을 포용하고 겸손하며 자연스럽고 느긋하며 고요하다. 이것은 스스로를 자각하고 현존하는 것이다. 그들은 더이상 아무 생각 없이 간식을 먹지 않고 몸이 요구하는 것을 먹는다. 그들은 신체적으로 정서적으로 자각 상태이며 쾌락적인 오락 뒤에 숨지 않는다. 행동하고자 할 때 행동하고, 건강한 일상을 포기하지 않고, 건강하게 먹어야 할 때 미루지 않고 전문가들의 의견을 수용한다. 과대망상이 아닌 도달 가능한 목표를 위해 활기차게 행동할 수 있게 된다. 그들은 언제 화가 나는지를 알고, 언제 자신들의 의견을 말해야 하는지(최적의 방법으로!)를 알아차린다.

▶ 보통수준

덜 건강할 때 9유형들은 삶에 대한 열정을 잃기 시작하는데, 그러면서 어떻게든 편안한 일상으로 되돌아가려 한다. 만약 그들이 평상시에 달리기를 해왔다면 행복하게 지속할 수도 있지만, 새로운 것을 시작하게 동기부여 하기는 어렵다.

다른 사람들을 즐겁게 해주는 것이 진솔함을 대신하기 시작한다. 다른 사람들에게 맞추기 위해 그들 자신을 돌보지 않게 되면서 그들은 이런 상황에 화가 날 수도 있고(무의식적으로) 그리고 분노를 억제하기 위한 방법을 찾으려 한다. 그들은 체중감량 프로그램 시작을 미루며 하던 운동도 그만둔다. 매주 친구들과 만나서 걷던 모임을 피하기 위해 핑계를 만들어 내기 시작하고, 음식이나 술에서 안락을 찾는다. 다이어트 식단을 지키지 않으면서 이렇게 말한다. "나는 너무 바빠." 또는 "이 일이 정리되면 다음 주부터 할 거야."

9유형들은 갈등을 피하기 위해 체중감량 프로그램을 시작하겠다고 동의해 놓고도 슬그머니 위반한다. 정기적인 검진을 잊어버리거나 미루려 한다. 건강한 9유형의 활기찬 발걸음은 어느새 느리고 무거운 발걸음이 된다.

▶ 불건강한 수준

체중이 줄지 않으면 9유형들은 점점 더 체념할 수 있으며 "뭐가 중요해?"라는 태도를 보일 수 있다. 그들은 사랑하는 사람들의 간청이나 건강 전문가들의 경고를 무시하려 한다. 압박을 받으면 받을수록 전투적으로 변할 수 있고, 다른 사람들이 도와주려 하면 자신의 행복을 해치려고 한다고 그들을 오해할 수 있다. 이러면서 그들이 원하는 방식의 훈련 프로그램으로는 가질 수 없는 날씬한 몸을 상상할지도 모른다. 그들은 생각 없이 먹고, TV나 컴퓨터 앞에서 빈둥거린다. 최소한으로 저항하면서, 그들에게 적절하게 맞추어 제시된 아이디어를 잘 따라하는 것처럼 보이지만, 사실은 그 어떤 것도 실천하려 하지 않는다. "흘러가는 대로 가는" 접근 방식은 복잡한 문제에 있어 가끔 도움이 되지만, 9유형에게는 쉽지 않은 일이다.

건강 전문가나 운동 지도자가 제안한 새로운 활동들은 대부분 무시하게 된다(모든 본능 중심 유형들처럼, 그들은 통제당하는 것을 싫어한다.). 그들은 더욱더 태만해지고, 체중조절을 포기하고, 자신의 현재 건강 상태를 완전히 부정하게 된다.

9유형들이 통합적으로 건강하기 위해서 진정한 평화는 갈등을 회피하지 않고 그들 자신의 분노와 연결해서 해결해야 찾아온다는 것을 이해할 필요가 있다. 갈등을 회피하는 것은 종종 더 큰 갈등을 야기한다. 위기가 있더라도 행동에 나설 필요가 있다. 이익만 취하려 하지 말고 세상에 헌신해야 한다. 그 안에 머물러 있을 것, 꿈꾸듯이 떠다니지 말고 현실에 발을 붙일 것. 9유형들은 자기 주장을 하는 것이 삶에 관여하는 것이고, 이런 진실성은 다른 사람들을 기분 상하게 하지 않으며, 오히려 다른 사람들을 끌어당긴다는 것을 이해할 필요가 있다. 자신을 위한 삶이 진정으로 다른 사람을 위한 삶이 된다는 것을 깨달아야 한다.

요약

9유형들은 몽상가이며 낙관주의자들이다. 그래서 그들은 빠른 체중감량에 대한 열정적인 환상을 가지고 있는데, 현실적으로 그들의 기대가 충족되지 않으면 그만큼 빠르게 흥미를 잃어버리게 된다. 그들은 그 과정에서 격려와 도움이 필요하다. 앞에서 말했듯이 그들의 감추어진 스트레스는(억제된 분노로부터의) 마음 챙김 테라피를 통해 해소하면 좋을 것이다. 요가와 태극권은 마음에 초점을 두고 이완하기에 좋은 운동들이다. 또 두개천골치료, 신체 스트레스 완화(BSR), 신경-근육 이완 몸작업 그리고 바이오 피드백 유형의 신체 치료들이 9유형들이 몸과 접촉할 수 있는 것들이다. 이런 것들을 통해 음식으로 분노를 해소하려는 욕구는 줄어들 것이다.

9유형에게는 목표를 작게 정해 차근차근 가는 것이 비현실적인 큰 목표보다 도움이 된다. 모여서 걷기를 하거나 운동 후에 커피 모임을 갖는 것처럼 재미나 공동체 요소를 더하는 것도 나쁘지 않다.

"이번 달은 설탕을 끊고, 다음 달은 지방을 줄이겠다."와 같이 몸에 안 좋은 음식을 한 가지씩 정해서 끊는 방법이나, 한 주간 운동계획 세워 열심히 하기 등도 아주 좋은 방법이다.

"나는 일주일에 한 번 요가 수업에 참여하기로 했다."고 9유형이 나에게 말했다. "나는 별 무리 없이 수업에 참여했고 그게 일상 습관이 되었어. 나는 단지 시간 맞춰 참가했을 뿐이다. 익숙해지면서 나는 다른 운동도 함께 했어. 이런 식으로 내 식습관을 개선했다."

9유형들은 자신들의 의견을 중요하게 생각하고 자신에 대해 말하는 것을 배우는 것이 중요하다. 자신을 점검하려 하지 말고 무엇을 느끼고, 그것을 어떻게 표현하는 지를 헤아려라. 9유형들은 가끔 말해야 한다. "해리, 난 당신이 스테이크를 좋아한다는 걸 알지만, 우리는 그 스테이크 식당을 6번이나 갔어요. 이번엔 내가 원하는 초밥을 먹는 것은 어때요?."

작지만 성취 가능한 일들 하기, 쉽게 실행이 가능한 일상 누리기, 재미를 누리면서 다른 사람들과 함께 운동하거나 체중감량 프로그램 참여하기 등은 9유형이 할 수 있는 방법들이다.

당신은 정말로 중요한 사람이다. 9유형들은 다른 사람들이 자신들을 더 이상 괴롭히지 않고 평화롭게 살 수 있다는 믿음이 생긴다면 변화하려 할 것이다. 그들은 평화를 원한다. 그렇기 때문에 자신을 더 잘 보살피면 다른 사람들이 자신을 덜 괴롭히게 되고 평화가 찾아온다는 것을 알게 되면 그들은 변화할 수 있다.

결 론

　우리는 에니어그램 유형들을 식습관과 운동 습관 그리고 다이어트 방법을 통해 탐구해 보았다. 몇몇 사람들은 이 과정을 통해 자신의 유형을 발견했을 수도 있고 어떤 사람들은 아직 확실하지 않을 수도 있다. 좋은 일이다. 자신을 탐구하는 여정은 다 다르고, 가장 먼저 자신의 유형을 알게 되었다고 특별한 보상이 있는 것도 아니다.

　그러나 기억할 것은 당신이 누구인가는 당신의 유형이 무엇이라는 것으로 한정짓지 말아야 한다는 것이다. 자신의 유형을 이해한다는 것은 우리가 스스로를 어떻게 제한하고 있는지를 인식하는 첫 번째 단계라는 점이 중요하다. 우리의 고착과 열정을 이해함으로써 우리는 자신을 해방시킬 수 있다. 그리하여 우리는 통합으로 나아갈 수 있다.

　우리 모두는 분노, 두려움, 수치심, 우울감, 죄책감, 선망, 탐욕 등 여러 감정들을 경험한다. 이런 경험들은 몇 유형에서는 다른 유형들보다 더 자주 나타날 수도 있지만, 기본적으로 이런 경험들을 모든 유형들이 경험하게 된다는 것이다.

　우리 할아버지는 신앙의 경지가 높아질수록 하나님을 향한 다양한 길들이 더 많이 펼쳐진다고 말씀하시곤 했다. 에니어그램이 종교는 아니지만, 우리가 좀 더 통합될수록 우리는 모든 유형의 다양한 측면에 더 많이 접근한다는 것을 알게 된다면 이 비유는 적절하다. 결국 모든 유형은 본질적으로 하나로 만나게 된다.

　통합을 향한 여정에서 산은 산봉우리와 계곡을 모두 포함한다는 것을 아는 것 또한 중요하다. 우리가 느끼는 것처럼 우리는 존재의 정상에 가까이 다가가고 있다. 살다보면 가끔은 비탈길을 내려가 자신의 덜 건강한 측면으로 들어가게 되는 예상치 못한 일들이 생긴다. 그래도 괜찮다. 왜냐하면 지금 우리는 무슨 일이 일어나는지를 깨달을 수 있는 도구를 가지고 있기 때문이다. 우리는 타인에게 보복하거나 비난하지 않을 수 있고, 무엇 때문인지 왜 그런지도 모르면서 취하는 분열된 행동을 멈출 수도 있다. 에니어그램은 우리에게 자각을 가져다주었다. 그러기에 독선적인 비난으로 남을 손가락질하면 때로 달콤하기도 하지만 그것이 인간으로서 존엄하게 사는 길이 아니라는 것을 알고 있다. 책임감을 갖는 것은 개인적인 힘을 가지는 출발점이다.

한 가지 더 개인적인 것을 소개하자면, 나는 이 책을 쓰기 시작할 때 더 감량하겠다고 목표를 세웠지만 이루지 못했다. 일단 54kg의 나의 원래의 몸이 돌아왔다. 아직 나의 목표를 이룬 것은 아니지만, 그래도 내가 감량한 것이 몸무게만이 아니라 내 몸을 둘러싼 수치심을 줄인 것이라는 데 만족한다. 여러분은 거울 속의 자신을 보다가 재빨리 외면하고 싶은 느낌을 알 것이다.

내 몸에 대해 사랑과 연민 그리고 진정한 고마움을 가지고 나의 몸을 바라볼 수 있는 것이 나에겐 감량 그 자체보다 훨씬 더 가치 있다. 거기에는 나의 존재에 대한 수용이 있다. 또 이 책을 쓰면서 신체적으로 변화한 것은 내가 더 건강해졌다는 것이다. 나의 혈당과 콜레스테롤 수치가 정상으로 돌아왔다. 그래서 지금 나는 목표, 감사 그리고 더 깊은 이해를 가지고 나아가고 있는 중이라고 믿는다. 그리고 여러분들도 그럴 것이라 생각한다.

간편 에니어그램 문항[97]

이 검사는 당신의 에니어그램 유형을 대충이나마 알 수 있도록 설계되었다. 에니어그램의 9가지 유형, 날개, 사회적, 성적, 자기-보존적 유형 그리고 가장 중요한 통합(건강) 수준에 따라 이 질문지가 조금은 다르게 적용될지도 모른다. 또한 검사를 통해 알게 된 자신의 유형이 전문가와의 교육을 통해 알게 된 실제 유형이 아닐 수도 있다. 그러나 이것은 에니어그램에 대한 기본 이해를 하게 한다는 데 의미가 있다.

당신의 유형을 찾는 가장 좋은 방법은 전체를 읽어보고 어떤 유형이 자신에게 가장 큰 공명을 불러일으키는지를 느끼는 것이다. 친구들, 가족, 동료들 또는 배우자에게 그들의 의견을 묻는 것도 한 방법이다. 어떤 때는 다른 사람들이 나를 더 정확히 보기도 하기 때문이다. 좀 더 흥미가 생긴다면 에니어그램 관련 책을 읽고, 온라인 검사나 정보를 탐구하기를 권한다. 그러나 자신에 대해 더 깊이 알려면 더 심층적인 검사나 교육을 받음으로써 자신을 제대로 성장시키길 희망한다. 내가 가장 끌리지 않는 유형이 나일 수 있다.

다음의 각 문장에서 당신에게 가장 큰 공명을 일으키는 진술 a, b 또는 c에 동그라미 하라. 각 문항들은 9개의 에니어그램 유형 중 하나에 해당한다. 만약 어느 것도 자신에게 해당되지 않는다면 그 문장은 건너뛰어도 좋다.

---

[97] 보다 정확한 에니어그램 검사를 하고 싶으면 한국에니어그램교육연구소(www.kenneagram.com)를 방문하면 된다. 거기서는 한국형에니어그램성격유형검사(KEPTI)와 전문적인 에니어그램 교육에 관한 정보를 얻을 수 있고 교육을 받을 수 있다. 홈페이지에서 온라인 검사도 가능하다.

1. 뷔페에서, 나는 ...

    a. 뷔페보다는 일반 식당을 더 좋아한다.
    b. 음식 고를 때 매우 엄격한 기준으로 한다.
    c. 와~우! 먹을게 너무 많아! 라고 생각한다.

2. 음식에 대한 나의 철학은...

    a. 먹거나 먹는 것이다.
    b. 나의 성공을 반영하는 것이다.
        -트렌드 있는 음식이나 고급음식을 먹음으로써
    c. 요리는 사랑을 눈으로 보여주는 것이다.

3. 나의 이상적인 레스토랑은...

    a. 고급스럽고, 새롭고 유행하는 곳이다.
    b. 낭만적이고 특이한 곳이다.
    c. 내가 전에 가본 곳으로, 좋은 음식의 맛을 보장하는 곳이다.

4. 남은 음식에 관한 한, 나는...

    a. 낭비하지 않도록 조심스럽게 음식의 양을 맞춘다.
    b. 흥분된다. 그것은 며칠 동안 요리를 덜하게 할 것이다.
    c. 노숙자들에게 남은 음식을 준다.

5. 어떤 특이한 음식이 주어졌을 때, 나는...

    a. 어떤 음식인지 의심스럽게 여긴다.
    b. 새로운 것을 먹게 되어 흥분된다.
    c. 사진 찍고 인스타그램에 올리고 블로그를 하고 싶어한다.

6. 쇼핑을 할 때, 나는...

　　a. 대량으로 살 수 있는 것들을 구매함으로써 불필요한 쇼핑을 피한다.
　　b. 멋져 보이는 것을 찾고, 찾으면 바로 산다.
　　c. 내가 사랑하는 음식과 정확히 일치하는 제대로 된 것들을 찾는다.

7. 식당 음식이 실망스러울 때, 나는...

　　a. 불평한다.-그것은 받아들일 수 없다.
　　b. 아무 말도 하지 않는다. -나는 소란을 피우지 않는다.
　　c. 요리사에게 말하러 주방으로 간다.

8. 친구들과 식탁에서 대화하는 경우, 나는...

　　a. 대부분 조용히 있는다.
　　b. 즐거운 이야기하기를 좋아한다.
　　c. 다른 사람들이 이야기하게 한다.

9. 나는 점심시간마다 같은 식사를 즐기는 편이다.

　　a. 결코 그렇지 않다- 다양성은 인생의 향신료다.
　　b. 물론이다- 그러면 나는 점심 메뉴를 생각할 필요가 없다.
　　c. 맞다, 그것은 일을 덜어주는 것이다.

10. 식사하면서 음식을 덜어주게 될 때, 나는...

　　a. 내 파트너에게 음식을 덜어주는 것을 좋아한다.
　　b. 내가 먹고 싶은 것을 내가 먹는다.
　　c. 내 파트너가 나에게 조금씩 덜어주는 것이 좋다.

11. 식당에서 주문할 때, 나는…

　a. 대부분의 사람들이 먹고 있는 것을 선택한다.
　b. 나를 멋지고 세련되게 보이는 것을 선택한다.
　c. 내가 돈을 내지 않는다면 비싼 요리를 고른다.

12. 내가 즐기는 음식은…

　a. 위로가 되는 음식이다.
　b. 윤리적인 재료로 만든 음식이다.– 나는 옳은 일 하는 걸 좋아한다.
　c. 무엇이든지 내가 직접 준비하지 않아도 되는 음식이다.

13. 요리의 상차림은…

　a. 그리 중요하지 않다.– 나는 식기의 청결함에 더 관심이 있다.
　b. 맛있고 좋은 요리가 많다면 다른 것은 중요하지 않다.
　c. 매우 중요하다.– 아름다워 보여야 한다.

14. 나는 대접하길 즐긴다…

　a. 물론이다.– 그것은 사업상 접촉을 하는 좋은 방법이다.
　b. 아니다.
　c. 그렇다. 만약 내가 무엇을 만들지 결정할 수 있다면.

15. 다이어트에 관한 한, 나는…

　a. 어떤 식단이 가장 좋은지 결정하지 못한다.
　b. 자신을 위한 확실한 목적이나 목표를 설정한다.
　c. 도움이 필요한 친구들을 찾아서 그들과 팀을 이룬다.

16. 만약 내가 방문한 동료들과 함께 갈 식당을 선택해야 한다면, 나는...

a. 다양한 장소에서 밤새 즐기려고 계획한다.
b. 너무 비싸지 않은 곳을 고른다. - 나는 다른 사람들이 내가 돈을 낭비하고 있다고 생각하지 않기를 바란다.
c. 모든 사람들을 행복하게 해줄 곳을 찾으려 노력한다.

17. 쇼핑할 때, 나는...

a. 항상 가족들이나 동료들을 위한 달콤한 간식거리를 사온다.
b. 보통 내 배우자(파트너)가 장을 봐 오지만, 어떤 때는 내가 직접 가서 왕창 돈을 쓰는 것을 즐기기도 한다.
c. 리스트를 만드는 것은 꼭 필요하지 않은 것을 사지 않기 위해서다. (잊어버리지 않기 위함이 아님)

18. 내가 요가를 하거나, 그것을 받아들이는 이유는...

a. 영적인 접근 때문이다. 그리고 나는 더 깊은 수준의 자각에 초점을 맞추고 싶다
b. 요가의 느린 속도 때문이다.
c. 완벽한 포즈를 즐기기 때문이다.

19. 나는 보디 빌딩 대회를...

a. 이해할 수 없다.
b. 내 몸을 예술로 만드는 것이다.
c. 멋진 복근을 과시하는 시각적 방법이다.

20. 내가 선호하는 것은...

a. 팀 스포츠다.
b. 개인 스포츠다.
c. 내가 잘 할 수 있는 스포츠다.

21. 내가 운동을 하는 이유는...

    a. 재미있는 일은 무엇이든 하기 때문이다.
    b. 내 장기적인 건강을 걱정하기 때문이다.
    c. 내 친구/파트너/동료들을 지원하고 싶기 때문이다.

22. 우승에 관한 한, 나는...

    a. "진다"는 것은 있을 수 없다. 만약 그런 일이 일어난다면 그땐 복수할 것이다.
    b. 승리와 나의 목표 달성을 위해서 무슨 일이든 할 것이다.
    c. 우승함으로써 다른 동료들의 심기를 불편하게 할까봐 두렵다.

23. 팀 안에서, 내가 더 집중하는 것은...

    a. 내가 노력해서 팀이 성과를 내는 것이다.
    b. 팀을 통해서 나의 성취를 이루는 것이다.
    c. 내가 팀의 일원이 되는 것을 좋아하지 않는다.

24. 내가 팀스포츠에 참가하는 이유는...

    a. 내가 팀을 승리로 이끄는 것을 즐기기 때문이다.
    b. 내가 팀의 한 사람이라는 것을 좋아하기 때문이다.
    c. 팀원들을 성장하게 도와주는 것이 기분이 좋기 때문이다.

25. 내가 혼자 운동하는 것을 선호하는 이유는...

    a. 내가 저조한 성적을 거두면 나머지 팀원들을 화나게 할까봐 두렵기 때문이다.
    b. 사람들이 나를 지치게 하기도 하고, 나는 혼자 생각하는 시간을 즐기기 때문이다.
    c. 내가 팀에 기여하지 못하고 제대로 못하면 스트레스를 받기 때문이다.

26. 내가 운동 목표를 세울 때, 나는…

　a. 대체로 그것을 성취한다.- 나는 목표 지향적인 사람이다.
　b. 처음엔 잘 지키려고 노력하지만 곧 게으름을 피운다.
　c. 다른 사람을 도울 일들이 생겨 포기하게 된다.

27. 내가 운동을 하지 않는 이유는…

　a. 내가 하고 있는 최근의 프로젝트에 너무 몰두하고 있기 때문이다.
　b. 더위와 땀에 범벅이 되고 싶어하지 않는다.
　c. 재미있어 시작했지만 어느새 지루해졌기 때문이다.

28. 운동 계획이 있을 때, 나는…

　a. 엄격하게 고수한다.
　b. 고수하기도 하고 고수하지 않기도 하면서 흔들린다.
　c. 내가 더 강해질 수 있고, 이길 가능성이 많다면 열심히 한다.

29. 내 집은…

　a. 보통 엉망이다. 난 정리를 마친 적이 없다.
　b. 따뜻하고 편안하다.
　c. 내가 신중하게 고른 아름다운 물건들이 있는 곳이다.

30. 나의 외모에서, 내가 추구하는 목표는…

　a. 멋짐과 유행이다.
　b. 눈에 띄는 것이다.- 나는 화려한 것을 좋아한다.
　c. 다름이다.- 어쩌면 약간 복고적이다.

문항별 유형

Q1	a=4, b=1, c=7
Q2	a=8, b=3, c=2
Q3	a=3, b=4, c=6
Q4	a=1, b=9, c=2
Q5	a=6, b=7, c=4
Q6	a=5, b=8, c=7
Q7	a=1, b=9, c=8
Q8	a=5, b=7, c=6
Q9	a=7, b=5, c=9
Q10	a=2, b=8, c=4
Q11	a=9, b=3, c=5
Q12	a=2, b=1, c=9
Q13	a=1, b=8, c=4
Q14	a=3, b=5, c=6
Q15	a=6, b=3, c=2

Q16	a=7, b=1, c=9
Q17	a=2, b=8, c=1
Q18	a=4, b=9, c=1
Q19	a=5, b=4, c=3
Q20	a=6, b=5, c=3
Q21	a=7, b=6, c=2
Q22	a=8, b=3, c=9
Q23	a=6, b=3, c=5
Q24	a=8, b=6, c=2
Q25	a=4, b=5, c=1
Q26	a=3, b=9, c=2
Q27	a=5, b=4, c=7
Q28	a=1, b=6, c=8
Q29	a=9, b=2, c=4
Q30	a=7, b=8, c=4

위의 표를 사용하여 해당 문장에 어떤 유형이 적용되는지 확인하십시오.(예. Q1: 여러분이 "a"에 응답했다면 4유형, "b"는 1유형, "c"는 7형에 해당한다는 것을 알 수 있다.)

아래 칸에 유형별로 자신이 획득한 갯수를 적어 보십시오. 가장 많이 개수를 획득한 유형이 개략적인 당신의 유형입니다. 또한 양 날개 중 조금 더 많은 것을 주날개로 이해하면 됩니다. 이 결과는 당신이 무슨 유형인지 또는 당신이 에니어그램의 어떤 영역을 탐구해야 할지 지침을 줄 것이다.

유형 1	
유형 2	
유형 3	

유형 4	
유형 5	
유형 6	

유형 7	
유형 8	
유형 9	

에니어그램 퀴즈 응답지

* 문항을 읽고 응답지의 각 문항의 "a, b, c" 중 하나에 O 표시 하세요.
* 모든 문항을 다 체크하였으면 각 번호별로 체크한 개수를 적으세요!

유형 문항	2	3	4	5	6	7	8	9	1
1			a			c			b
2	c	b					a		
3		a	b		c				
4	c							b	a
5			c		a	b			
6				a		c	b		
7						c	b	a	
8				a	c	b			
9				b		a		c	
10	a		c				b		
11		b		c				a	
12	a							c	b
13			c				b		a
14		a		b	c				
15	c	b			a				
16						a		c	b
17	a						b		c
18			a					b	c
19		c	b	a					
20		c		b	a				
21	c				b	a			
22		b					a	c	
23		b		c	a				
24	c				b		a		
25			a	b					c
26	c	a						b	
27			b	a		c			
28				b			c		a
29	b		c					a	
30			c		a	b			
개수									

참고 문헌

Aldridge, Susan. Seeing Red and Feeling Blue. London: Arrow Books, 2001.
Atkinson, Mark. The Mind Body Bible. London: Piatkus, 2008.
Bays, Brandon. The Journey. London: Thorsons, 1999.
Borysenko, Joan. A Woman's Spiritual Journey. London: Piatkus, 2000.
Campling, Matthew. The 12-Type Enneagram. London: Watkins, 2015.
Caplan, Mariana. Do You Need a Guru? London: Thorsons, 2002.
Chestnut, Beatrice, PhD. The Complete Enneagram. Berkeley, CA: She Writes Press, 2013.
Chopra, Deepak. How to Know God. London: Rider Books, 2001.
Chopra, Deepak. Overcoming Addictions. London: Random House, 2001.
Cwynar, Eva. The Fatigue Solution. Cape Town, South Africa: Hay House, 2012.
D'Adamo, Peter, with Catherine Whitney. The Eat Right Diet. London: Century Books, 1998.
Davis, William. Wheat Belly. New York: Rodale Books, 2014.
Dethlefsen, Thorwald and Rüdiger Dahlke. The Healing Power of Illness. Shaftesbury, UK: Element Books, 1990.
Diamond, Marilyn and Harvey. Fit for Life. London. Bantam, 1998.
Dukan, Pierre. The Dukan Diet. London: Hodder & Stoughton, 2010. Evans, Philip. The Family Medical Reference Book. London: Time Warner, 2003.
Ford, Debbie. The Dark Side of the Light Chasers. London: Hodder & Stoughton, 2001.
Fortune, Dion. The Mystical Qabalah. Wellingborough: The Aquarian Press, 1987.
Goldin, Paul. Lose Weight ThinkSlim. London: Boxtree, 1995.
Govindji, Azmina and Nina Puddefoot. GI Point Diet. London: Vermilion, 2004.
Hanh, Thich Nhat. The Heart of the Buddha's Teachings. Berkeley, CA: Broadway Books, 1998.

참고 문헌

Hay, Louise. Heal Your Body. Cape Town, South Africa: Hay House/Paradigm Press, 1993.
Horsley, Mary. The Enneagramfor the Spirit. New York: Barron's Educational Series inc., 2005.
Joffe, Yael and Judith Johnson and Alex Royal. Genes to Plate. Cape Town, South Africa: Impact Clinics, 2017.
Johnson, Robert A. Owning Your Own Shadow. San Francisco, CA: HarperCollins, 1993.
Judith, Anodea. Eastern Body, Western Mind. Berkeley, CA: Celestial Arts, 1996.
Kamphuis, Albert. Egowise Leadership & the Nine Creating Forces of the Innovation Circle. Self-published. Netherlands: Egowise Leadership Academy, 2011.
Kornfield, Jack. A Path with a Heart. New York: Bantam, 1993.
Lipton, Bruce H. The Biology of Belief. Santa Rosa, CA: Mountain of Love/ Elite Books, 2005.
Lytton, Edward Bulwer. Zanoni: A Rosicrucian Tale. Whitefish, MT: Kessinger Publishing.
Maitri, Sandra. The Spiritual Dimension of the Enneagram. New York: Penguin Putnam Inc., 2001.
The Enneagram of Passionsand Virtues. New York: Penguin Random House. 2009.
McKeith, Gillian. You Are What You Eat. New York: Plume/Penguin, 2006. McKenna, Paul. I Can Make You Thin. London: Transworld, 2005.
Millman, Dan. The Life You Were Born to Live. Novato, CA: HJ Kramer in a joint venture with New World Library, 1993.
Mindell, Earl. The Vitamin Bible. London: Arlington Books, 1992. Murphy, Joseph. The Power of Your Subconscious Mind. New York: The Penguin Group, 2008.
Myss, Caroline. Anatomy of the Spirit. London: Bantam, 1998.
Why People Don't Heal And How They Can. London. Bantam, 1998.
Naranjo, Claudio. Character and Neurosis. Nevada City, CA: Gateways/ IDHHB, Inc. 2003.
Noakes, Tim, Sally-Ann Creed, and Jonno Proudfoot. The Real Meal Revolution. London: Robinson Publications Ltd., 2015.
Palmer, Helen. The Enneagram in Love & Work. NewYork: Harper One, 1995.
The Enneagram: Understanding Yourself and Others in Your Life. New York: Harper One, 1991.

Pearson, Carol S. Awakening the Heroes Within. New York: Harper Collins, 1991.
The Heroes Within. New York: HarperCollins, 1998.
Peirce Thompson, Susan. Bright Line Eating. New York: Hay House, 2017.
Riso, Don Richard and Russ Hudson. The Wisdom of the Enneagram. New York: Bantam Books, 1999.
Understanding the Enneagram. Rev. ed. Boston, MA: Houghton Mifflin Company, 2000.
Discovering Your Personality Type. Boston, MA: Houghton Mifflin Company, 2003.
Personality Types. Boston, MA: Houghton Mifflin Company, 1996.
Roth, Geneen. Woman Foodand God. London: Simon & Schuster, 2010. Shapiro, Debbie. Your Body Speaks Your Mind. London: Piatkus, 1996.
Shealy Norman C. and Caroline Myss. The Creation of Health. Walpole, NH: Stillpoint Publishing, 1998.
Stone, Joshua David. Soul Psychology. New York: Ballantine Wellspring, 1999.
Surya Das, Lama. Awakening to the Sacred. New York: Broadway Books, 1999.
Thondup, Tukulu. The Healing Power of the Mind. Boston, MA: Shambhala Publications, 1996.
Tolle, Eckhart. The Power of Now. London: Hodder & Stoughton, 2005. Trattler, Ross. Better Health Through Natural Healing. New York: McGraw Hill, 1997.
Zuercher, Suzanne. Enneagram Spirituality. Notre Dame, IN: Ave Maria Press, 1992.

한국형에니어그램 소개

　한국형에니어그램(Korean Enneagram): 윤운성(2001c)이 개발한 한국형에니어그램성격유형검사지(Korean Enneagram Personality Type Indicator: KEPTI)와 한국형에니어그램 5단계 프로그램을 말한다. 에니어그램은 9가지 성격유형으로 우주의 법칙과 인간 내면의 모든 것을 상징적으로 표현한다.

　한국형에니어그램의 저작권 및 출판권은 법적으로 등록되어 있으며, 한국에니어그램교육연구소를 통해 연구 및 보급되는 가장 체계적이고 과학적인 자기관찰, 자기이해, 자기변형을 위한 프로그램이다. 한국에니어그램 교육연구소는 '한국형에니어그램지도자 양성'과 '행복한 인간 육성'이라는 목표를 이루기 위해 심리학 및 관련된 학문들과 영성을 통합한 교육을 펼치기 위해 최선을 다하고 있다.

한국형에니어그램 검사도구 소개

　윤운성(2001c)이 개발한 한국형에니어그램성격유형검사지(Korean Enneagram Personality Type Indicator: KEPTI)는 성인용(KEPTI)과 청소년용(KEPTI-J), 진로 및 학습유형(KEPTI-CLS), 하위유형(KEPSTI), 아동청소년간편(KESPTI-Y), 성인간편(KESPTI)으로 구분되어 있으며, 한국형에니어그램 검사지와 프로파일 및 응답지로 구성된 9가지 성격유형의 한국판 표준화검사지다. 검사해석의 전문성 및 검사사용의 윤리성을 유지하기 위해 한국에니어그램교육연구소에서 전문교육이 독점적으로 제공되고 있다.

한국에니어그램교육연구소 교육과정

단계	단계명칭	교육목표 / 교육내용	시간	자 격 부 여
1단계	에니어그램 이해 '나를 찾아 떠나는 여행'	• 한국형에니어그램 검사 • 에니어그램 성격이론 및 구조 • 유형별 특징·날개·분열 및 통합 개관	10시간 (매월)	한국형에니어그램 검사지 사용 자격
2단계	에니어그램 탐구 '나의 길을 따라가는 여행'	• 9 유형의 세부적 특징 • 날개, 분열, 통합, 성장 • 자아의식과 행동방식 (공격, 순응, 후퇴)	10시간 (매월)	한국형에니어그램 해석상담사자격 (1-2단계 & 검사지 교육 이수 및 자격신청 절차 후 자격부여)
3단계	에니어그램 적용 '너와 내가 함께 가는 여행'	• 하위유형 (본능동기) • 유형별 유사점 및 차이점, 성장전략 • 에니어그램과 인간관계 (아동/청소년, 조직, 리더십)	10시간 (매월)	한국형에니어그램 일반강사 자격 (1-3단계 & 검사지 교육 이수, 보고서 제출 및 자격 신청 절차 후 자격부여)
4단계	에니어그램 평가 '통합으로 가는 여행'	• 관련이론과의 비교 및 포괄성 (성격유형론, 프로이드, 신프로이드, 융, DSM-IV) • 의식수준 / 양육과 발달적 접근 • 에니어그램분석 / 윤운성 연구 결과 • 비디오 상영	16시간 (년4회)	교육용 걸개 제공 및 사용자격
4.5 (심화) 단계	심층 에니어그램 의식수준 '여기 그리고 지금'	• 본질적 접근 • 자아집착 • 부모의 양육과 아동의 초기경험 • 유형별 심층적 분석 • 유형별 체험을 통한 진정한 자기발견 • 패널의 경험 모두 나누기 • 유형별 노래명상 • 여기 그리고 지금	32시간 (년2회)	1단계 강사 자격 (일반강사 자격취득을 완료하고 전문강사 훈련 1단계 수료 및 1단계 청강 완료 후 자격부여)
5단계	에니어그램 슈퍼비전 '가르치며 배우는 여행'	• 에니어그램 슈퍼비전 • 전문강사 지도자 훈련 (패널 교육) • 자기관찰 훈련 • 방어기제 체험 • 영적 성장을 위한 체험	32시간 (년1회)	한국형에니어그램 전문강사 자격 (1-5단계 & 검사지 교육 이수, 일반강사 자격 취득 완료, 전문강사 훈련 1-2단계 수료, 보고서 제출 및 자격신청 절차 후 자격 부여)

※ 검사지 교육

- 1단계 교육 이상 이수시 수강 가능
- 검사지 교육을 이수 하지 않아도 2-5 단계 교육은 이수 가능

검사지 교육	한국형에니어그램 검사의 해석과 활용	• 한국형에니어그램 검사의 필요성과 목적 • 한국형에니어그램 검사의 실시와 채점 • 한국형에니어그램 검사의 해석과 집단지도	3시간 (매월)	한국형에니어그램 모든 자격

검사지 신청

- 한국형에니어그램검사지(성인, 청소년) : 1set 30,000원(10부)
- 한국형에니어그램 프로파일/응답지(성인, 청소년) : 1set 25,000원(10부)
- 진로 및 학습, 아동용 검사지/프로파일/응답지 : 1set 30,000원(10부)
- 간편성격유형검사지(성인)/아동·청소년간편검사지 : 1set 20,000원(10부)
- 간편성격유형 프로파일/응답지(성인) 1set 25,000원(10부)/
  아동·청소년간편프로파일/응답지 : 1set 30,000원(10부)
- 한국형에니어그램 단계별 교재 : 각각의 단계교육 이수자 이상 판매
- 한국형에니어그램 검사지 및 프로파일 / 응답지는 10부 단위로 판매됩니다.
  11만원 이하 발송비 주문자 부담, 50만원 이상 5% D/C & 100만원 이상 10% D/C -

구입문의
전화_(02)3446-3165 / 홈페이지_www.kenneagram.com /
E-mail_help@kenneagram.com

1. 검사지 및 프로파일/응답지는 한국에니어그램교육연구소에서 구입하여 사용할 수 있습니다.
2. 현재 한국형에니어그램 검사, 프로파일/응답지(성인용)는 청색과 검정색으로 인쇄되어 있으며 불법으로 복제하면 법에 의해 처벌을 받습니다.
3. 현재 한국형에니어그램 검사, 프로파일/응답지(진로및학습, 청소년용, 아동용)는 녹색과 검정색으로 인쇄되어 있으며 불법으로 복제하면 법에 의해 처벌을 받습니다.
4. 현재 한국형에니어그램 간편성격유형검사, 프로파일/응답지(성인)은 주황색과 검정색으로 인쇄되어 있으며 불법으로 복제하면 법에 의해 처벌을 받습니다.
5. 현재 한국형에니어그램 아동·청소년간편성격유형검사, 프로파일/응답지(아동·청소년)은 핑크색과 검정색으로 인쇄되어 있으며 불법으로 복제하면 법에 의해 처벌을 받습니다.

한국에니어그램교육연구소 단계별 교재 및 참고서적

단계	단계명칭	참 고 서 적	저 자
1단계	에니어그램 이해	- 성격을 알면 성공이 보인다. (역, 학지사, 1998) - 한국형에니어그램 성격검사 [성인용(KEPTI) / 청소년용(KEPTI-J)] - 한국형에니어그램 해석과 활용 (2004) - 에니어그램으로 본 다문화세상 (공저, 양서원, 2011) - 한국형에니어그램 용어사전 (한국에니어그램교육연구소, 2012) - 핵심에니어그램가이드 (한국에니어그램교육연구소, 2015) - 에니어그램성격:자기발견과 인간관계 (역, 한국에니어그램교육연구소, 2016)	윤운성 윤운성 윤운성 윤운성 외 윤운성 외 윤운성 윤운성
2단계	에니어그램 탐구	- 에니어그램 정복 : 자기발견을 통한 자기완성의 길잡이 (역, 학지사, 2002) - 성공적인 자녀양육을 위한 9가지 성격 (한국에니어그램교육연구소, 2008) - 한국형에니어그램 용어사전 (한국에니어그램교육연구소, 2012) - 에니어그램과 12단계-강박의 극복 : 삶을 위한 영적 도구 (공역, 한국에니어그램교육연구소, 2012) - 한국형에니어그램 용어사전 (한국에니어그램교육연구소, 2012) - 핵심에니어그램가이드 (한국에니어그램교육연구소, 2015) - 에니어그램성격:자기발견과 인간관계 (역, 한국에니어그램교육연구소, 2016)	윤운성 윤운성 윤운성 외 윤운성 외 윤운성 외 윤운성 윤운성
3단계	에니어그램 적용	- 에니어그램 : 성공하는 사람의 성격관리 (공역, 학지사, 2001) - 최강팀 만들기 : 팀워크 에니어그램 (공역, 흐름출판, 2005) - 에니어그램으로 본 다문화세상 (공저, 양서원, 2011) - 한국형에니어그램 사례집 1(한국에니어그램교육연구소, 2012) - 한국형에니어그램 용어사전 (한국에니어그램교육연구소, 2012) - 한국형에니어그램 사례집 2 (한국에니어그램교육연구소, 2015) - 에니어그램 사회 (역, 한국에니어그램교육연구소, 2012) - 에니어그램 직업 및 학과사전 (한국에니어그램교육연구소, 2013) - 에니어그램 실제 가이드 (한국에니어그램교육연구소, 2013) - 한국형에니어그램성격하위유형검사 (한국에니어그램교육연구소, 2014) - 에니어그램과 행복 (한국에니어그램교육연구소, 2015) - 핵심에니어그램가이드 (한국에니어그램교육연구소, 2015) - 에니어그램성격:자기발견과 인간관계 (역,한국에니어그램교육연구소, 2016)	윤운성 외 윤운성 외 윤운성 외 윤운성 윤운성 외 윤운성 윤운성 윤운성 윤운성 외 윤운성 윤운성 외 윤운성
4단계	에니어그램 평가	- 필수 에니어그램 : 정확한 성격유형검사로 자기발견 및 자기성숙에 이르는 가이드 (역,학지사, 2002) - 한국형에니어그램 용어사전 (한국에니어그램교육연구소, 2012) - 에니어그램 사회 (역, 한국에니어그램교육연구소, 2012) - 에니어그램 성격유형 (공역, 학지사, 2010) - 에니어그램 명상 – 성장과 치유를 위한 학습힐링 (한국에니어그램교육연구소, 2013) - 핵심에니어그램가이드 (한국에니어그램교육연구소, 2015) - 에니어그램과 함께 영혼의 잠재력 발견하기 (한국에니어그램교육연구소, 2015) - 지금 이 순간을 자각하라 (역, 한국에니어그램교육연구소, 2012) - 에니어그램의 깨달음 (한국에니어그램교육연구소, 2015)	윤운성 윤운성 외 윤운성 윤운성 외 윤운성 윤운성 윤운성 윤운성 윤운성 외

단계		교재 및 참고서적	저자
4.5 (심화) 단계	심층 에니어그램 의식수준	– 성공적인 자녀양육을 위한 9가지 성격 (한국에니어그램교육연구소, 2008) – 에니어그램 성격유형 (공역, 학지사, 2010) – 한국형에니어그램 용어사전 (한국에니어그램교육연구소, 2012) – 에니어그램 사회 (역, 한국에니어그램교육연구소, 2012) – 지금 이 순간을 자각하라 (역, 한국에니어그램교육연구소, 2012) – 에니어그램과 12단계 (한국에니어그램교육연구소, 2012) – 한국형에니어그램 1단계 교안 (한국에니어그램교육연구소, 2012) – 에니어그램 명상 – 성장과 치유를 위한 학습힐링 (한국에니어그램교육연구소, 2013) – 에니어그램의 깨달음 (한국에니어그램교육연구소, 2015) – 에니어그램과 함께 영혼의 잠재력 발견하기 (한국에니어그램교육연구소, 2015) – 핵심에니어그램가이드 (한국에니어그램교육연구소, 2015) – 신성한 사고의 에니어그램 (한국에니어그램교육연구소, 2014)	윤운성 외 윤운성 윤운성 외 윤운성 윤운성 윤운성 외 윤운성 윤운성 윤운성 윤운성 윤운성 외
5 단계	에니어그램 슈퍼비전	– 에니어그램 2 : 내안에 접혀진 날개 후편 (역, 열린, 2003) – 에니어그램 지능 : 효과적인 수업과 학습을 위한 성격의 이해 (공역, 교육과학사, 2003) – 에니어그램 성격유형 (공역, 학지사, 2010) – 한국형에니어그램 용어사전 (한국에니어그램교육연구소, 2012) – 에니어그램과 12단계-강박의 극복: 삶을 위한 영적 도구 (공역, 한국에니어그램교육연구소, 2012) – 에니어그램 사회 (역, 한국에니어그램교육연구소, 2012) – 한국형에니어그램 사례집 (한국에니어그램교육연구소, 2012) – 한국형에니어그램 2단계 교안 (한국에니어그램교육연구소, 2012) – 에니어그램 실제가이드 (한국에니어그램교육연구소, 2013) – 에니어그램 명상 – 성장과 치유를 위한 학습힐링 (한국에니어그램교육연구소, 2013) – 핵심에니어그램가이드 (한국에니어그램교육연구소, 2015) – 신성한 사고의 에니어그램 (한국에니어그램교육연구소, 2014) – 지금 이 순간을 자각하라 (역, 한국에니어그램교육연구소, 2012) – 에니어그램의 깨달음 (한국에니어그램교육연구소, 2015) – 집단지능과 번영을 위한 9가지설계원리: 에니어그램 (한국에니어그램교육연구소, 2014) – 에니어그램과 함께 영혼의 잠재력 발견하기 (한국에니어그램교육연구소, 2015)	윤운성 윤운성 외 윤운성 외 윤운성 외 윤운성 윤운성 윤운성 외 윤운성 윤운성 윤운성외 윤운성 윤운성 외 윤운성 외 윤운성

청소년리더십진로교육센터
www.leadershipcareer.kr

청소년리더십진로교육센터는 자기발견, 자기이해, 자기변형의 강력한 도구인 한국형에니어그램을 기반으로 청년들의 글로벌 리더십과 주도적인 진로설계 능력을 배양함은 물론 교사와 학부모에게도 학생과 자녀의 특성을 이해하여 훌륭한 리더로 성장하도록 돕는 다양한 교육 및 프로그램을 제공합니다.

비전과 사명
청소년들이 올바른 가치관을 확립하고 명확한 목표를 설정하며 삶의 주인공으로 성장할 수 있도록 안내한다.

교육목표
청소년들 핵심역량을 강화하고, 미래지향적 가치관 확립과 자기 주도적인 인생관을 확립하여 건강하게 성장할 수 있도록 지원한다.

교육프로그램

청소년리더십진로교육센터

| 청소년교육 | 부모교육 | 교사교육 | 강사양성 | 상담 |

- 한국형에니어그램을 바탕으로 한 변화 프로그램
- 행복한 청소년을 위한 청소년교육
- 자녀의 운명을 바꿀 수 있는 부모 리더십 교육
- 아이들의 잠재능력을 일깨워줄 교사교육
- 다양한 청소년프로그램을 기획하고 교육할 수 있는 청소년 지도자 교육
- 청소년들의 인성교육 및 정서 안정을 위한 상담프로그램

한국형에니어그램성격유형검사 - 청소년용

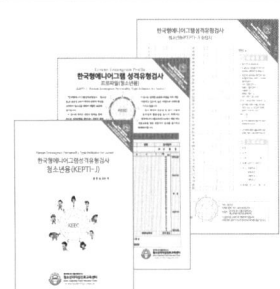

한국형에니어그램성격유형검사-청소년용(KEPTI-J)은 9가지의 성격유형에 대해 81문항으로 구성된 전국 표준화 검사입니다. 본 검사의 Cronbach-α는 .879, 재검사 신뢰도는 .830으로 매우 양호하다.

- 에니어그램을 통해 나를 찾고, 상대방에 대한 이해의 폭 확대
- 자신에게 맞는 리더십 스타일에 대한 이해 및 삶 속에서 행복한 리더로 성장하도록 이끔
- 본인의 성격유형에 맞는 적합한 진로방향을 제시하여 자발적인 진로설계를 하도록 안내
- 본인의 성격유형에 학습법을 제시하여 자기주도적인 학습능력과 자신감 고취

※ 본 검사는 지필검사, 온라인 및 OMR단체 검사 가능합니다.

청소년리더십진로교육센터
Junior Leadership Career Education Center

TEL. 02)3446-3165
www.leadershipcareer.kr
help@kenneagram.com

저자 소개

앤 개드 (Ann Gadd)는 권위 있는 에니어그램 전문가다. 상담가, 예술가, 워크숍 진행자, 저자, 그리고 저널리스트이기도 하다. 에니어그램을 오랫동안 수련해온 그녀는 숙련자들 뿐 아니라 초보자들에게도 에니어그램을 전파하는 데 힘쓰고 있다. 그녀는 21권의 책을 저술하였고, 대표 저서로는 "Sex and the Enneagram: A Guide to Passionate Relationships for the 9 Personality Types, Paint by Numbers - Art and the Enneagram: Use Your Type to Become a Better Artist (Enneagram for Growth), Finding Your Feet: How the Sole Reflects the Soul, Healing Habits: The A-Z guide to the underlying emotional causes of common habits" 등이 있다. 남아프리카에 위치한 케이프 타운에 거주 중이다.

역자 소개

윤운성
- 미국 멤피스대학교(Univ. of Memphis) 대학원 교육심리 및 상담 전공(교육학박사)
- 미국 와싱톤주립대학교(Univ. of Washington) 연구 교수
- 선문대학교 상담산업심리학과 교수
- 한국에니어그램교육연구소 소장
- 닥터윤 심리상담발달센터 회장
- 월간 나눔과 힐링 발행인
- 한국형에니어그램성격유형검사(KEPTI) 개발자
- 한국에니어그램학회 회장
- 사단법인 한국에니어그램인성연구원 이사장
- 청소년리더십진로교육센터 소장
- 한국형에니어그램 5단계 교육 프로그램 개발자

가경신
- 교육학 박사
- 전)천안교육지원청 교육장
- 전)당진고등학교 교장
- 우리 아이들 어떻게 키우지요 (양서원, 공저)
- 변화하는 사회 속의 자기효능감(학지사, 공역)
- 천안여자고등학교 교장
- 전)충청남도교육청 교육국장

김새한별
- 중앙대학교 의약식품대학원
- 향장미용학 석사
- 한국에니어그램교육연구소 교육연구지원국장
- (사)한국에니어그램인성연구원 사무국장
- 한국에니어그램학회 기획운영위원장

역자소개

박진윤

- 교육학 박사
- 닥터윤심리상담발달센터 센터장
- 한국에니어그램교육교육연구소 전임교수/ 대외협력국장
- 한국에니어그램학회 홍보 및 사업위원장
- 선문대학교 겸임교수
- 한국상담심리학회 수퍼바이저 및 상담심리사1급/부부 및 가족상담사1급
- 한국상담학회 법무위원회 이사
- 전)명지대학교 산업대학원 에니어그램상담학과 객원교수
- 사단법인 한국에니어그램인성연구원 소장
- 박진윤필가족상담연구소 소장
- 전)고려사이버대 외래교수
- NLP Uni. NLP Trainer Master

백현옥

- 이학 박사 (아동. 청소년상담전공)
- 사)청소년가족복지상담협회 협회장
- 한국푸아트테라피학회 자격위원장
- 송원대학교 상담심리학과 교수
- 한국에니어그램학회 상임이사
- 한국청소년상담학회 인성분과학회장

윤여진

- 서울대학교 경영대학원 경영학 박사 (마케팅 전공)
- (주) 혜윰하다 / 여우마켓 대표
- 한국에니어그림교육연구소 이사 겸 전임교수

조주영

- 충북대학교 대학원 아동가족상담 전공(문학박사)
- 백석대학교 사회복지학부 교수
- 한국에니어그램교육연구소 연구개발국장 겸 전임교수
- 한국에니어그램인성연구원 인성연구 전문교수단 단장
- 한국에니어그램학회 부회장/학술위원장
- 주관심영역 및 연구분야: 에니어그램의 지혜를 기반으로 하는 다학제적 관점의 통합상담 및 힐링(쉽고 재미있게 심신건강증진, 전인치유 & 영적성장지향)

허선희

- 보건학 박사
- 뉴로아로마콜로지연구소 소장
- 국제뇌교육종합대학원대학교 통합헬스케어학과 겸임교수
- 글로벌사이버대학교 뇌교육융합학과 겸임교수
- (주)스와디시크릿 대표이사
- 한국에니어그램학회 부회장

황임란

- 한국교원대학교 대학원 교육심리(상담전공) 박사 졸업(Ph. D.)
- 캐나다 브리티시 콜롬비아대학교(UBC) 상담심리학과 초빙교수
- 한남대학교 상담교육 전공 강사
- 한국초월영성상담학회 부회장
- 한국에니어그램교육연구소 교육연수국장 및 전임교수
- 한국상담학회 윤리위원장
- 한국상담진흥협회 정신건강증진전문상담사 1급
- 한국청소년상담복지개발원 청소년상담사 국가자격 연수강사
- 한국상담학회 공인 수련감독급 전문상담사(심리치료상담 및 초월영성상담)
- 캐나다 태평양 Satir가족치료학회(Institute of the Pacific Clinical Member) 임상전문가 회원 및 가족치료 마스터
- 캐나다 ISKCON(The International Society for Krishna Consciousness) 영성member 및 요가명상 지도자

식탁 위로 올라온 에니어그램 :
성격 유형에 따라 식습관, 운동습관, 다이어트 방법은 어떻게 다를까?
The Enneagram of Eating : How the 9 Personality Types Influence
Your Food, Diet, and Exercise Choices

발행 / 2022년 01월 01일 1판 1쇄
인쇄 / 2022년 01월 01일 1판 1쇄
저자 / Ann Gadd
역자 / 윤운성, 가경신, 김새한별, 박진윤, 백현옥, 윤여진, 조주영, 허선희, 황임란 공역
펴낸 곳 / 한국에니어그램교육연구소

서울시 금천구 벚꽃로 278 에스제이테크노빌 1116호
TEL / (02)3446-3165
FAX / (02)515-6784
E-mail / help@kenneagram.com
Homepage / http://kenneagram.com

ISBN : 979-11-85115-22-1
값/ 15,000원

역자와의 협약으로 인지는 생략합니다.
파본은 교환해 드립니다

이 책에 대한 모든 권한은 한국에니어그램교육연구소에 있으므로 무단전재와 복제를 금합니다.